本书为上海哲学社会科学规划中青班专项课题
“中国城市社区治理形态的现代转型研究（1949—2019）”
（2018FZX030）最终成果

# 中国城市
# 社区治理型态的
# 现代转型
## （1949—2019）

冯莉 / 著

上海社会科学院出版社
SHANGHAI ACADEMY OF SOCIAL SCIENCES PRESS

# 序　言

## 中国的良序

中国城市治理型态的演化，是中国传统政治思想精髓在中国现代化进程中的集中体现。如果说在近代之前，中国的城市治理更多的是以自我为中心的外向映射，那么，进入近代以后，随着中国历史被纳入世界史，特别是在和西方经验的交汇过程中，面对工业文明的冲击，这种外向的映射力，伴随着治理传统的被边缘化也前所未有地趋于弱化。但尽管如此，在不断审视近代以来中国城市社区治理经验后发现，经历了左冲右突、长期摸索向现代治理型态转向的过程，中国城市社区治理型态的演化彰显出了具有中国特色的治理经验和制度文化的韧性，这种韧性伴随着社会政治秩序的巨大变迁，成为把握近代以来中国历史运动规律的重要视角。

德国社会学家斐迪南·滕尼斯(Ferdinand Tönnies)认为，秩序是自然的"作为应该和许可做、要求做或允许做的事情的内容"即法，自然法是普遍的法也是简单的法，[①]或者说，秩序是人类社会生存的基本法则。学者埃里克·沃格林(Eric Voegelin)说：对秩序与真理的探寻是人类精神的一种本能。[②] 这种本能是因为人本身的社会属性和对存续在这种社会属性中特殊的情感需求所致。为了这个目标，所有对秩序的渴望和更高的真理的追求就成为人类社会发展的出发点和落脚点，成为古往今来无数仁者智者的无差别追求。

如何把无序变为有序，是治理的目标，如何把劣序变为良序，是善治的目

---

① ［德］斐迪南·滕尼斯：《共同体与社会》，林荣远译，商务印书馆1999年版，第329页。
② 参见［美］埃里克·沃格林：《城邦的世界：秩序与历史》，陈周旺译，译林出版社2009年版。

标。所谓良序,简单而言,在社会科学语境中,无非就是良好的秩序。但如果进一步细致地去拆分,就会发现与良序本身的边界、标准等都并非是绝对的,与良序相关的,如实现良序所必需的制度、法律、人文、道德、教育、风俗习惯等要素也都必须被嵌入特定的社会结构、社会发展阶段中才有考察的可能和意义。但很显然,抛却战争等在暴力推进社会发展和秩序更替,加速社会新陈代谢过程中的作用,良序最终得以实现的手段一定是倾向于和平稳定而非流血冲突。而且从历史发展来看,和平与暴力都是社会秩序得以向前运行的可选择项,因为无论是在发动规模、伤亡人数还是持续时间上来看,战争似乎一直都是人类社会发展的首要特征,而和平则屈居之后。换言之,翻开人类历史长卷,世界史基本上是打出来的。但即便如此,世人仍孜孜不倦寻求着如何能够更加安定地生存,并进入富足祥和的"桃花源"或"大同世界",或者到达美好的彼岸世界。

对中国而言,以农业立国的古中国从一开始就对秩序充满了依赖,因为战乱对农业的发展显然是最不利的。美国学者卡尔·A. 魏特夫(Karl A. Wittfogel)以农业中普通存在的灌溉技术为例进行论证,认为,"灌溉耕作取决于有效地管理大量的水源供应""只有投入大量的劳动力才能疏导和储积大量的水,而这大量的劳动力还必须进行协调,赋予纪律和加以领导。因此,许多迫切希望征服干旱低地和平原的农民只好被迫采用组织手段,而在机器时代以前的技术基础上,这些手段只有一个成功的机会:他们必须与同伴合作,并使自己服从于一个进行指挥的权威力量"。[①] 墨子曾描绘过前国家社会的无序状况,那时候"天下之百姓,皆以水火毒药相亏害,至有余力不能以相劳,腐朽余财不以相分,隐匿良道不以相教",于是,天下大乱,和禽兽一样。而要避免这种无序状态,就必须"选天下之贤可者,立以为天子",然后再"选天下之贤可者"立为"三公",由此向下,设立"诸侯国君""正长""里长""乡长",并由此形成一个"自天子至乡里的垂直行政体系",是为"尚同"。[②] 这就是"定于一"。实际

① [美]卡尔·A. 魏特夫:《东方专制主义》,徐式谷等译,中国社会科学出版社 1989 年版,第9页。

② 见《墨子·尚同上》,并参见夏增民:《先秦秦汉政治价值观研究》,人民出版社 2019 年版,第199页。

上，先秦时期的诸子百家思想是有着内在的一致性，就是对"定于一"的认同，"这个命题不仅要求思想的'一'，而且还要求政治的'一'，即'一'天下"，因为他们认为"一则治、两则乱"，由此，"诸子走上了学术综合的道路"。[①] 结束春秋战国时期的分裂割据，抛却对神的顶礼膜拜，把政权世俗化，并采取了一系列有利于建立稳定社会秩序的措施，如实行"三公"制、郡县制、推行书同文车同轨、统一度量衡、推进井田制……从后世来看，这些措施无论对秦始皇，还是后世的炎黄子孙来说都是中国历史发展的硕果。秦朝以后，统一的中央集权和大一统的治理方式就逐渐沉淀和确定下来，并成为中国传统政治文化不可分割的一部分。"经过战国秦汉儒士在思想和文化上的理论建构，'大一统'成为知识界的共识，并进入政治思想的价值层面，成为主流的政治价值观之一，开始指导早期中国的政治实践。……所谓'大一统'，正是强调的政治的统一、文化的一致和地理的完整。尽管它有着强烈的君主集权意味，但是，这种思想观念同时也在维护民族统一、社会稳定方面有着重大的历史贡献。……'大一统'成为中国传统政治价值观中的共识及鲜明特征……直到近代乃至当下，领土完整、国家统一和民族团结仍然都是中华民族所追求的政治目标。"[②]因为对广土众民的中国来说，只有天下大一统，才能形成稳定的社会秩序和政治秩序。

而在这个过程中，经过不断丰富和融合的儒家文化的被独尊成为建构思想统一、稳定秩序的核心目的。儒家文化是积极入世文化，讲求实用和秩序，讲求格物致知，讲求如何在和平安定的情况下治理国家和民众，致力于安邦定国。哪怕是本土宗教如道教等，也是讲求人和自然的和谐统一，而不是在烧杀抢掠中安置人类自身。事实表明，儒家文化无论在自然领域还是在社会领域都发挥了强大的建构、统合和自我发展功能，并在这个过程中逐渐形成东方文化圈或者说是东方文化共同体，由此，在中国数千年的帝制中，统一的时间远远超过分裂的时间，东方帝制国家始终屹立不倒，文明得以绵延。当然，这个和中国的农业文明、地理位置也有莫大的关联，不过总体上还是政治和社会原因起了关键作用。

---

① 夏增民：《先秦秦汉政治价值观研究》，人民出版社 2019 年版，第 204—205 页。

② 夏增民：《先秦秦汉政治价值观研究》，人民出版社 2019 年版，第 234—235 页。

有学者在梳理和分析中华文明经脉的过程中指出:"自秦汉以来,政治大一统成为中华文明一个最显著的特征。……它绝非一个短暂的发展阶段,而是整个文明存在和发展的基本诉求和主要支柱。"①然而,这一基本认识,在近两百年来却历经沉浮,至今也未能得到知识界和大众的普遍认可。"近百年来,人们在揭露和抨击封建君主专制制度黑暗统治时,经常漠视传统的政治大一统的历史合理性。在西方民族国家理论与实践的影响下,不少人曾试图将中国传统多民族统一国家改变为单一民族国家,将中国传统单一制国家改组为联邦制国家,将传统集权制改组为分权制,将传统郡县制改组为地方自治制,将大一统精英治国改组为多党或两党竞选治国。可是,一接触中国政治实际,所有这些构想都碰了壁,因为当这些方案付诸实施时,非但没有将中国引向大治,反而一再将中国引向大乱,引发极为激烈的社会政治冲突。"②那么,既然如此,新中国 70 年社会主义建设的经验和道路就是经过了实践验证的新的秩序形式,我们把"经济快速发展"和"社会长期稳定"这"两大奇迹"的和谐并存做到了"世所罕见"。③ 具体到城市基层社会,也可以说,中国传统社会治理自身的逻辑生成和发展是成熟的、自洽的、合理的,是被实践验证了的有说服力的,其价值和意义在时间和空间上也是完备和积极的。当然,它未必适应世界上所有国家和民族,但一定是适应中国社会发展的具有中国特色的道路或模式。亦即,中国传统治理在社会现代化发展的转型实践中获得了正当性。

1949 年新中国成立后,有学者认为,中国过去四十余年社会转型的总体特征可以用从"单位国家"向"社区国家"的转变来概括。这一转型不仅仅意味着生活空间的转移,也意味着社会组合方式和交往方式的转型,更是社会治理体系的转型。这一转型是催生社区治理的直接根源,社区治理随之成为国家治理体系的重要部件。与之相适应,社区也成为理论创新的重要空间,中国社区是中国制度自信、理论自信、道路自信和文化自信的凝结和汇聚。社区治理有其独特的基础、原理和路径,通过社区巩固国家治理之基是中国未来抵御各种

---

① 姜义华:《中华文明的经脉》,商务印书馆 2019 年版,第 6 页。

② 姜义华:《中华文明的经脉》,商务印书馆 2019 年版,第 6—7 页。

③ 习近平:《中共中央关于坚持和完善中国特色社会主义制度 推进国家治理体系和治理能力现代化若干重大问题的决定》,《人民日报》2019 年 11 月 5 日。

风险、推动国家治理体系和治理能力现代化的重要举措。[①] 随着中国城市化运动和城市化运动后城市人口的急剧增长，城市生活的重要性和城市社区治理的复杂性则更加凸显。尤其是对一线城市或致力于建构国际化大都市的城市而言，社区治理状况就是衡量城市发展优劣的重要窗口和标尺。

城市，历来是生成、延续和维护以天文、地文和人文等为核心的传统文化体系的重要载体，城市能否形成良序是对执政者和居民责任和义务的要求。对人类社会来说，城市与城市生活已经成为人类栖息和繁衍的固定场域，数千年来，一直承载着上至国家下至黎民，从宏大到琐碎的方方面面。英国文人塞缪尔·约翰逊(Samuel Johnson)通过把“与他自己经历过的那种赤贫、粗野的乡下生活状态相对”，将文明视为居住在城市中的一种舒适的生活状态。[②] 尤其是到了近代，[③]随着工业化、城市化、全球化、信息化以及智能化的快速推进，城市，作为国家活动重心，又涵盖着从国家、政党、社区、族群乃至个体的全部经济、政治和社会活动。同时，其治理的优劣又成为维护、发展和检验国家治理体系现代化的重要内容和风向标。而其中，城市社区成为维系国家、政党和社会良序交互运转的关键。

英国历史学家尼尔·弗格森(Niall Ferguson)在《文明》中写道：“我们已经看到，文明是以城市为中心的。以这个标准衡量，西方文明占主导地位。”[④] 弗格森同时认为，随着2008年资本主义金融危机以及危机所带来的资本主义发展的各种窘迫和困顿，西方文明正在走向衰落，城市所受到的冲击也在所难免。而近些年来中国社会主义现代化道路发展的实践一再表明，蕴含并不断突破西方自由民主道路思想、实践和价值体系的恰恰是现代化转型进程中的中华文明。而当人们在开始谈论现代化的时候，这个话题往往伴随着对过去

① 刘建军：《社区中国：通过社区巩固国家治理之基》，《上海大学学报(社会科学版)》2016年第6期。

② 文扬：《让“文明平等互鉴”超越“文明的冲突”——由亚洲文明对话大会说起》，《人民论坛》2019年第15期。

③ 人类学家齐尔德(V. G, Childe)认为，工业革命以后，近代文明实已名副其实成为“城居者的文明”了。学者们把人类社会的发展理解成一个从低级到高级的演化过程，或者说人类社会的发展就是一部逐级向上的阶梯，城市的出现以及政治组织、社会分层、语言文字就成为较高级人类社会的标示性符号。当然，与之相对的，原始的、野蛮的、无序的就成为低级文明或非文明的修饰词。

④ 参见[英] 尼尔·弗格森：《文明》，曾贤明、唐颖华译，中信出版社2012年版。

的政治、文化、思想等的唾弃,或者说是有选择性地对传统的东西进行抛弃。但我们不能忽略历史的因素在中国城市社会治理中的影响,因为任何新生事物都必然有历史的痕迹或者演变逻辑存在。人类社会绵延数千年,这是无法否认和回避的。对近代中国,尤其是被裹挟进世界历史的中国而言,历史的味道显得更加浓厚和值得被重视,我们对问题的研究就显得更加必不可少。而对传统中国而言,中国的城市治理和传统文化有着非常紧密的关联,而且这种惯性并没有因为战争或者王朝的更迭而中断,反而即使在动乱的过程中也保持了文化的延续。从城市社区和国家的关系来看,城市社区是维系国家和个体关系的最重要纽带。由此,在现代国家的语境中,中国城市社区的治理,或许会在未来相当长的时间里,都必须以资本主义和社会主义的竞争性共存为背景,这个背景对于我们分析中国的城市社区将是非常重要的。

本书以近代中国的城市治理变迁以及新中国成立后中国城市社区治理型态的现代化转型为中心,在把握中国传统政治文化在城市社区治理中的作用和影响的基础上,分析中国城市社区治理从动员型、参与型、合作型到统合型治理的形成。本书主要分为六部分。第一部分是有关社区和社区治理型态的基本范畴,以此为基础,探寻中国城市治理的传统,以及这些传统在现代的映射。当然内容也会牵涉到随着中国现代政党的产生,祛除了皇权体制的中国城市和中国近代社会变迁之间的关系及其相互影响。

第二部分重点关注新中国前 30 年,走出传统治理模式的中国城市社区治理。不可避免地,此时期的社区治理还多多少少带有旧社会的痕迹,但是这并不能否认此时期的城市社区治理已经发生了翻天覆地的变化,它一方面还残留着旧的传统的东西,是旧的治理传统的部分展现,另一当面也随着社会性质的整体变迁开始具备了自身的特色。

第三部分则主要介绍、研究和分析改革开放以后 30 年,西方城市社区治理的理论和经验对中国城市社区治理的渗入和影响。从实际效果来看,国内外社区治理理论和实践对于中国基层社会治理,尤其是中国改革开放后的城市社区治理型态转型的实质性影响非常关键。在西方学者看来,国家—社会的二分法对于活跃基层社会、提升基层社会活力是非常重要的,要推进基层群众自治,可以更大限度地践行群众路线,体现民主制度的优越性。然而十余年过去了，基层民主，尤其是基层选举，不仅越来越衰落，而且随着城市化和个体化运动的不断加快，也正面临重重窘境。

第四部分重点是新时期中国城市社区治理发生的变化。随着实践的不断发展，我们可以发现原有的几种发展模式都很快失去了其最初的色彩和人们对它们的热情。学者们发现，如果没有党组织在其中的作用，城市社区治理必将会走向停滞。"把党带回来"成为包括西方学者在内的重要观点。这一部分以新中国成立以来上海和广州的实践为基础，致力于构建适合中国本土的治理理论，具有鲜明的现实针对性。这是理论对时代的回应，对加强基层党组织建设和推进地方治理现代化有着积极意义。

第五部分是根据当代中国城市社区治理实践的变化，单独把党的领导这块抽出来，在分析和把握现代政党的职能及其价值的基础上，把握政党与社区治理的关系，以及在中国城市社区统合型治理的发展和演变。因此，本书对加强党的领导水平和执政水平，对构筑有中国特色的可被借鉴的社区治理发展体系有着积极意义。这一部分还着重解析当前中国城市社区统合型治理型态的现状和本质特征。根据笔者对上海社区治理十余年的跟踪研究，辅以黄浦区南京东路街道和淮海中路街道的实证研究结果，把握历史经验和现状需求，深入分析当前上海基层党组织和政府根据社会现实发展的需要对社区治理现代化的思路和突破性做法，并以此深化加强党的建设对城市社区现代化建设的根本意义。在此基础上，把握当前中国城市社区统合型治理型态的影响和未来发展走向，即深入分析当前中国城市社区治理新型态对基层群众自治、城市化进程以及中国政治传统等的影响，其在发展过程中涌现的新因素和新特征及其未来发展趋势，并就如何实现政府治理、社会调节和居民自治之间的良性互动提出相应的建议。

第六部分是进行总体的理论探索。在充分把握新中国成立70余年来城市社区治理发展史实、逻辑和规律的基础上，深入研究中国特色治理理论的形成脉络、建构必然与可能，尝试由此构建基于政党、价值、制度和文化为一体的中国特色的并基于中国城市社区治理经验的基层社会治理理论。中国的城市社区治理是中国特色社会主义理论体系的重要组成部分，我们需要在这个过程中把我们的经验进行提炼和升华并最终凝结成中国现代化建设进程中的重要理论结晶。这一部分重点在把握中国城市治理型态现代转型的内在逻辑和当代统合型治理的经验探索,因此对完善社区现代治理体系有着现实的指导意义。

关于城市社区治理的著述,在学界已经有不少,且不乏优秀之作。国外针对基层社会治理的研究一般融于社会管理理论,较有代表性的有传统公共行政理论、新公共管理理论和新公共服务理论。其核心思想有四点:“政府并非唯一的社会管理主体,各种得到公众认可的社会团体或组织都可以参与到社会管理的过程中,强调社会管理主体的多元化;社会管理系统是一个网络结构,作为网络节点的各种社会管理主体不但具有自组织性,而且能都积极主动地参与到社会管理之中;政府与其他社会管理主体之间是相互依赖和互动合作的关系;政府对社会的治理不仅限于传统的控制手段,也强调对其他手段的综合运用。”①

而自斐迪南·腾尼斯引入社区概念,治理理论开始进入社区实践后,作为基层治理重要组成部分的城市社区治理在社会学领域也出现了重要进展,出现的理论主要有:(1)新地方主义下的网络化社区治理理论。该理论“强调参与以及推动公民精神的复兴,构建起基于中央—地方—民众多元化协同的网络化社区治理模式,从而使得民主和管理相得益彰”。②(2)公民治理下的社区治理模式。认为社区治理中的规模原则、民主原则、责任原则和理性原则以及选择什么样的社区治理模式,关键还是看社区领导者选择怎样的社区政策导向和社区发展态度。为此,社区治理中要“强化公民直接参与政策制定过程”,由“居民自主选择和决定社区的未来图景”,即需要公民承担更大的责任。③(3)社会资本和社区治理理论。该理论认为社区治理是一个小利益团体的社会互动,是与市场和地区密切相关的经济活动成果。④(4)政府职能转变和社区治理。该理论研究者主要从政府和社会的关系上,结合政府职能转变,认为政府在国家层面的治理正在失调,应该“重新发明社区”,即摆脱政府主导的模式,以合作和协商一致为基础,推动政府、企业、社会团体和公民的共

---

① 黄健荣:《公共管理学》,社会科学文献出版社2008年版,第85页。

② [英]格里·斯托克:《新地方主义、参与及网络化社区治理》,《国家行政学院学报》2006年第3期。

③ [美]理查德·博克斯:《公民治理:引领21世纪的美国社区》,孙柏瑛等译,中国人民大学出版社2005年版,第9页。

④ Samuel Bowles, Herbert Gintis. Social Capital And Community Governance. *The Economic Journal*. Nov. 2002. Vol. 112, Issue 483, pp. 419 - 436.

同努力，才能解决日趋严重的城市治理问题。① 该思路实际就是合作型治理型态的理论基础。

目前，在社区治理方面，西方社会已经形成自治型治理模式、行政主导型治理模式、混合治理模式等比较成熟的形态。但因为上述治理模式的产生都有其特定的历史、文化传统，伴随的是管理职能被消解的政府和自治能力强大的市民社会，因此在用于分析中国的基层治理时需要加以适当的改造。还需要提及的是在对中国城市基层社会治理的研究中西方学者对党组织的态度。“基于中国社会的发展现状，越来越多的研究者……开始认识到中国共产党人就是中国政治发展中最为重要的行动者，呼吁研究中国问题需要‘重新把党带回来’。(这)改变了过去学术研究中无视或边缘化中国共产党的惯性研究范式，并将研究的中心转向描述和解释中国共产党及其领导的政治体制的生存、调整与适应能力以及行动策略上。”②

1986 年，我国民政部首次将“社区”概念引入城市管理；1991 年，民政部又提出“社区建设”，之后，我国社区治理模式就出现了上海模式、天津模式、沈阳模式、江汉模式、成都模式等，都各具特色。我国学者在分析和总结的基础上对有关中国城市基层社区治理(管理)方面的研究，分为两大类，一类是对基层党组织和基层社会治理机制的关联性研究，主要关注“党社分离还是党社一体化”“党组织的去行政化与再行政化”“组织创新策略与基层治理创新途径”等方面，主要涉及党与基层社会的关系定位问题，即党是应该与社会相分离以保持相对中立性，还是要实现“党社一体化”；党政应该进一步分开还是党组织再行政化以及执政党如何适应形势，通过组织完善、功能创新、策略调整来适应基层社会治理的新要求。③ 不过总体上，这一类的研究成果并不多。另一类则是淡化党组织角色而偏重于社会作用的研究，成果相对较丰富，多集中于“以国家(政府)与社会关系为视角的治理理论研究”“非政府组织(NGO)和公民

① Christopher Gates. Community governance. *Futures*. 1999, Vol. 31, Issue 5, pp. 519 - 525.

② 孙柏瑛、邓顺平：《以执政党为核心的基层社会治理机制研究》，《教学与研究》2015 年第 1 期；关于“重新把党带回来”请参见 Kjeld Erik Brodsgaard & Zheng Yongnian ed. *Bringing the Party Back in: How China is Governed*. Marshall Cavendish Intl, 2004; Alexei Shevchenko, “Bringing the Party Back In: The CCP and the Trajectory of Market Transition in China”, *Communist and Post-Communist Studies*, June 2004, Vol. 37, Issue 2, pp. 161 - 185.

③ 孙柏瑛、邓顺平：《以执政党为核心的基层社会治理机制研究》，《教学与研究》2015 年第 1 期。

参与背景下的治理创新研究”,中国“基层治理传统资源在当下的适应性研究”,[①]以及基层社会治理如何达致“现代形态”的路径研究等。只不过这些研究大多有意无意地忽视执政党作为最重要行动主体的现实,以致无法真正解释现实的基层治理。

受西方学者“重新把党带回来”理念的影响,国内的学者从“政党治理”或“党治国家”的视角进行了新的社区治理探索也逐渐获得关注,这无疑有利于客观看待和承认中国自身发展模式的独特性和基于现状自身发展并分析的合理性,也有利于构建基于基层社会治理的学术研究的中国本土理论和范式。为此,有学者认为有必要科学反思、认真总结新中国成立 70 多年以来的城市治理进程。学者们认为,70 多年来,我国城市管理或治理工作虽然也有不少曲折和波折,但整体上大都有效回应了不同时期的经济社会发展诉求。相关研究主要关注于以下四方面:一是城市治理的难题、风险和路径;二是城市治理的转型和创新问题;三是城市社区治理问题;四是聚焦研究城市治理的智能化和精细化问题,并建议在应用先进科技服务城市治理时,也要警惕数据驱动的城市主义的肆意扩张,守住人本治理的底线和培育包容性的治理胸襟,处理好技术、制度与社会的关系。[②]

但是总体上因为中国社会主义现代化建设的实践常新,构建属于中国特色的城市社区治理理论仍在探索的过程中,城市社区治理还需要更多的关注。囿于理论相对于实践的滞后现状,学界对社区治理变化的关注和针对性分析还不是很充分或者仅仅是在旧有的研究框架中打转。或者说,现有研究对中国城市基层社会治理型态现代转型的脉络及当代社区治理新实践的针对性分析还很不充分。党的十九大报告指出:要加强社区治理体系建设,推动社会治理重心向基层下移,实现政府治理和社会调节、居民自治的良性互动。这无疑指出了社区治理发展不充分的现状,也指出了未来社区治理的发展方向和路径。在这个过程中,以欧、美、日为主的西方文明对中国的长期影响所带来

① 周庆智:《乡村治理转型:问题及其他》,《江西师范大学学报(哲学社会科学版)》2015 年第 6 期。

② 徐顽强、王文彬:《建国七十年来我国城市治理变迁、经验与未来走向》,《西南民族大学学报(人文社会科学版)》2019 年第 8 期。

的中国基层社会治理的变迁已经成为中国现代化进程中不可忽视的一部分，其中的成功和失败值得我们深思。但无论如何，在已有其他国家失败实践的基础上，不能让中国的城市乃至中国的基层社会治理成为西方理论的试验田，这对中国的社会主义现代化来说有百弊而无一利。

本书的目标在于，首先，要准确把握中国治理传统，尤其是城市治理传统的精髓，这是在社会变迁过程中传统的内在逻辑的发展规律在当代的强映射。其次，要准确把握西方治理理论的实质、优势和劣势以及对中国社会影响的精确度。因为从历史上看，西方治理理论是为数不多的外来理论对中国社会发展有实质性重大影响的理论之一，而且过程比较典型和复杂。再次，以上海1949年以后党和政府在促进国家—社会一体化进程中的努力为基础，积极探寻和充分把握城市社区治理型态发展的历史背景和形成机理，其内在逻辑、规律及现代化趋势，以及其中所蕴含的中国传统政治因素和社会主义新文化因素。最后，尝试构建中国本土的城市社区治理理论。从国家—政府（政党）—社会—个体和政治传统—价值—制度两个维度，探索适合中国本土的治理理论框架，以回应当前和未来在构建国家和社会治理现代化体系框架下对社区治理现代化的紧迫需求。

当前，中国正处于新的文明秩序的历史关口，是政治、经济、文化制度，包括社会治理制度在内的秩序“重构”，我们数千年的历史文化传统和近代以来百余年发展逐渐稳定下来的制度架构及经验都是我们在推进城市基层社会治理现代化过程中的力量源泉。

# 目　录

# 第一章　社区：现代城市治理的基本场域

基层社会既是广大人民群众日常生活的共同空间，也是国家权力与社会力量交互作用的空间场域。新中国成立后，我国城市社区治理随着国家政治、经济和社会性质的转变也经历了持续而深刻的变迁，城市基层社会治理生态也发生了巨大变化。这就既要戒断旧社会管理体制的影响，又要根据新生的以人民民主专政为特点的共和国政权的需求建构新治理模式，基层管理体制迅速经历了一个从革命到建设、由传统转入现代的发展过程。国家权力对基层社会的改革与建设，发展出了新的基层治理型态，成为建构现代治理的重要环节。城市基层治理在整个社会的治理结构和治理体系中发挥着重要作用。基层治理模式不断创新，国家治理现代化不断推进，人们对社区服务、社区建设、社区治理的认识和实践也实现了重大历史突破。这并非唯社区自身的成就所能推动，而是随着国家建设的整体性发展而形成的。实践证明，中国城市社区承载着中华文化的延续，也在日积月累的绵延中形成了新的传统，在传统、新传统和现代之间总是保存着经脉相承的丝缕关系，因此，我们应该重视现时代和未来对城市社区治理问题的孜孜探求，也同样应该重视对传统社会治理经验的审视和借鉴。

## 第一节　社区及其治理型态

著名的城市理论家刘易斯·芒福德（Lewis Mumford）认为，城市是文化的容器,而且这个容器所承载的生活比这容器更重要。作为社会群体聚居和活动的场所,社区实际上和农业发展是紧密相关的,最早的对社区的定义也是基于农村社区的意义。1887 年,斐迪南·滕尼斯的成名作《共同体与社会》一书给社区的定义是:社区是指由具有共同习俗和价值观念的同质人口组成的关系密切、相互帮助的人性化团体,展现出来的是“一切亲密的、私密的、单纯的共同生活”,它跟社会不一样,“社会是公众性的,是世界。人们在共同体里与同伙一起,从出生之时起,就休戚与共,同甘共苦。人们走进社会就如同走进他乡异国”。显然,滕尼斯定义的社区的基本特征是,人们之间的关系是建立在淳朴的、亲密的自然感情基础之上,且相互不存在利益关系,是一种有机的联系。① 这个定义显然和自然村的形成及其社会关系比较密切。

随着经济、政治、社会和文化的发展,特别是工业革命以来,人类社区进入都市化进程后,城市社区开始出现,其经济基础与结构功能都与最早和农业发展相关的社区不同。都市社区规模不断扩大至形成许多城市和大都会社区,社区的结构和功能再次发生变化。工业化的进程推动了经济结构、社会关系和文化价值观的变迁,传统的价值观、信仰以及社会关系都受到了强烈的冲击。于是有关社区治理、社区功能等的相关研究,特别是几乎与滕尼斯同时期的韦伯、涂尔干等社会学著名学者,都把如何重建社会秩序当成社会学的中心。

社区的概念后来也随着各国具体的情境变化而不断被丰富和发展,比如美国芝加哥学派对社区的研究。其中的 R. E. 帕克认为社区是“占据在一块或多或少明确地限定了的地域上的人群汇集”和“组织制度的汇集”。② 芝加哥学派对有关城市社区的观点其实很能引发人们思考,如“他们认为城市绝不是一种与人类无关的外在物,也不只是住宅区的组合;相反,城市本身包含了人性的真正特征,它是人类的一种通泛表现形式”“大城市从来就是各种民族、各种文化相互混合、相互作用的大熔炉……新的种族、新的文化、新的社会形态就是从这些相互作用中产生出来的。这就是城市社会(的)新陈代谢”“城市生活

① [德]斐迪南·滕尼斯:《共同体与社会》,林荣远译,商务印书馆 1999 年版,第 52—96 页。
② [美]R. E. 帕克等:《城市社会学》,宋俊岭等译,华夏出版社 1987 年版,第 110 页。

的一个突出特点就是其内部极其发达的沟通手段。"[①]这些观点发展了滕尼斯的社区概念和理论，并更加靠近本书意义上的现代城市社区。

需要强调指出的是，中国的城市社区不是自然形成的共同体，而是经由行政划分后的治理单元，不具备滕尼斯整体性社区所要求的自给自足，而是局部性嵌入整个城市治理中的、只能满足居民部分需要的生活区域。这就要求社区的发展必须是在不断的内外交互中各取所需，从而产生满足自身正常运转的各种资源。这种外部依赖性决定了中国城市社区的开放性。因此，自社区概念被费孝通引入中国之后，关于社区的定义就出现了明显的"相互性"，如费孝通认为社区是若干社会群体或社会组织聚集在某一地域里形成的一个在生活上相互关联的大集体。[②] 郑杭生认为，"社区是进行一定社会活动、具有某种互动关系和共同文化维系力的人类生活群体及其活动区域"[③]等，都是在更加宽泛的意义上对中国社区的高度概括。本书关于城市社区的概念即是建立在滕尼斯的社区定义基础之上，结合芝加哥学派和国内学者的观点，认为当前中国的城市社区，起码要具备如下四个特征：

第一，共同的稳定的活动区域。活动区域是社区之所以能够保持互动和活动以及治理的基本空间。有了共同的稳定的活动区域，社区建设和治理才有落脚点，在此平台基础之上，才会有人群的汇聚，也才能谈得上治理和沟通。该区域存在的多少以及品质如何是影响社区竞争力的重要标尺，如果区域空间不够，或者品质不足，缺乏公共性，那么社区的吸引力和居民的快乐感、认同感就会维持在一个较低的水平，反过来，又会促进社区治理水平的提升。这是一个相互的双向运动过程。

第二，共同的稳定的治理机制。有效的治理模式的核心支柱之一就是制度的发展和完善，这些机制未必一开始就有，但必然是在共同的生活中有着自己的特色。机制是社区各参与主体之间的结构关系和运行方式，它在设计之初就必须要明确达到什么的目标，然后根据该目标倒推去设计相应

---

① ［美］R. E. 帕克等：《城市社会学》，宋俊岭等译，华夏出版社 1987 年版，中译本序言，第 5—6 页。

② 费孝通：《费孝通文集》，天津人民出版社 1985 年版，第 4 页。

③ 郑杭生主编：《社会学概论新编》，中国人民大学出版社 1987 年版，第 274 页。

的运行机制。曾经因“机制设计理论”获得了2007年诺贝尔经济学奖的美国经济学家埃里克·马斯金(Eric S. Maskin)的“机制设计理论”认为,机制设计其实是一个逆向思维的过程,要根据设定的结果来设计过程,机制设计的核心是明确目标和动机,作为机制设计者,当面对信息不对称的问题时,可以不通过自己来寻求最优解决方案,而是通过设计一个机制来完成目标,而且在机制设计过程中,要综合考虑参与者的动机,实现激励相容,达到共赢。

第三,共同的稳定的沟通方式。社区作为共同体的本质在于沟通,及时有效的沟通是社区治理的核心要求。新中国成立初期,居委会的喇叭声是非常有效的,但随着各种沟通交流方式的更新换代,尤其是在当前人口快速流动的前提下,当人们获取信息和资源的方式和来源复杂多样,甚至很多时候无法辨别真假或是否有用时,社区治理过程中对新的沟通方式的需求就显而易见。当前,沟通手段随着技术的发展出现了升级,但至少到目前为止,能够达到有效和充分及时沟通的社区还非常少见,陌生人社会的形成和城市流动性的加快以及网络的便捷,都造成了传统沟通方式不得不退出历史,但又没有新的可替代的有效方式生成,因此,这实际上是一件非常具有挑战性的事情。

第四,共同的稳定的行动偏好。在绝大多数城市社区,这些有共同偏好的行动是维系这个社区同质性的根本。以城市居委会基层选举为例,候选人的生成和对每个候选人的基本了解及评价应该是基于社区居民普遍的对本社区的了解和未来发展基础之上的,有着共同的目标和基本的行动力,当然能够达到这样的前提是对候选人以及社区选举机制的熟悉和熟练。否则选举的结果只能是社区内部的撕裂。另一个比较重要的是居民的日常生活。说到底,社区治理的出发点和落脚点还是社区居民生活自身。各社区应该根据各自的聚居和发展特点,比如外来媳或者老年人比较多的小区,行动偏好明显,举办一些老年人的活动以及有着各自小区特点的活动才会更加受欢迎并凝聚向心力。只有这样,才能在把握小区特点和需求的基础上,达到相对满意的社区治理效果。

正是在上述推进社区治理的各种要求中,逐渐形成了社区治理的不同模式，而为了摆脱“模式”一词给人们的固定僵化等不好的印象，学者们用了另外一个词，即“治理型态（或形态）”来代替，赋予社区生活和社区建设以变动的有机的性质。所谓社区治理型态，①简单而言就是社区治理的具体实践方式，就是各参与主体运用各种法律的、行政的、市场的、伦理的等手段，依据相应的原则和既定的目标，实现社区健康而灵活有效的良性运转。

当然，治理方式的不同，不仅会反映出当时当地某种治理方式本身的运作和影响，也会反映出某种治理方式产生和发展的背后原因，包括经济的、文化的，乃至政治的甚或意识形态的。而越加研究当代中国城市社区治理的转型，资料越来越多，却越加发现对中国的城市治理传统有着极大的兴趣，这种兴趣产生的最根本原因在于中国传统的城市治理，包括其思想、文化和制度等都会在现当代找到某种映射，因为现在的城市治理型态的产生，绝对不是无根之木，也并非完全都靠外来经验。当然，与其说笔者是对这些经验感兴趣，倒不如更确切地说是对经验背后留存下来的中国城市治理传统及文化感兴趣。因为在没有市场经济的情况下，这些传统的治理模式凸显了强大的道德和伦理观念，并且发挥了强大的社会凝聚效能。

“是的，为了未来，我们必须研究过去。”②“只有坚持从历史走向未来，从延续民族文化血脉中开拓前进，我们才能做好今天的事业。”③

## 第二节 中国城市基层治理传统探寻

追寻中国的治理传统是一件在当下看来并非冷门的事，除了因为城市本身历史的源远流长及其同时带来的自身治理历史的绵长，更重要的是中国的

---

① 在相当多的文献中，都称之为“形态”。本文之所以称之为“型态”，是因为更想表达出在某个历史阶段其相应的某种模式已经非常成熟而有效之意。

② 金观涛、刘青峰：《兴盛与危机：论中国社会超稳定结构》，法律出版社 2011 年版，第 2 页。

③ 《习近平在纪念孔子诞辰 2565 周年国际学术研讨会暨国际儒学联合会第五届会员大会上的讲话》，《人民日报》2014 年 9 月 25 日。

历史和文化绵延数千年从来没有间断过,这是中国传统社会治理的奥秘所在。[①] 学者金观涛和刘青峰不止一次地提到的中国超稳定社会结构,[②]其所依赖的就是蕴含于其中的政治、经济和文化传统,而城市,尤其是工业革命以后,作为国家经济发展和政治活动的主要场所,以及作为社会文明发展的主要载体,其对当时经济社会的发展无疑起着重要的作用。

## 一、中国古代城市[③]兴起

如果把城市界定为有围墙的活动聚居地,即“城墙都市”,那么中国城市的发端在商周时期就已经存在,但此时城市的功能比较单一。有学者考察指出:“春秋时代,中国有四百六十六个城邑,比西周时代多三百七十五个,反映春秋时代相当活泼的都市化过程。……估计战国时代一等大都市约有二十到三十个,大都市至少已有五十至六十个,全国约有二十万户以上住在头等都市,五

① 行文到这里的时候,刚好看到某著名高校教授呼吁应该“少沉迷中国历史,多了解世界文明”的文章再次被翻出来(唐世平:《少沉迷中国历史,多了解世界文明》,《各界》2016 年第 4 期)认为古代中国历史几乎没有“现代意义”、太沉迷于中国历史导致闭目塞听,认为“沉迷中国历史”就是“自恋”,而“自恋”不会有真正的国际话语权,等等,所以必须削减中国历史,尤其是中国古代史以及古代思想史的支持,中国的历史和社会科学知识科普应该迫切转向对中国近现代史和世界近现代史的科普。在笔者看来,这个观点实际是一种历史怀疑主义或者说是历史虚无主义,其影响之恶劣就是要割裂中国五千年文明史。因为不了解中国数千年的古代社会,不能很好地把握中华文明的根源和绵延之所在,就不能很好地理解今天的中国社会,更不能很好地走向未来。

② 在该理论中,这种超稳定结构由意识形态结构、政治结构和经济结构三个子系统耦合在一起,“互相影响、调节和适应”,在一个社会内部,“三个子系统也都在发展变化着并不断调整社会结构”“当三个子系统之间的关系极不适应时,就要求社会变革,有时不得不以革命的形式来调整社会结构”。而调整的结果要么是“旧结构被破坏瓦解了,失去了恢复的能力,同时,在原有社会结构中,已经形成了一个新的相互适应、相互调节的结构,旧结构瓦解时,新结构就会取代旧结构,社会演化到新的形态”。要么是“引起原有结构的崩溃,其后果是消除了各子系统中互不适应的因素,同时也消除和压抑了三个子系统中尚未成熟的新结构的萌芽,这样就使得大系统回到原有的适应状态。这个系统由于存在着不断消除和压抑内在不稳定因素的震荡机制,所以从总体上看其结构可能长期保持基本不变。这种类型的社会结构,一方面具有巨大的稳定性;另一方面表现出周期性振荡。也就是说,这种系统的巨大稳定性,是依靠它本身只有周期性振荡的调节机制而得以实现的。”当然,这个理论只适应于解释中国的历史政治和传统,却无法解释比如为什么西欧的社会结构无法通过三个子系统的相互作用来解决系统的周期性振荡的危机。

③ 在铺陈中国古代城市之前,需要有个常识,就是中国的城市都是脱胎于农村的(这一点和通过教会分化出城市和行会的西欧是不一样的)。如果从现代意义上讲,中国的城市建设基本都是在外力即成为国家主义的西方资本的影响下开始的,在明清以前,典型的就是我们后面将要论述的晚清时期的通商口岸。就此,中国的现代城市建设才逐渐开始运行。

十万户以上住在中等都市，都市总人口可达三、四百万，”①并认为，和几乎同时期的罗马、拜占庭、英国京城等相比，在19世纪以前，中国几乎拥有世界上最大的城市和最多的城市人口，“中国城市比之西方世界仍然一枝独秀”。② 但这并不等于说中国的传统文化在城市，虽然“自古以来，城市即是人类文明的创造中心，也是带动社会文化变迁的主要据点”。③ 而这跟中国的农业社会特质紧密相关。

刘石吉认为，“唐宋时代，中国的城市产生了‘革命’，那就是商业性城市的兴起，一方面行政中心的经济技能强化，一方面非行政中心的市镇出现。到了明清时代，市镇的涵义完全以商业机能为标准，甚至有了专业市镇的诞生，市镇人口与数量都越来越多，造成了城市化的现象。传统中国城市的特质是城镇一致性，此与西方迥异。中国一直没有都市优越性的观念，也一直不轻视农村和乡土的生活方式及文化，事实上，传统中国文化的主要据点应是乡村，并没有明显的城市文化。只有唐宋以后商业城市兴起，城市在中国文化的经济生活中才占有较显著的地位；只有近代西化的通商口岸出现后，才改变传统城市的性质，中国城市才具备西方工业化后城市的特质”。④

还有学者认为，中国古代城市的发展经历了三个阶段。如果我们把城市定义为“城”和“市”的简单相加，那么古代历史文献中多称作“城”或“城邑”等的乡村式城堡⑤就成为中国城市发展的第一阶段。中国古代史上的城堡阶段，大致是指从原始社会末期军事部落联盟间发生战争至夏代前期。⑥ 它既是文明曙光初现时野蛮人掠夺性战争的产物，又是原始人类长期同自然界斗争的

---

① 刘石吉主编：《中国文化新论：经济篇——民生的开拓》，联经出版事业公司1992年版，第315页。

② 刘石吉主编：《中国文化新论：经济篇——民生的开拓》，联经出版事业公司1992年版，第316页。

③ 刘石吉主编：《中国文化新论：经济篇——民生的开拓》，联经出版事业公司1992年版，第303页。

④ 刘石吉主编：《中国文化新论：经济篇——民生的开拓》，联经出版事业公司1992年版，导言，第6页。

⑤ 参见周兴旺等：《中国古代史（上）》，中国大百科全书出版社1996年版。

⑥ 1984年，在山东寿光县孙光集镇边线往村北的一个高埠上，发现了边线王龙山文化城堡，经科学发掘的并已被考古学界所确认，是我国最早（夏代早期）的原始城堡之一。边线王龙山文化城堡是在原始农业经济区域内人类历史发展的必然产物，也是有史以来一次重大社会变革的见证。见杜在忠：《边线往龙山文化城堡试析——兼述我国早期国家诞生、文化融合等有关问题》，《中原文物》1995年第2期。

结果之一。不过这些城堡生产与生活状况又与乡村无明显的差异,而且城堡内外仍然联系紧密。因此,“这种乡村式城堡的存在,可以认为是以后城市形成的原形之一,是城市产生的最初萌芽或城市雏形”。① 随着实践的发展,古代城市发展的第二阶段,即城、市分离逐渐出现。这个阶段,大致始于夏,迄于西周前期,此时,随着社会经济的发展以及农业与手工业的分工、手工业与商业的分工,日益增多的商业活动和相对固定的商品交换场所开始出现。“不过,这种都城与地方性政治中心‘城邑’同以前的‘城’或‘城堡’相比较,并没有发生‘质’的变化。”②第三阶段即城、市合一。“在中国古代城市形成的过程中,城与市自渐趋结合到最终合二为一成为真正意义上的城市,经历了几百年之久。在时间上大致包括西周至春秋时期。可以认为,春秋战国之际,才是中国历史上具有真正意义的城市诞生之时。”③

综上,中国古代城市的形成是一个漫长的历史过程,“城市是伴随着私有制和阶级而产生的”“是由于手工业及商业的产生及发展而从一般的村落居民点中分化出来的”“属于社会经济的范畴”“与单纯防御作用的城(濠)墙在概念上是有区别的”“这种情况与国外大部分城市产生的过程是一致的”。④ 因此,在生产力发展的推动下,到了春秋战国时期,随着铁器的广泛使用,封建制的建立和地方势力的崛起,中国历史上第一个城市发展高潮期才出现。《战国策》中说:“千丈之城,万家之邑相望也。”或者说,具有真正意义的城市才快速涌现。而且,“从城市的起源看,‘城’是适应统治集团的需要,统治者利用它行使国家职能,由于政治力量的作用自上而下形成的;而‘市’则是由于经济的发展需要,通过商品交换以及伴随出现的手工业的逐渐发展,剩余产品的不断增多,由‘下’而‘上’形成的”。⑤ 但我们仍然认为,在近代史也就是工业革命开始以前,中国的城市并非中国社会经济发展的第一重心,即便是在唐宋时期,也

① 张全明:《论中国古代城市形成的三个阶段》,《华中师范大学学报(人文社会科学版)》1998年第1期。

② 张全明:《论中国古代城市形成的三个阶段》,《华中师范大学学报(人文社会科学版)》1998年第1期。

③ 张全明:《论中国古代城市形成的三个阶段》,《华中师范大学学报(人文社会科学版)》1998年第1期。

④ 董鉴泓:《中国城市建设史》(第3版),中国建筑工业出版社2004年版,第7—8页。

⑤ 张全明:《论中国古代城市形成的三个阶段》,《华中师范大学学报(人文社会科学版)》1998年第1期。

仍然是以乡村和农业为重。这就是为什么在中国政治传统中，中国的乡绅治理有着极其重要的历史地位和作用，这跟中国古代王朝重视农业紧密相关，也跟中国的血缘—宗族社会结构紧密相关，更是皇权政治的产物："依靠乡绅治理乡村，不仅可以强化宗族观念和儒家思想，从而凝聚乡村力量、维护乡村秩序，而且可以减轻治理成本、解决广大基层难以治理的技术难题。"[①]也由此导致了在传统中国的社会治理方面，形成中国城市治理传统的不是古代为数不多的城市，而是中国的乡里组织，城市的治理传统并不决定或者说在整体的中国国家和社会治理这块对中国的治理传统不如农村的治理传统影响大和地位高。

在这方面，一个经典的例子就是中国的乡村自治传统。有不少学者认为，地方自治是清末从西方传入并逐渐被国人接受的，实际上，这完全是无稽之谈，因为中国的乡村自治自古有之，如果说西方的自治思想对中国社会发展的影响，最早也只能追溯到近代西风东渐过程中，对近代中国城市自治的推动，以至于后来民国时期演变成了一场城市自治思想运动，这"是中国民族资产阶级为发展资本主义工商业争取自由空间进行的一场市民运动，它和欧洲中世纪的'城市自治运动'有相同之处，但是，在要求赋予城市自治地位的过程中，要求强化政府控制权的声音同时存在，包括批判资本主义和自由放任的经济理念、主张计划经济等倾向都伴随在了'城市自治'诉求中，这成为了民国城市运动中的一个鲜明特点"。[②] 这场运动，我们会在后文中再次提到。

## 二、中国古代城市治理传统的留存

城市的形成带来的是城市管理的应运而生，可以看出，军事功能和行政功能是中国古代城市的两大功能，后者绝大多数是以贸易和生活功能为主。在不同的历史时期，功能的侧重点也大不相同，比如在春秋战国时期就是军事为主。总结起来，中国古代城市的管理大致有如下几种：

第一种是闾里制，即把全城划分为若干个封闭的"里"作为居住区，而商业

---

① 陈忠海：《中国古代的国家治理》，《中国发展观察》2017 第 23 期。
② 高路：《民国的城市自治思想运动》，《江汉大学学报（社会科学版）》2017 年第 5 期。

和手工业则限制在一些定时开闭的“市”中，“里”和“市”都环以高墙，并设里门和市门，全城实行宵禁。显然，这种闾里制因为交往不便，实际上城市的一般规模都不大。贾公彦疏里说：“在六乡则二十五家为闾，在六遂则二十五家为里。闾里之中有争讼，则以户籍之版、土地之图听决之。”在西周，“当时已设官员对市进行管理，并制定了相关管理制度。这些官员有其吏所治舍，职责在于监督商贩、货物等出入城门；整顿摊肆、货店的排列场所；确定物价、限制违禁品买卖等”。① 后来到了春秋战国时期，也大致与西周的这种城市治理模式相仿。但是局限在于，因为战乱等原因，这种模式经常因为社会秩序的不稳定受到了诸多的限制。

第二种是里坊制，“里”与“坊”不一样，但经常被连用在一起，“里”为正规名称，“坊”为俚俗之称。《管子》记载的里坊制的内部管理是：“大城不可以不完，郭周不可以外通，里域不可以横通，闾闬不可以毋阙，宫垣闭不可以不修。……里域横通，则攘夺窃盗者不止；闾闬无阖，外内交通，则男女无别；宫垣不备，关闭不固，虽有良货，不能守也。……明君者，闭其门，塞其途，弇其迹，使民毋由接于淫非之地。是以民之道正行善也若性然。故罪罚寡而民以治矣。”以汉代为例，“里是基本居住单位，也是区域管理组织，统治者通过里正、父老、里监门等里吏管理城市居民。里正是里的最高长官，亦称‘里长’，负有收赋税、征徭役、捕盗贼、行教化等职责。父老的主要职责是劝农和教化里内子弟。里监门则是管理里门的官吏。汉代尤其重视对城市商业活动的管理，形成了一套严格的市场管理制度。市的设置必须在官府控制之下，并与居民区分开。市场实行封闭式管理，各市皆置市长、市令等官，掌管市井的治教、政刑、量度、禁令等。商贾若要在市中进行交易，必须入‘市籍’。此外，汉代官府重视对市场价格的管理，设平准令掌管物价”。② 里坊制的优势就在于，经济和行政的功能得到了强化，而且因为政治稳定，里坊制不断得到巩固和发展。

第三种是坊市制，坊市制主要存在于隋唐时期，它“把城市居民生活和商业活动限制在一定区域(坊与市)内，实行时间和空间上的双重制约。……坊

---

① 张春兰、孟月：《中国古代城市管理的滥觞与嬗变》，《中国社会科学报》2015 年第 689 期。

② 张春兰、孟月：《中国古代城市管理的滥觞与嬗变》，《中国社会科学报》2015 年第 689 期。

以鼓声为准，由坊正负责坊门的启闭，违反规定要受到处罚。夜晚全城街道实行严格宵禁，官员也不例外。居民被固定在坊内封闭的空间里，不得破坏坊墙”。① 可以看出，坊市制对城市的管理更加严格，基本上等同于封闭式管理，坊和市之间界限分明，是对里坊制更加成熟的固化。但是随着社会交往和商业活动的不断扩展，到了唐朝后期，坊和市之间的界限逐渐被打破。扬州等地夜市的出现使得坊市分开、日落闭市等制度形同虚设，而且沿街或沿道路两旁的房屋和商业店铺不断出现，居民区和工商业区的界限消失，凡是向街的地方都可以开设商店。而随着北宋对这些房屋和商业店铺完成了官方确认，旧的封闭的坊市制彻底被打破。

第四种是厢坊制，10 世纪末 11 世纪初，“随着商品经济的繁荣，汉唐坊市制的城市管理呈现出自身的许多弊端，已无法适应宋代城市管理的发展要求，从而导致城市社会秩序混乱，恶性案件接连不断，火灾频频发生。为了改变这种状况，适应新形势下城市的治安管理，宋代统治者在继承前代城市管理的基础上，推行了城市治安管理改革，设置了开放式的厢坊制度”。② 厢的任务是“止令分地巡逻，治烟火盗贼公事”。③ 这种地段式的管理，既消除了坊市制的封闭性，适应了经济社会的发展，又加强了对城市和附着在城市周围的区域的控制，应当肯定是历史的进步。厢坊制的出现使得厢成为基层政权的一个单元，这种制度首先出现在开封，而后宋境内各大中城市开始效仿，城乡分治开始。更重要的是，城市治理的模式更加先进和规范，此时专门设置行政级别和机构并派官吏进行管理，特别是在明朝时期，就开始对大量城市居民按坊厢隅所进行编制。若摒除从辽金元时期到清朝的少数民族因素，④这种厢坊制实际上奠定了近代中国城市布局和治理的基础，是在城市规模越来越大、城市人口越来越多、社会的开放程度越来越高的历史发展规律中演化形成的城市治理模式。城市的重要性越来越得以凸显。这大概也就是为什么说“城市是文明的中心”的原因之一。

---

① 张春兰、孟月：《中国古代城市管理的滥觞与嬗变》，《中国社会科学报》2015 年第 689 期

② 杨瑞军：《略论宋代厢坊制度》，《山西师大学报（社会科学版）》2006 年第 11 期。

③ 参见潜说友：《咸淳临安志》（卷七十三），台北成文出版社有限公司 1970 年版。

④ 如清朝的满汉分区治理等。

尽管如此，对中国而言，相比较乡村治理，古代城市的治理传统还没有达到“文明的中心”的地步。更确切地说，中国古代的城乡关系是政治上城市统治农村，但在经济上城市是严重依赖农村。中国古代的乡村治理模式更加靠近滕尼斯的“共同体”概念，那种人们在既有的伦理道德基础上形成的相互信任、亲密无间的乡土生活共同体。“从基层上看去，中国社会是乡土性的。……那些被称为土头土脑的乡下人。他们才是中国社会的基层。”①当然，这绝不能否认，中国古代城市治理经验的存在及其价值，我们甚至可以确证，中国古代城市的治理蕴含着现代的因素，厢坊制就是现代国家城市格局以及城市治理的雏形。就像我们不能因为作为西方民主源头的城邦政治因为城邦小、人口少，甚至因为民主本身的缺陷而否认城邦民主的价值一样。

由上述可知，中国古代城市是一个从单一职能很快过渡到多种职能，并承担着越来越繁杂任务的发展过程，城市治理也是一个从封闭、半封闭到逐步开放的过程，更是一个从城乡不分到城乡分治的过程。在这个过程中，反映的是生产力的发展和社会的进步，是中国城市文明与中国乡土文明在历史并行的过程中所展示出来的中国政治文化中的大一统和文治传统脉络。“大一统”的本意是天下诸侯皆统属于天子，“王者受命，制正月以统天下，令万物无不一一皆奉之为始”，②此谓之为大一统。自此以后，大一统成为中国传统社会政治文化的核心价值，自秦以降，一直到明清年间，中央集权、君主专制③和统一国家成为中国政治传统而持续绵延，封建、井田必不可行成为精英阶层的重要共识。毫无疑问，大一统是中国传统政治的典型特征，千百年来，在中国社会心理、政治制度和传统文化等各个方面，都展现着独特的社会凝聚力。而且随着西方殖民势力的到来，大一统开始具有了新的时代意义，它在抵抗外来侵略和近代中国民族国家的形成过程中，对推进国家统一、维护中国的独立和领土主权完整有着非同一般的影响力和历史价值。

---

① 费孝通：《乡土中国》，北京出版社 2005 年版，第 1 页。

② 《春秋公羊传注疏》(卷 1)。

③ 本文同样认为，在中国历史上，君主专制实际上只有在明朝和清朝时期才出现并迅速达到顶峰。明朝时，“国家罢除丞相，设府、部、院、寺分理庶务，事权归于朝廷”，皇帝实现了对国家政治权力的乾纲独断。而在明清以前，皇权和相权相互牵制，中国的中央集权体制并不能被称为君主专制。

所谓文治，就是以文教治天下，强调对民众的道德教化和民众自律，强调儒家道德和儒家文化的社会治理功能。由此，儒家的意识形态在国家强制力量的作用下，成为整个中国传统社会的行为规范。一直到明末清初，这种意识形态才开始受到一些知识分子，如李贽等的质疑和挑战。① 但这并没有动摇儒家的根本。而到了近代，随着中国传统社会秩序的衰败，儒家思想在各种西式学说的冲击下，成为国家和民族败落的罪魁祸首，“打倒孔家店”、推崇新文化、倡导教育立国、提倡民主与科学等成为 20 世纪早期中国社会变革的主要内容。但即便如此，近代中国面临更多的是中华文明内外秩序上的超级复杂性。再加上地理上的超大规模性，使得中国在现代转型时面临的任务变得极其复杂，它在内外力量的冲击—反应中不断吸纳和内化，也在新旧力量的施压—博弈中不断从均衡走向不均衡，再从不均衡走向新的均衡，然后循环往复，旋转上升。

或者说，中国的乡村自治自古以来就是自然形成的，是“自存的社会基层单位”“一个以‘家’为细胞而组成的主要靠非政治因素联系起来的共同体”“必然地有着自立自主自存自我调控的制度和功能”。② “自古以来，中国就有乡村自治的存在。”③因此，有着自然形成的乡村自治传统，把这种自治传统和地方政权以及国家政权之间通过乡绅、宗族、地方官员等基层精英黏合在一起，配合秦汉以后儒家思想的自我教化和国家的科举取士制度，乡村成为维护基层秩序和为国家输送人才的重地和主要来源。但城市不是，因为城市自一开始就是具有军事意义的存在，后来随着工商业的进步，其政治和商业功能得到了强化，才成为支撑国家政权资源的主要输送路径，因此，“被控制”和“被治理”的意味就相当明显，如果说“在漫长的古代中国历史上，乡村是社会的经济基础”，那么城市就“是专制政治统治堡垒，表现出城市与乡村、政治与经济二元分离和对立的突出特点”，④当人们逐渐打破“里”之间的墙壁隔阂，也就预示着

---

① 李贽反对思想禁锢，反对男尊女卑、重农抑商，痛斥假道学、社会腐败等，主张“革故鼎新”，自认是传统儒学的“异端”。

② 时广东：《红色区域内乡村社会变迁的思考——以川陕边苏区为例》，《社会科学研究》2002 年第 6 期。

③ 《孙中山全集》（第 6 卷），中华书局 1985 年版，第 528 页。

④ 徐勇、陈伟东：《中国城市社区自治》，武汉出版社 2002 年版，第 6 页。

中国古代社会治理模式自我更新和最初突破,是中国古代的民本主义思想的突出展现。而且中国古代的城市治理本质上是对民众的直接管理。这对本书致力于分析的社区治理,从本来意义上说,目标群体是一致的。这都对后来的街区制产生了重要影响。在现代化的趋势下,传统意义上的共同体不断被侵蚀,社区建设就是要在开放、流动的社会中重构社会关系,培育“共同体”精神。

中国是个有着世界上其他所有国家都没有的绵延上下五千年历史而未中断的独一无二的国家,在传统、文化、政治以及历史等方面都有着自己的发展脉络,而且这个脉络可以追寻、学习和借鉴,当然,也在不断发展。这或可被认为是“文明的韧性”。和许多其他“轴心文明在历史过程中都丧失了自己的政治载体”相比,“东亚的轴心文明却一直有中华帝国作为其政治载体,并由此衍生出一系列历史效应”。① 这是中华文明的独特之处。很明显,带有暴力侵略色彩的西方现代文明和中国传统的遇见并不愉快。如果从鸦片战争算起,在经历了半个多世纪的流血、冲突和战争后,在睁眼看世界的国人中,“屈辱、仇恨、自卑、希望……种种情绪交织”,“中国必须近代化的历史使命”就此一直横亘在中国人面前,②而西方文明的自由、民主、科学,似乎为中国传统政治的现代转型寻找到了一种挽救自身及其文化的路径,“后来的历史说明,西方的大潮冲击了中国的旧有模式,民众的生产和生活(主要在沿海地区)为之大受损害,在此哀曲中又萌生出中国前所未有的种种社会经济现象。五口通商、废除行商、新定税则。作为英国此战的主要目的,反映出其致使中国纳入世界贸易体系的企图,使伦敦、曼彻斯特和孟买的老板们大发利市,致使中国在毫无准备和防备的情况下仓促开放。这对中国有不利的一面,但在客观上为中国提供了摆脱循环的新途径”。③ 在学者们看来,这个路径引导着中国人民从传统政治的逻辑中解放出来,开始致力于走向近现代。

---

① 施展:《枢纽:3000年的中国》,广西师范大学出版社2018年版,导言,第3页。

② 茅海建:《天朝的崩溃:鸦片战争再研究》,生活·读书·新知三联书店2014年版,自序,第1页。

③ 茅海建:《天朝的崩溃:鸦片战争再研究》,生活·读书·新知三联书店2014年版,第470页。

# 第三节　近代政党与中国城市

对中国来说，在当代城市基层社会治理中，政党正在扮演着核心角色。因此，考察当代中国城市社区治理，首先应当考察作为城市治理主体之一的政党和城市之间关系的生成与发展。在此关系基础之上，我们需要考虑，近代中国城市的变迁和中国现代政党的产生之间的关系，或者说为什么中国近代政党是诞生在城市，尤其是比较开放的东南沿海都市，政党在城市中的活动对城市本身的治理模式产生了什么样的影响，尤其是当政党作为执政党的时候，政党本身所秉持的理念对城市治理的影响又是什么，即关注近代中国社会形成过程中，政党在城市基层治理中的作用。

## 一、中国近代城市的产生

近现代中国城市的重要性逐渐趋显的一个重要因素是工业革命之后中国自然经济的解体并随之而来的西方列强对中国的殖民活动，这些殖民活动带来了中国对外贸易的扩大、近代资本主义工商业的发展和现代金融业的发展。鸦片战争以后，西方列强疯狂地向中国倾销商品、掠夺原料，把中国卷入世界资本主义市场。再加上国内机器工业的产生和发展，改变了中国的传统经济结构和阶级结构；航运、铁路等交通事业的发展，使得城乡经济的联系加强；而以手工劳动为基础的分散的个体小手工业生产，技术水平低，生产规模小，分工和协作不发达，又抵挡不住资本主义机器大生产强有力的进攻。这都催动着自然经济的瓦解，尤其是在殖民列强于10个通商口岸开设的25个专管租界内，因为这些“租界在市政建设和市政管理上，完全仿照西方近代城市模式，大大改变了中国封建城市的结构和功能，强制性地把中国带进城市近代化的行列，对中国城市的近代化产生了深刻的影响”。[①] 如上海等地的城市管理模

① 周绍荣：《租界对中国城市近代国家和地区化的影响》，《江汉论坛》1995年第11期。

式都是随着租界的开辟、近代市政理念和模式的引进而逐步发展起来的。

这样,中国城市开始从传统的单纯的政治、军事中心转化为区域的或全国的经济、政治、文化和社会活动中心,现代经济部门在城市中逐渐占据主导地位,社会结构和文化结构也随之改变。有着各种各样家庭、职业、教育和社会背景的社会精英汇聚于此,带来了政治、经济、文化以及小商品、摊贩行业等的繁荣,也催生了城市公共事业和基层社会治理的多样化,出现了越来越多综合性的多元化城市。开放的多元化城市培育了建立政党和进行政治活动最合适的土壤,比如在日本东京改组成立的中华革命党,之后又在北京改组成立的中国国民党等,都是在政治、经济比较发达的城市成立的,包括后来孙中山建立的中华民国的首都南京在当时也属于发达都市。城市在国家和地区中的支配地位越加凸显。不过这个时候中国的城市化主要在沿海沿江地区进行,如果放眼全国,整个国家的城市化进程仍然是缓慢的,这与当时动乱的经济社会形势紧密相关。

有学者认为,中西之间的相遇是"中国历史继续发展的一种内在需求,中国在内外各种压力的综合作用下,加入世界秩序,走上了现代转型的道路"。①这个观点其实就是《狼图腾》一书核心观点的翻版,即"中华民族精神就是草原民族对农耕民族的不断输血和混血才形成的"云云。在这里,把"少数民族"转换成"西方文明",这句话的逻辑就变成:近代中国文明之所以能持续,是因为西方文明这个外来血液的补充或者直白说是西方文明的功劳。这显然十分不能令人苟同,因为这既改变不了侵略的事实,也不能充分证明没有这些外来侵略中华文明就不能自我拯救。或者换句话说,对一个政治共同体而言,对外开放与交流是必要和重要的,但是绝对不是通过侵略和被侵略的方式,因为没有一个国家是依靠被侵略而强大的,更不能因为被侵略者后来的自立自强而感谢和洗白侵略行为。实际上,更加具有说服力的是近代以来中华文明在遭受重创后,自强不息,在吸收和借鉴外部经验和西方文明成果的基础上,充分挖掘自身优势,依靠本土力量崛起。

资本的逻辑决定了西方文明是一种扩张性和竞争性的文明,而且自一开

① 施展:《枢纽:3000 年的中国》,广西师范大学出版社 2018 年版,导言,第 6 页。

始就以掠夺、战争、殖民，特别是罪恶累累的奴隶贸易为主要特征。而这个源头要从西方资本主义文明所尊崇的古希腊和古罗马思想算起，因为亚里士多德时期就崇尚剥夺的天然合理性。亚里士多德认为，对“不愿服属”的“卑下部落”的战争“是合乎自然而正当的”，[①]这大概是西方人第一次从理论层面把非正义的对同类的弱肉强食论证成所谓强者的正当逻辑，或者说，从起源开始，西方文明就是外向的掠夺式的，弱肉强食即合理。[②] 尤其是到了15—17世纪所谓的地理大发现时期，西欧殖民者就充满了对全世界财富的狼性欲望并迅速付诸实践。西方文明就是在这种野蛮掠夺中形成的，近代西方的地理大发现过程就是把西欧史变为世界史，把世界史变为殖民史的过程。这个和几千年来倾向于“中庸之道”“以和为贵”，在封建制晚期又“沉溺”于“天朝上国”思维又相对稳定的东方文明截然不同。而当西方社会进入资本主义时期，西方文明的扩张和竞争进入一个新阶段，资本本身的贪婪使得资本主义世界政治、经济体系和世界殖民体系的建立成为当时世界历史发展的典型特征。而中国这个有着数千年文明延续的东方大国，在西方铁蹄的蹂躏和分割中，无法避免地、迅速地以殖民地半殖民地的姿态被裹挟上了现代化的列车。就此，中国的近代化就和世界的历史进程紧密绑缚在了一起。

## 二、中国现代意义政党的出现

辛亥革命为即将到来的中国社会变革准备了物质、思想和人才基础，为争取民族独立、国家富强，一批有抱负的革命青年不断探求各种出路。在这方面，上海走在了前列。“新型知识分子聚集和社会阶级结构变化……是现代意义政党出现的两个要素……民族资产阶级的兴起，工人阶级的成长壮大，社会团体的勃兴，市民阶层的发展等，社会阶级结构的变化是能够发生人民群众广泛参与的政治运动的一个重要条件。”[③]由此，在五四运动发生几天后，上海的

---

① [古希腊] 亚里士多德：《政治学》，吴寿彭译，商务印书馆1965年版，第23页。

② 这也是为什么一些西方人很难理解郑和下西洋没有进行殖民的原因。因为在他们看来，任何不带有剥削和掠夺的行为都是不可思议的。

③ 傅贤伟、张骏：《中国共产党为何诞生在上海》，http://www.xinhuanet.com/politics/2016-06/17/c_129070219.htm。

工人、市民纷纷响应，掀起了工人罢工、商人罢市的高潮。

和中国的近代城市化运动一起出现的是中国现代政党的诞生。19 世纪末，中国就出现了第一个具有现代意义的政党，即 1894 年在日本东京成立的同盟会，这是由孙中山领导和组织的一个统一的全国性的资产阶级革命政党，此后又分别改组为中国同盟会、中华革命党，1919 年 10 月 10 日改组后称为中国国民党。政党的诞生需要一定的经济、政治、思想条件，如西方现代政党是西方国家从自给自足的农业经济发展到工业经济的产物，是西方国家代议民主制发展的结果，也是西方国家民主政治思想发展的现实体现。就中国同盟会而言，则是因为国内外矛盾促成的结果，随着西方的民主思想和启蒙思想传入中国以及国内资本主义工商业的发展，面对帝国主义的入侵所带来的中华民族的深重灾难，一部分有识青年总结历次斗争失败的教训才组建起来的一个政治组织。因此，中国政党的产生和城市有着莫大的关联，无论是成立、改组还是召开代表大会，无一不是在上海、广州、天津、南京等大城市。

中国共产党的成立则选择了以有着“中国工人阶级的带头羊”(邓小平语)之称的工人阶级聚集的上海为基地，因为上海五洋杂处的社会格局、包容开放的文化氛围……形成了许多市民参与的公共空间，较早形成了公众参与、思想交汇的城市基因。而且上海的马克思主义学说传入更早，出版印刷也比较发达，是当时思想文化舆论传播的重镇，维新派、改良派、革命派……各类思想学说交锋，使得上海不仅是中国现代新文化的中心，也是中西文化交汇的窗口，一直到中国共产党成立时的 20 年代，上海已经奠定了在中国的文化和舆论中心地位，尤其是随着陈独秀南下，上海成为继北京以后学习、研究和宣传马克思主义的新中心。“当时的上海‘一市三治’，处于中国政权控制的边缘地带。租界事实上成为‘国中之国’，无论清政府、北洋政府还是南京国民政府，都无法对租界实施直接的管辖权。熊月之将其称为城市管理中‘一道特殊的缝隙’，‘这道缝隙很小，但作用很大，影响很大’，‘只要不直接触动殖民主义者的利益，租界当局大体上采取不加管制的态度，对持不同政见者多予优容。’”①因此，“中国共产党发起组在上海首先建立，绝不是偶然的历史现象，它是上海工

① 傅贤伟、张骏：《中国共产党为何诞生在上海》，http://www.xinhuanet.com/politics/2016-06/17/c_129070219.htm。

人运动的发展和马克思主义在上海的传播的必然产物”。[①] 与此同时，作为阶级基础的中国工人阶级队伍在上海日益壮大，“据 1920 年统计，当时在中外企业中就业的上海工人为：机械 231 485 人；手工业 212 833 人；运输业 116 250 人；服务性行业 3 200 人，共计为 563 760 人”。[②] 其所呈现出来的特点是，上海受雇于帝国主义直接经营的企业中的产业工人人数多、比重大、分布集中，但工人阶级本身又经济地位低下。这都说明中国共产党成立的思想动员和组织建构条件已经形成。因此可以说，近代东方从属于西方的过程，就是西方资本主义瓦解东方以小农经济为主的自然经济的过程，它一方面为西方资本主义列强搜刮劫掠了海量的财富，颠覆了东方国家既有的社会结构和社会思想体系，强迫性地加快了东方国家和社会的近代化进程，但另一方面，也大大助推了中国城市的近现代化进程，提升和加强了城市在中国经济政治社会发展中的地位和作用。

近代中国城市的大发展带来的是城乡差别的日益增大，虽然乡村依然是城市劳动力和各种生活资源的集中来源地。但是城市代表的是相对发达的生产力、繁荣的工商业和更加先进的生活方式，更重要的是其背后的先进思想和开放理念，是现代政党逐渐成熟过程中的国家和社会治理经验的累积，当然也是政党引领革命、城市主导发展的历史渠成。而为了推进城市化，20 世纪 20 年代，一些城市开始拆除城墙，全国许多城市兴起了一个以推倒旧城墙、建设马路、拓宽城市建成区为主要内容的市政建设运动。但无论如何，中国“现代城市化发展模式与西方模式相去甚远，它是在自然经济占主导地位的经济结构中展开的，在沦为半殖民地半封建社会的特殊历史环境中展开的。近代中国的城市发展，西方资本主义的入侵完全是外在的因素……受西方殖民者入侵的影响，近代城市化不是那种自身的和独立发展的型态，而具有殖民地的色彩，在自给自足的自然经济结构中展开的城市化运动又是畸变多态步履维艰的社会变迁过程，停滞不前的生产力、发育不全的商品经济、落后保守的传统

① 中共一大会址纪念馆编：《中国共产党创建史研究文集（1990—2002 年）》，上海人民出版社 2003 年版，第 128 页。

② 《新青年》第 7 卷第 6 号，“上海劳动状况”。转引自中共一大会址纪念馆编：《中国共产党创建史研究文集（1990—2002 年）》，上海人民出版社 2003 年版，第 130—131 页。

意识、频仍的天灾人祸等都是制约城市化发展的因素。正是半殖民地半封建的社会性质决定了近代城市化的发展特征。① 而作为当时全国性执政党的中国国民党就不得不受此历史和阶级局限。

## 三、现代政党推动现代城市治理变迁

在论述该问题之前,我们需要提及对后来民国自治运动影响颇深的在清朝末年就出现的地方自治思潮。此时,地方自治思想被一些睁眼看世界的有识之士推崇备至,林则徐、魏源、黄遵宪等都在自己的著作中对西方的地方自治制度有所涉及,后来的谭嗣同、康有为、梁启超等都积极肯定了地方自治对于国家的重要性。1905年前后,上海、奉天、南通、天津等地,或由士绅自发,或由官府督导,都曾自发创办过地方自治。一部分封疆大吏(如袁世凯、张之洞等)、驻外公使(如驻法大使孙宝琦)、中央部员奏请朝廷宣布立宪,实行地方自治。

在这样的潮流推动下,1908年,清政府正式颁布《城镇乡自治章程》和《城镇乡地方自治选举章程》,规定城镇乡均为地方自治体。1909年,又颁布《京师地方自治章程》和《府厅州县地方自治章程》。"清政府的如意算盘是:通过设立自治机构,既能利用官与绅的共同力量来加强对人民的控制,镇压人民的反抗;又能利用士绅的力量来牵制地方官,分散地方督抚权力;同时,可将日趋对立的地方士绅收纳于地方自治机构之中,授予虚名而置于官的监督控制,为己所用。这样,便有渔人之利,地方官与地方士绅互相监督互相牵制,皆受制于朝廷,腐败的吏治可望得到改善,中央权力可望得到加强,统治可望得到稳定。"②但清政府却对地方自治进行了恶意曲解,负责拟定《城镇乡地方自治章程》的宪政编查馆特地强调:"夫议院乃民权所在,然其所谓民权者,不过言之权而非行之权也。"③正式颁布的《章程》第一条也规定:"地方自治以专办地方

---

① 行龙:《近代中国城市化特征》,《清史研究》1999年第4期。
② 吴桂龙:《晚清地方自治思想的输入及思潮的形成》,《史林》2000年第4期。
③ 故宫博物馆明清档案部编:《清末筹备立宪档案资料》(下册),中华书局1979年版,第669页。

公益事宜，辅助官治为主。按照定章，由地方公选合格绅民，受地方官监督办理。”①也就是说，清政府的地方官对地方自治机关享有决定权和监督权。这实际上就是扼杀了地方自治的原有精神，把地方自治变成了清政府地方权力的附庸或者直接说就是一纸标签，使得地方自治成为空谈并很快破产。

辛亥革命前后，不少人士甚至把地方自治视为救亡图存的重要途径。马叙伦撰文：“不革命亡，革命亦亡，若于国家未亡之前，竭我今日谋革命之力而谋自治，能谋一家自治即自治一家，力能一党自治即自治一党，那么虽国家灭亡，我们亦可因其心不亡，其气不亡，而借此迅速恢复民族独立，建立民族国家。”②梁启超在比较了中西历史不同地方政制后，对传统的“中国的自治”作了猛烈的抨击：“中国的自治，毫无规则，毫无精神，几千年没有一点儿进步……一两个有权力的官吏绅士，就可以任意把地方自治团体糟蹋破坏。”③梁启超认为，“以地方自治为立国之本，可谓深通政术之大源，而最切当今中国之急务”，④并将“地方自治誉为民众参政的试验场，是‘宪政之基’，‘先举吾身而自治焉；更合群与群为一大群而自治焉；更合大群与大群为一更大群而自治焉，则一完全高尚自由国、平等国、独立国、自主国出焉’”。⑤

受辛亥革命运动的影响，民国初年，因为政局多变，各种势力如国会、宪法、帝制、地方议会、南北政府等相互勾结和倾轧，地方自治和拥护地方自治成为当时的潮流或者说政治正确，由湖南自治运动引发的“联省自治”波及中国大半省份，成为地方势力抗拒南北政府，特别是北京政府的有力工具，北京政府出于标榜自身法统和争取民意的需要，也以各种方式表达对于地方自治的善意，最终将地方自治入宪。但“联省自治”一到军阀手里，就成了地方军阀割据一方的遮羞布，各军阀以此为据，使得“联省自治”变成了一场闹剧。“联省自治”反映了20世纪20年代“中国社会复杂多变的政治状况和错综交叉的社会阶级关系，也说明了近代中国正处在一个历史的转折(过渡)时期。”⑥梁启超

① 清政府主办：《政治官报》，光绪三十四年十二月二十八日，第445号。
② 马叙伦：《救中国必自地方自治始》，《癸卯政艺丛书政学文编》卷3。
③ 丁光旭：《近代中国地方自治研究》，广州出版社1993年版，第168页。
④ 梁启超：《公民自治篇按语》，《新民丛报》第5号。
⑤ 梁启超：《新民说》，《新民丛报》第9号。
⑥ 丁光旭：《近代中国地方自治研究》，广州出版社1993年版，第163页。

欧游回来后感叹:“民国招牌挂了八年多了,京师和各省省城,一个市会也没有;走遍二十二行省,一个乡会也没有,仅仅在那最高行政关厅所在地,人云亦云的闹些国会省议会,纯是拿前清做官思想去当议员,何尝有一毫自治观念来?”“在民国的金字招牌下,连‘自治’两个字都没人认得,这是从那里说起?”①

但在这场运动中,孙中山的地方自治思想影响颇大。他说:“我们中国人不是不能自治的,也不是没有自治的,观察过去的历史和现在社会的风俗,就可以明白了。几千年的专制政治,他们所做的都是什么?第一桩是向人民要钱。第二桩是防备人民造反。除此两桩以外,别的事,样样都不管了。他们不管,人民还是能够自己生活,这就是他能够自治的缘故。”②孙中山在杭州省议会讲演时称:“若地方自治已发达,则政治即可完善,而国家即可巩固。兄弟此次返回,即注意于此。诸君试披览地图,西半球无一非共和国,法美两国之能日渐旺盛,要以注意地方自治为根本。”③显然,孙中山的自治思想受西方理论影响颇深,他曾对于在亚洲最早推行地方自治制的日本做过深刻分析:“日本的政治的基础在于地方自治。日本的街、村组织都很健全。日本之强、非强于其坚甲利兵,乃强于其地方组织之健全。要看的话最好看看他们的地方自治。不过他们这种地方自治,官治气息很重,不合乎吾党民权主义全民政治的要求。但他们的某种精神和方法、在训政时期却很可参考,所以仍然很有考察的价值。”④可以看出,孙中山对于中国实行基层地方自治是真心的,并希翼能够与中国的具体实践相结合。但是因为后来国民革命的兴起,民国时期这场自治运动最终不了了之。

1928年,南京国民政府在形式上统一了全国,随之以孙中山的均权主义为指导,在全国推动地方自治。但在自治实行过程中,国民政府对于统治现实需要的考虑压倒了对于政治理想的追求,城市基层自治的空间极其有限。而且

① 梁启超:《欧游心影录节录》专集23,第31—32页,转引自丁光旭:《近代中国地方自治研究》,广州出版社1993年版,第168页。梁启超欧游时间是从1918年12月到1920年1月,是他一生中最重要的两次游历之一(另一是美游,著有《新大陆游记》),《欧游心影录》最初发表于1920年3月的《时事新报》,收入《饮冰室合集》时,作了删减,并更名为《欧游心影录节录》。

② 《孙中山全集》(第5卷),中华书局1985年版,第173页。实际上在这里,孙中山对中国传统政治的理解受到了西方自由民主思想冲击性的影响,因此,对中国的专制政治理解的并不完善或者说并不完全正确,但如果说作为推行基层自治的宣传,似乎应该能够给予理解。

③ 《孙中山全集》(第3卷),中华书局1981年版,第345页。

④ 《孙中山全集》(第3卷),中华书局1981年版,第345页。

更重要的是，在相当大程度上，国民政府对地方自治是一种被迫的态度，因为地方自治承担着为中央政府聚拢社会资源的任务，这实际上是对地方资源的一种盘剥，即便是在所谓的民国黄金十年间，混杂着传统的大一统文化和极权暴政下的中国国民党治理模式仍然不可能给予自治以健康的生长发育机会，社会中充斥着的传统与现代、东方与西方的纠葛拉锯使得民国时期庞大而复杂的城市基层治理发生根本性变革的几率非常小。而随着现代政党成为国家和社会建设的主导力量，伴随着城市之于国家、经济、政治、文化和社会建设地位的提升，对城市治理而言，除了受到时局变化的影响，也深受政党自身社会性质和指导思想的影响。或者直接说，此时的城市治理状况就是衡量党派治理国家思想的重要体现和评判依据。

至此，中国的城市已经演变成一个国家政治、经济和文化的中心，这里不仅集聚了国家大量的社会财富和社会精英，而且在国家经济发展中占有举足轻重的地位，甚至成为印证民国时期中国国家治理兴旺发达程度的标杆。与此同时，政党的思想变化和发展特点对于探索近代以来中国城市不同时期的发展特征，进而探究城市变迁与政党发展的内在机理是非常有必要的，换言之，两者之间存在着相互依存、相互影响的关系。在近代中国城市现代化进程中，政府管理下层社会群体时常失效从而诱发城市民变，在某种程度上改变了城市政治文化与日常生活。民国年间，曾经发生过两起典型的城市基层社会治理案例，即 1908 年的汉口摊户风潮与 1946 年的上海摊贩风潮。[①] 这两次集体行动的爆发是当时政府和基层民众之间矛盾的直接冲突，但是结果并没有改变摊贩的生存状态，也没有改变政府地方治理的模式或者说习惯，因为中国国民党代表的是以大地主、大官僚和大资产阶级，即剥削阶级的利益，尤其是到了 20 世纪 40 年代末期，阶级分化和阶级矛盾异常尖锐，政府立场与民众利益根本对立，城市基层社会治理中的困境非常明显，国家与社会之间的距离以这种民间与政府制衡的模式凸显了出来，不仅和中国传统的家国一体政治出

① 关于该两次事件的详细情形请参见魏晓锴：《近代中国城市治理的困境：1946 年上海摊贩事件再探》，《史林》2017 年第 3 期；胡俊修、李静：《近代中国城市民变的比较审视——以 1908 年汉口摊户风潮与 1946 年上海摊贩风潮为中心》，《武汉大学学报(人文科学版)》2013 年第 5 期；胡俊修、姚伟钧：《二十世纪初的游动摊贩与中国城市社会生活——以武汉、上海为中心的考察》，《学术月刊》2008 年第 11 期。

现了割裂,而且带来了中国城市基层社会在逐步发展过程中独特的治理样态。这两场尤其是1946年上海摊贩风潮最终成为中国国民党统治危机的集中表现之一,“在某种意义上,上海摊贩风潮成为中共动员城市底层民众的历史契机”。①

需要特别指出的是,近代中国的城市发展类型和路径复杂多样,不仅仅是上海和武汉,还有作为近代中国首都的南京也发展出了独特的样式。“史学界认为从晚清以来,中国现代化的问题在相当大的程度上是对时间和空间的重新理解,中国启蒙主义的现代化思想建立在两个二元的思维模式基础上,一是时间范畴上的传统与现代,另一个则是空间关系上的中国与西方,最终目标就是建立(以)西方为楷模的现代化国家。城市尤其作为近代中国的首都南京,首当其冲成为(以)国民政府为代表的政治文化精英实施现代化的理想空间场所。”②此时的南京在西方思想文化的影响下,正在发生新的转变,比如,1928年后,“为处理好城市粪便卫生环境问题,维护室内公共卫生,防止市民随地便溺,南京市政府积极建设公厕、整顿私厕,取缔马桶刷洗工作,使首都城市卫生环境有了前所未有的提升,给南京城市市民生活也带来了极大的影响”,③从伦敦治理城市环境的经验看,南京城市治理的转变即是管理现代化的规律性体现。

因为近代中国政治制度、社会文化的激烈变革,无论是国民党自身的理念转变,还是城市管理以及各种管理下市民普通生活习惯的改变,近代南京城市的社会空间都呈现出明显的过渡性特征,而并非现代城市基层治理的模板。南京城中“高级政府官员/知识分子聚集区”“政府机关公务人员聚居区”“人口密集的普通市民聚居区”“城市士绅聚集区”“农业人口集中区”以及“流动人口集中的棚户区”相互掺杂,形成了“核心/边缘嵌套”的格局,即在城市/乡村构成核心/边缘基础上的城市内部核心/边缘的嵌套。④ 这种“嵌套”混杂着逐渐

① 胡俊修、田春丽:《城市治理视域下的一九四六年上海摊贩风潮探析》,《中共党史研究》2012年第11期。

② 宋伟轩等:《近代南京城市社会空间结构——基于1936年南京城市人口调查数据的分析》,《地理学报》2011年第6期。

③ 朱月琴、马红梅:《厕所卫生与都市建设管理——以民国南京为例(1927—1937)》,《民国研究》2017年第1期。

④ 宋伟轩等:《近代南京城市社会空间结构——基于1936年南京城市人口调查数据的分析》,《地理学报》2011年第6期。

流散的传统因素和被本土化了的西方现代气息，但从某种程度上说，这种空间格局也是今天中国部分发展中城市的真实写照。只是与今天的情形在本质上的不同是，民国时期的南京城，包括其他城市，都没有真正的自治影子，反而是民国时期的乡村自治有着不小的起色。不过这又是另一个话题了。

在这里，需要提及民国时期的保甲制度，本来保甲制度是封建王朝维持自身统治的社会统治制度，随着清王朝的覆灭，“资产阶级革命浪潮兴起，各地自治呼声渐高，封建专制主义受到致命打击，保甲制度作为封建专制统治的工具也被抛弃”。① 1930 年，国民政府颁布《市组织法》，在城市的基层实行“闾邻制”，1933 年《市组织法》重修，把“闾邻制”又改为“保甲制”：“市以下社区，区之内编为保甲”。② 由此，保甲制在中国历史上再次出现，“20 世纪 30—40 年代得以重新复活，其根本原因是中国一家一户的自给自足的自然经济占主体地位的封建经济基础虽然经历了鸦片战争以来近百年的时间，但并没有得到根本的改变，也就是保甲制度建立的根基仍然牢固地存在着。同时，频繁的战乱，社会秩序的动荡，人民生活的贫困，人口教育文化素质的低下，使生存的需要压倒一切，民主对于当时的中国人只是可望而不可及的奢侈品，因此地方自治在中国的推行成效不大”。③ 但是很明显，这并非问题的实质。

保甲制度在民国年间的恢复，其直接目的是国民党“剿共”的需要，以蒋介石为首的国民党政府认为必须编组保甲，严密群众组织，才能达到“剿共”的实效，但其最终目的是为了加强国民党对基层社会的控制，巩固其统治，想依靠保甲制度实现政权的稳固。这才是国民党恢复保甲制度的关键。因此，包括重庆等城市在内，保甲制度被要求全国各省市推行。“保甲是(县各级组织纲要)贯彻实施中最重要内容，规定十户为甲、十甲为保，执行‘管教养卫’任务。”“所谓‘管’，就是清查户口，‘联保连坐’，严厉地控制人民；所谓‘教’，除文化教育、抗日教育外，主要进行‘党化教育’和‘军事训练’；所谓‘养’是通过整理财政、规定地价、土地陈报等，开辟财源；所谓‘卫’，除讲求卫生外，主要是训练壮

---

① 冉绵惠、李慧宇：《民国时期保甲制度研究》，四川大学出版社 2005 年版，第 57—58 页。

② 民政部基层政权和社区建设司：《街道体制改革与城市社区治理模式变迁研究》，2008 年 10 月 13 日。

③ 冉绵惠、李慧宇：《民国时期保甲制度研究》，四川大学出版社 2005 年版，第 60 页。

丁以靖地方，防止共产党势力渗入。"[①]可以说，此时期的保甲制度对国民党在全国范围内的集权统治提供了制度保障。当然，和封建王朝时期的保甲制度相比，随着时代的变化，此时的保甲制度，比如与自治相结合、民选保甲长等，效果都极其有限。随着新中国的成立，保甲制度彻底进入了故纸堆。

① 章伯锋、庄建平主编，中国社会科学院近代史研究所、中国史学会编：《中国近代史资料丛刊之十三》，《抗日战争》第3卷政治(上)，四川大学出版社1997年版，第420页。

# 第二章　中国城市社区治理传统的近代展开

社会治理模式的变化会受到多重因素的影响，而且，一定是历史合力的结果。对中国古代城市治理来说，朝代的更迭只是看起来影响很大，但是鉴于中国古代社会传统治理模式变化不大，所以其实影响并不深刻。中国古代城市的治理只是随着生产力的发展，才使得城市的经济、文化以及日常生活功能得到了强化，在这个发展变化过程中，虽然政府加强了对城市的管理，但这种管理不是引领式的，而是事后确认式的。这和近代以来的城市治理状况不同，现代政党对城市治理资源的把控是随着中国城市的角色和地位越来越重要而逐渐形成的，但这种把控的关键目的与其说是为着城市自身的发展，还不如说是在历史转折时期东西方文化交汇过程中执政党阶级利益的体现。因此，如果从现在的视角看，民国年间城市治理模式的变化无疑是一种传统到现代的过渡。

## 第一节　中国城市治理传统的近代映射

城市治理发展到今天，回顾历史，就会发现有许多传统因素在里面。这当然不仅仅是文化的原因，若从治理主体的角度而言，政府才是关键。而在当下,中国文化的强大基因在历史的惯性作用下和治理实践中,传统在现代城市社区产生的映射却是无法忽视的。

## 一、中国城市治理传统的意义和价值

毋庸置疑,我国的传统社会是自给自足的小农经济以及建立在小农经济基础之上的农业文明。在我国悠久而丰富的传统治理资源中,中国城市治理传统和乡村相比,实际上并不是中国传统治理资源的主线或者说是农业社会问题的主要方面。但我们仍然能从这非主流发展中理清中国城市治理的脉络。尤其是在近代以后,这个脉络就愈加清晰。中国城市治理的传统主要有两个:

一是思想理论上的儒家化,即坚持大一统体制下的“君权行政”。由中国古代城市的发展史,我们可以发现,中国古代城市的管理是高度集权化的,城市作为农业时代行政权力的载体,必须受制于或者听命于基于君权思想体系下的最高权力机构,即君王及其大臣的严格控制,这是中国城市自一出现就有的典型特征。在这样的思想指引下,中国传统城市的管理法规也成为整个社会礼仪法度的重要组成部分,特别是随着社会的发展,为了加强对城市基层社会的管理,统治者们在城市基层设立了越来越富有科层化意义的管理机构,并赋予其基层政权的政治确认,形成了相应的管理制度,比如闾里制、里坊制、坊市制等,呈现出了不同历史时期中国古代城市管理的特色,从最初的城乡合治到后来的城乡分治,城市对于国家和社会的重要性逐渐体现出来。

二是历史绵延中的自治实践。这个实践来源是中国的乡村自治和西方自治经验。乡村社会的士绅阶层、村规民约、家国情怀、家族宗社和民间信仰、风俗习惯等都在传统社会管理中发挥过有效作用。这一点和城市不一样,乡村自治是中华民族在长期实践和经验中形成的具有自身特色的民主形式,是一个自然形成的过程,而城市自一开始就几乎没有自治的因素。它只是随着城市人口越来越庞大,城市的管理层级开始出现后,城市基层及其管理制度才在城乡分治的趋势中出现,但即便如此,城市也是被牢牢控制在统治者手中的。也只是到了近代以后,随着西方城市自治思想的输入以及列强在中国作为通商口岸城市的实践，才在历史的夹缝中给予了中国城市自治的基层空间。

或者也可以说，近代东西方文化的碰撞对中国的乡村自治和城市基层自治的影响都是巨大的，特别是民国时期在西学指引下的乡村自治成效，相比城市来说更加彰显。① 由此，在这两股经验的映照下，近代中国城市的自治理念才在城市的迅猛发展中能被迅速接受。而更重要的是，在城市自治的发展过程中，我们可以发现，作为治理主体之一的政府依然在其中发挥着关键作用。这不能不说是中国城市治理发展过程中的一个“传统”，是中国大一统模式影响的延续，展现出来的是传统中国家国一体而非西方国家—社会二元对立的结构模式。

政府对城市基层社会治理的推动并非近代才有，只是随着近代以来城市地位的拔高，政府或者说现代政党的影响力才显得异常明显，尤其是在民国时期推行联省自治的过程中，如果没有上层或者相关“势力”的推动，无论这种推动的目的如何以及结果如何，城市自治都无从谈起。这也是为什么有学者认为，“我们所看到的是中国近代地方自治实践与官府是密不可分的，纯民间力量、脱离官府进行地方自治的事实是不可能的，不管是由下而上的自发兴办，还是自上而下的全国统一布置的地方自治如清政府、国民政府时期的下令举办，官方力量支持或主持是很重要的，即便是自办、或联省，没有一定的势力在其中发挥作用，也是很难推行的。……真正象西方市民运动那样不靠官府或‘势力’而取得自治权，在近代中国并不存在”。② 但是这并不等同于中国的城市基层不能实行自治，问题的关键在于，要把传统的治理资源与现代城市的治理需求相结合，一方面，推动传统治理资源的转型以适应现代城市治理需求，另一方面，利用现代治理方式挖掘传统治理资源，以彰显中国传统的治理方式和治理理念的合理性，并推动其现代化转型。多年“改革开放实践证明，凡是在中国本土经验基础上生长起来的治理方式和治理理念，都能够为我们所接

---

① 这里应当提及中国近代乡绅村治的代表人物米迪刚，他把日本的自治思想和实践用于中国的乡村治理，是中国乡村自治起源地——河北定县翟城村——《翟城自治规范》和自治实践的主要推动者。1920 年，力推平民教育运动的晏阳初拜访了米迪刚，并在 9 年后举家迁居定县，又两年，晏阳初下了这样一个论断：“中国今后的希望，不在城市，而在乡村。”虽然后来证明了这个结论显得过于乐观，但是从另外一个侧面证明了民国时期的乡村自治在西方自治经验的推动下，获得了相当的发展。

② 丁光旭：《近代中国地方自治研究》，广州出版社 1993 年版，第 220 页。此处的“势力”包括清末的士绅、民初的地方军阀等。

受,而且能够开花结果,因而本土经验非常重要。本土经验与中国人、中国社会、中国自然融为一体,几千年来一直这么生长,也可以吸收西方的一些长处,但最根本的还是要落地,要从本土上生长出一些新的东西”。[①] 适合本土的才是最有效的,也才是最符合秩序的。

中国特色社会治理的根在中国,越来越多的学者也认识到,“现代治理应以传统伦理价值和当代文化创新、文明秩序建构来支撑,重建我们的精神家园。重建精神家园就是要重构价值观,找回失范的传统伦理道德。重构价值观首先要遵循现实性原则,无论是经济的、政治的还是科技的、社会的,离开了现实性,这个精神家园是沙漠中的建筑,没有根基;其次是要借鉴国际经验,就是人类的共性经验,要充分吸收西方优秀文化传统。中国的传统治理资源和本土经验非常丰富,传统文化儒、释、道、易四个方面是传统价值观资源最重要的表现,主要包括道、德、仁、义、礼、智、信。对这些传统价值观要重新进行反思、改造、提升,不能简单照搬。好的价值观念应该是共性和个性、绝对性和相对性统一的价值观,传统价值观也一样,需要我们用理想、现实两个标准去衡量和阐述。在精神家园的重建过程中,要把社会道德教育手段与现代治理相结合,善于利用大众传媒,提倡个人自我教育和家庭教育,建设中国特色的道德教育体系。”[②]因此,问题的关键就在于如何借鉴历史的、国际的治理经验,推进实现中国治理传统的与时俱进。

## 二、为什么要自治?

作为一种治理方式和现代国家制度的重要组成部分,自治以地方自治、民族区域自治和基层群众自治等三种主要方式存在于中国社会体制中。城市社区自治是基层群众自治的一部分,社区自治以城市社区为自治区域,由生活在这个社区中的成员通过社区的自治组织实现对本区域公共事务的管理。对中

---

① 鲍志成:《“中国传统治理资源和现代城市治理”学术研讨会综述》,《文化艺术研究》2015 年第 4 期。

② 鲍志成:《“中国传统治理资源和现代城市治理”学术研讨会综述》,《文化艺术研究》2015 年第 4 期。

国社会发展来说，中国城市自治的历史实际上经历了诸多的波折，而随着自治的理念越来越深入人心，我们应该从根本上或者说在理念上追问一个问题，就是为什么要自治？自治是天然的合理的吗？只有把这个问题解决了，才能真正去把握中国城市社区治理转型的核心问题。而对于这个问题的回答，首先要弄清楚中国的乡村自治和近代西方自治思想的区别和联系。

从东西方文明发展的脉络来看，自治显然不完全是一个现代词汇，而且词源多样。《礼记・礼运》里就讲"百姓则君以自治也"，实际就是把自治理解为"自行治理"。这个更接近于现代意义上的自治。至于《史记・陈涉世家》里说的"其所不善事，弗下吏，辄自治之"很明显是"自我治罪"的意思，也并不与本书中的"自治"相符。在西方文化中，自治是基于个人本位基础上的，它与西方文明中的国家和社会的二分法相对应，指的是"个人或群体缘于其特有的理性自主品格而管理其自身事务，并自行选择行为方式和承受行为效果的生存状态"，其理念是"个人或者群体因特有的个性和自由意志而使之自立和尊严诉求的正当合法性"。[①] 在这里，我们所说的人都是指的"现实的人"，有生命的个人的存在是人类历史存在的第一个前提。

"现实的人"是马克思主义理论的支点。马克思主义认为，"人是类存在物，不仅因为人在实践上和理论上都把类——他自身的类以及其他物的类——当做自己的对象；而且因为——这只是同一种事物的另一种说法——人把自身当做现有的、有生命的类来对待，因为人把自身当做普遍的因而也是自由的存在物来对待"。[②] "一个种的整体特性、种的类特性就在于生命活动的性质，而自由的有意识的活动恰恰就是人的类特性。"[③]显然，"自由的有意识的活动"是人的存在方式，即自我型塑的实践品格，这样一来，"人本身是目的"以及人之"自给自足"的类生活即"生产生活"的实践本性赋予了"自治"以充分的理论解释和理论支持，自治由此成为人类文明史的逻辑原点或初始假定。这预示着一切囿于历史"哈哈镜"中的"人的世界"都因人是"有意识的类存在物"

① 王允武等：《"自治"理论及其中国实践》，《西南民族学院学报(哲学社会科学版)》2009 年第 7 期。

② 《马克思恩格斯选集》(第 1 卷)，人民出版社 2012 年版，第 55 页。

③ 《马克思恩格斯选集》(第 1 卷)，人民出版社 2012 年版，第 56 页。

而获得了“能动性”,“人的生产是全面的”“可以不受肉体需要的影响也进行生产”,人能够“再生产整个自然界”,可以“自由地面对自己的产品”“懂得按照任何一个种的尺度来进行生产,并且懂得处处都把固有的尺度运用于对象;因此,人也按照美的规律来构造”。“正是在改造对象世界的过程中,人才真正地证明自己是类存在物。这种生产是人的能动的类生活。”①马克思为人能够自我管理、自我教育、自我发展,即自治的正当性提供了全面的理论支持,正是在此意义上,我们才会更加深刻地认识到中国乡村自治的优势和价值,也会进一步认识到中国城市社区自治的深刻理论与实践意义。由此推及,不仅在中国,在普遍的人类社会生产和生活的领域,自治因为人的类本质而成为秩序或规范优劣的重要价值尺度。

也就是说,人作为一个类存在物,是能够不依赖外在的强制性力量,比如国家来实现自己所处社会或者所处区域的正常秩序运转。从社会契约论的角度来说,是人们把让渡给国家的权利予以部分收回。由此,我们确认自治的合理性,或者说从人类社会一开始,自治就是人类社会秩序的一种“本能”。但是仅有本能是远远不够的,从理论上看,在基层实行自治,这样做不仅能减轻整个国家机器运转的压力和阻力,减少国家、政府和政党在政治、经济等领域的资源配置浪费,而且也大大降低了因为权力在基层愈加延伸所带来的僵化和腐败的风险。但是实践显示,这样的效果只有在国家和社会界限清晰对立的情况下才有可能显现。而在绝大多数时候,基层社会的自治不可能完全脱离国家和政党政治的影响,否则后果就离国家分裂不远了。但是无论如何,自治顺应了人类和人类社会发展的天性,是人类和人类社会发展的能力所在。没有自治,民主和民本就失去了存在的价值和意义,现代意味上的基层治理现代化要么会被各种扭曲,要么会被各种误解,从而失去应有的魅力。

自治“首先标示着人之为人的主体意识的觉悟,既包含了对历史性的社会学事实的陈述,又具有根本性的价值诉求和规范意味. 在市民社会与政治国家相对分离的历史条件下,……在现代人的政治实践中,政权性的地方自治和民

① 《马克思恩格斯选集》(第1卷),人民出版社2012年版,第57页。

族区域自治、非政权性的社区自治、国家性的民族自决不过是人民主权实现的基本制度自治形态”。[①] 也就是说，在不同的国家和地区，自治的表现形式也是不一样的，应该根据不同时期所处的不同的条件来认识、解释、推进和完成基层自治。就我国而言，有学者认为，“我国的基层自治，是在总结中外自治理论和自治实践经验基础上所进行的伟大创造。实践表明，在社会主义政权建设中产生的社会主义民主的两种主要形式，皆存在致命的缺点。我国从 80 年代后期开始逐步实施基层自治，是由于我党吸取了社会主义民主建设中的正反两方面的经验教训，认识到经过近 40 年的社会主义建设实践，特别是改革开放的伟大实践，我国在基层社区和基层单位实践马恩的‘社会自治’理论的条件已基本具备，基层自治的实施可以保证我国的社会主义民主政权‘能够把议会制的长处和直接民主制的长处结合起来’”，[②]从而大力推动中国的政治现代化建设，推进国家治理和社会治理体系的现代化建设。这是中国未来努力的一个重要方向，是对社会良序的不倦追求和努力建构。

自治是作为“官治”的对立面产生的，近代以来，受西学的诱导，在清末宪政的呼吁声中，向现代意义上的自治理念转化，即“地方性事务，完全由地方上的人民自主决定或选出自己的代表予以管理，而不必向上级政府承负法律或政治责任。所谓官治，则指中央政府委任官员管理地方性事务，地方民众处于‘治于人’的政治地位，没有实质意义的参政权”。[③] 美国《新知识集成》认为：“所谓自治，一般来讲，是指独立、自由和自我管理的状态或者性质，在国家政体中，自治意味着构成国家或共同体一部分的少数民族团体、区域性组织或单位在与国家或共同体的关系中的自决程度或（自我）政治管理程度，它从地方自治政府一直到地方的完全独立。”[④]对传统中国而言，中国始终追求强大的中央集权体制，而为了维持长期稳定的社会秩序，保证国家的统一，单靠强有力的皇权或中央集权也是不可能的，所以中国一直存在着地域的自律性，即通过

---

① 王允武等：《“自治”理论及其中国实践》，《西南民族学院学报（哲学社会科学版）》2009 年第 7 期。

② 肖勇：《论我国基层自治的依据》，《探索》2001 年第 1 期。

③ 王允武等：《“自治”理论及其中国实践》，《西南民族学院学报（哲学社会科学版）》2009 年第 7 期。

④ 周汉华：《自治理论及其在苏联东欧各国的实践与发展》，《俄罗斯东欧中亚研究》1988 年第 2 期。

家族和宗族的血缘关系、大一统文化以及科举制度等来维持国家政权对地方的控制。因此应该说,中国社会的治理在一开始就具备了自治的条件和实现自治的核心要素,而且是自然形成的,是符合了马克思主义的能够进行"自由的有意识的活动"人的类存在物属性。也就是说,自治一直是中国社会治理传统的重要组成部分,彰显的是中国传统的治理文化,并在近代随着城市经济社会结构的越加复杂,成为国家政权体系的重要一环。

当然,在这里,我们所理解并运用的"自治"是一个现代性的词汇,一方面,这个词汇和中国的政治传统文化分不开,另一方面也和西方民主政治发展的历史紧密相关。两者的不同在于,在西方思想和政治实践史上,西方意义上的自治是与市民社会(Civil Society)分不开的,和西方在国家和社会治理实践中的国家—社会二元对立分不开,或者可以说是互为前提。个人主义和自由主义很显然是西方社会自治的主要思想来源或基本前提。这和中国的实际情况不一样,中国数千年大一统的政治传统强调的是国家和社会的一体化运行,尽管有治乱循环,但是中国有长期稳定而独特的社会整合模式。它是由"'家天下'行为的主客体结构、综合性的统治思想结构、君权至上的复合权威结构、围绕中央地方关系形成的'大一统'社会空间结构以及由制度体系—文化符号体系—政策体系结合而成的治理体系结构组成。这一独特的社会整合模式对中国王朝政治的长期延续、多民族国家的长期统一以及中华文明的长期繁荣起到稳定器和润滑剂的作用"。① 即便是有着源远流长传统的乡村自治,也是国家政权体系的庞大组成部分,而不是和皇权体制分属对立面。这是东西方文明在自治问题上的最大区别,也直接导致了我们后文将会详细提到的西方理论进入中国后所面临的窘境和问题。

实际上,我们很难去确定自治到底是从什么时候开始的,如果从马克思主义的意义上来说,自从有了人类社会,人类就已经是自己管理自己了,自治的实践就已经存在了。这是人类社会发展的一种自然反应或者说是人类在解释和改造世界过程中的本能。很显然,自治是符合了人类社会发展的人之为主体人的特性,也正是在基层社会自治和国家治理的推动下,又逐渐形成了相应

① 章征科:《中国传统社会整合模式及其影响探析》,《中原文化研究》2019年第2期。

的制度和文化，这些制度和文化不仅引导和确定了人类社会的自治合理性，积累了大量的实践经验，而且成为中国治理传统天然的一部分并对后世产生了重要影响。尤其是，随着城市成为国家的经济、政治和文化中心，作为地方治理模式的自治就成为建构城市社区治理的内在核心精神和核心价值的主要路径。

民国时期的城市自治实际上是流产了的。孙中山本人自始至终都充分肯定了地方自治的作用，并不断阐述地方自治的意义，甚至认为地方自治是“中华民国建国的基石”。不过孙中山的自治理论是一个逐渐形成的过程，一直到他去世前，在1924年的《国民政府建国大纲》中，地方自治还是训政时期的内容，而到了宪政时期，则是始自“一省全数之县皆达完全自治者”，这样，省范围的人民得以通过“国民代表会”选举省长，为本省自治之监督；至于该省内之国家行政，则省长受中央之指挥。① 意思非常明显，孙中山所设想的中华民国的自治核心主要是县自治，并希望以后过渡到省自治。由此所牵涉到的县自治经费以及中央和地方关系也都在孙中山的设想中得到了体现，他认为，不能用简单的集权、分权的旧思路来解决中央与地方关系问题，而是用“均权”制来解决，认为“中央有中央当然之权，军政、外交、交通、币制、关税是也。地方有地方当然之权，自治范围内是也”。孙中山的主张在国民党一大通过的宣言中得到了体现：“关于中央及地方权限，采均权主义。凡事务有全国一致之性质者，划归中央；有因地制宜之性质者，划归地方，不偏于中央集权制或地方分权制。”②孙中山还提出了直接民权、确定省地位双重性质等主张。应该说，“从思想理论的价值来说，孙中山作为近代中国一个影响最大的政治家提出的地方自治主张，代表了当时他所处时代的最高水平……孙中山的自治理论以其所要达到目标的明晰，人民参政权的彻底，核心内容之扎实，实施过程层次之分明，受封建传统思想影响少和理论体系之稳定连贯而达到了那个时代所能达到的思想高峰”。③ 比到处游说个人自治理念的梁启超来说，孙中山的自治思想实际上有着一定的现实基础和操作空间。

---

① 《孙中山全集》(第3卷)，中华书局2000年版，第345页。
② 《孙中山全集》(第9卷)，中华书局2000年版，第123—124页。
③ 丁光旭：《近代中国地方自治研究》，广州出版社1993年版，第187—188页。

孙中山自治思想的缺陷首先在于，虽然他一再强调“自治”和“民治”，但是最后的结果却是“治民”。他意识到了民众的作用，也在持续丰富自治理论的过程中不断地试图唤醒民众，但是问题的关键不是这里，而是他先入为主地认为民众的唤醒是一个必然不能依赖民众去完成的过程，并把自治思想融入“军政”“训政”“宪政”的阶段划分中。也就是说，本来是自治主体的民众成了完全被动性的缺乏能动性的一方，与此同时，作为施动者的一方却参差不齐、目的不纯，孙中山一手建立起来的中国国民党和中华民国政府恰恰是代表着大地主、大资产阶级以及官僚资产阶级的利益。特别是在孙中山去世后，留下的只是一个“由不同派系组成”①的有着各种利益交错的政党，而且“收编北方军阀和对左翼干部的清洗，剥去了稳定国民党的意识形态。在这种情况下，传统中国政治文化中根深蒂固的三个弊病开始出现——任人唯亲、腐败和光说不干。新上任的政府官员解职所有下属，代之以其朋友、亲戚和政治上的效忠者，这种现象在 20 世纪 30 年代初屡见不鲜。高层官员也利用其职权任命其亲属为县长，或委以其他可以敛财的职位。其结果是普遍的贪污和目无党纪”。② 于是，理论和思想的推行一旦接触到了实践的空气就被冲击的七零八落，“奉行正确的言论胜于有效的行动的信条”的国民党作为“政策制定者与他们治理的社会和影响百姓生计的地方官员的行动完全脱节”，③毕竟，思想上的“先进”或“正确”如果是建立在现实条件的不充分基础之上，那么这样的思想要么是空想、要么被利用、要么只能流产。

其次是错估了国民党在其中的作用。或者说，因为国民党处于向现代社会的转型或过渡阶段，所以还不能适应现代政党和国家—社会治理之间的位置变化，没有完全意识到政党在现代民主浪潮中的真正角色和作用是什么，尤其是在中国传统的超稳定结构下，作为代表着民众对立面阶级和阶层利益的国民党并不会真正去推行自治，民众不可能是主人，不可能以主人翁的姿态实

---

① ［美］李侃如：《治理中国——从革命到改革》，胡国成等译，中国社会科学出版社 2010 年版，第 36 页。

② ［美］李侃如：《治理中国——从革命到改革》，胡国成等译，中国社会科学出版社 2010 年版，第 38—39 页。

③ ［美］李侃如：《治理中国——从革命到改革》，胡国成等译，中国社会科学出版社 2010 年版，第 39 页。

现自己管理自己，而只能是统治者治下的没有任何有效政治权力的被统治者，自治成了统治者标明民主的虚假的外在符号，并在“军政”“训政”“宪政”的掩蔽下，被统治集团不予自治的借口，堂而皇之地弃如敝履。只有在迫不得已的时候，把自治当成自己民主的遮羞布。后来的事实也证明，正是因为民国时期中国国民党的“从中作梗”，国民党及其领导下的国民政府把自治当成了口号，政党所代表的利益集团把自治给流产掉了，再加上“国民政府的统治时期，军阀混战、抗日战争、内战，战争不断，缺乏一个安定的建设环境，实施地方自治的效果也大打折扣。更何况，蒋介石政治集团缺乏真正民主意识，实施自治徒然给自己披上民主外衣而已，以示之行‘总理训示’，实是治民而非‘民治’”。①由此可以看出，如果不能真切地意识到民众的作用，并真切地赋予民众以自治的权利，那么自治就成为空头支票。这也同时告诉我们，在社会基层自治问题上，一方面，作为主要“势力”的政党的作用非常重要，而且是越来越重要，绝对不能被“撇一边”；另一方面，政党自身的思想意识非常重要，如果不能正确对待和实施，那么在国家和社会治理问题上，效果将大打折扣。这不是西方的经验，而是中国文化和政治传统在绵延过程中所产生的必然结论。

最后，不能正确把握当时中国的经济政治发展现状。我们不能否认，在民国年间，中国的城市治理确实出现了现代意义上的进步。但是当时中国的战乱状况和半殖民地性质导致城市自治实际上也难以长久和稳定发展。比如在江西泰和，②随着江西省会的迁入，泰和作为一个小县城，不仅人口急剧增多，而且“县城规模有了空前的扩大，新建了泰兴路、光明路，扩建和改建了中正路、文端路、山谷路、文和路、文贞路等几条主要街道，南至赣江河边，西到上田码头，绵延十余华里，都成了城区范围”。③ 于是，必要的城市建设和管理都成为当务之急。虽然一开始出现了城市建设散乱和无序的状态，但是眼看省会一时半会儿不会迁走，泰和的市政建设在区域规划、道路交通、街道建设规划

---

① 丁光旭：《近代中国地方自治研究》，广州出版社1993年版，第206页。

② 民国时期，因为战乱等各种原因，几个省会城市包括江西省会在内进行了数次迁徙，1937年12月南京失陷后，江西省会从南昌迁往吉安，仅仅1个月后又迁往泰和，在泰和存续了5年多。1944年，日本发动从东北到广州、南宁的“大陆交通线”战役，于是在1945年2月，又迁往宁都。日本投降后，才迁回南昌。

③ 施俊华、刘介丁：《战时江西省会泰和》，《抗日战争的江西战场》，江西人民出版社2005年版，第270页。

以及管理机构的设立等方面都做了努力,但因为局势动荡,泰和的市政建设和管理表现出的是典型的临时性和短暂性,而且因为江西省政府的财政收入主要用于军事开支,后方的建设资金相当短缺,这也造成实际上的城市建设充满了各种不确定和不稳定。

而在租界内,当时盘踞在各大通商口岸以及边境城市的西方列强,尤其是东南沿海地区,纷纷宣布租界为其"自治区域","推行与本国相似的市政管理体制,这些行为有损中国主权,他们将西方'自治'城市管理措施移植于租界内,如上海公共租界的城市管理体制就是'英国体制'。如城市里纳税人会议、工部局、警察署、会审公廨等机构;设立公共工程管理、市民选举等各种法律法规制度;还有一系列城市规划、治安管理、街道管理等制度措施"。① 毫无疑问,西方近代城市管理理论和实践对于中国近代以来的城市建设来说是颇有吸引力的,对中国近代城市管理步入现代化具有极其重要的作用。

民国时期的城市建设在刺激—反应的模式下,国家精英们不仅学习了西方近代城市管理理论,关注物质文化和后来的精神文化,并把城市文化精神、文化影响、人的生存环境体现其中,在 20 世纪二三十年代市政改革运动使得中国城市管理理论和实践都得到了前所未有的升华,一大批热情的知识分子极其热情和广泛地介绍和吸取西方城市建设经验,还把这些经验编纂成册,如陆丹林所编纂的《市政全书》就是其中的典型,他把孙中山的"民国建设,发轫于斯"放在该书卷首,并喊出了"打倒旧城郭、建设新都市"的口号。陆丹林认为:"近年以来,国内注重实证问题的人一天一天的多了,但是什么是市政,市政与市民的关系怎样?不要说一般人不大明白,就是学社会科学的专门学生,怕也不甚了解。若再问,应当怎样才能促进我国的市政更是一个困难的问题……可是,我们全国各地方所办市政而言,其中具有良好成绩的,除了广州市有相当的建设外,实难其选。固然,军阀专横,连年内乱,帝国主义资本武力的侵略,许多粫具雏形的都市经营,因受两重的压迫,常显动摇状态,甚至遭受巨大的摧残,又怎能谈得到有伟大的建设?其他或牵于人事和经济,也没能够充量的扩张,尤其是一般民众对于市政原理和方法还没有明确的认识,感觉到

---

① 张忠民:《近代上海城市发展与城市综合竞争力》,上海社会科学院出版社 2005 年版,第 69 页。

人民参与施政的权利，除了少数知识阶级之外。”[①]并认为，“文化发源于城市，万恶亦荟萃于城市。创办良好市政，既可真行一国物质与精神上之文化，使之发扬光大，以崇国家，而耀民族，复可改良恶劣不健之社会，使市民居其中者，得可安居乐业。共享太平之市政委二十世纪各国之急务，尤我国当今唯一之要图，虽然城市行政，千端万绪，经纬一场，岂易办理。如能举考各国之成规，兴专家之意见，各依各地方之特别情形，择善而从，不善而改，于举办市政时，实能事半功倍”。[②] 可见对中国城市建设的殷殷厚望。

与此映衬鲜明的是，以德国的社会学家马克斯·韦伯为首的西方学者，从西方的经验入手，得出的却是中国古代“没有形成一个成熟的城市共同体”的结论。韦伯认为，中国的城市，“主要是理性管辖的产物”，[③]是“和西方完全不同的，中国以及所有东方的城市，缺乏政治上的特殊性，中国的城市，既非古希腊等地的‘城邦国家’(Polis)，也没有中世纪那样的‘都市法’，因为它并不是具有自己政治特权的‘政区’。城市里没有西方古代城市所特有的‘市民阶级’……中国的城市缺乏西方在城市所特有的政治力量：领事(Konsul)、参议会(Rat)、按照拥有军事独立权的商人行会(Mer Canza)的方式组织起来的商人与工匠的政治组织”。[④] 在韦伯看来，城市是一种共同体，必须具备防御设施、市场、自己的法庭以及——至少部分的——自己的法律、团体的性格以及至少得有部分的自律性和自主性。[⑤] 韦伯的结论对西方的学术界产生了深远的影响，但是明显带有“西方中心论”的色彩，也说明韦伯缺乏对中国历史发展的系统研究，因此受到了包括罗威廉(W. T. Rowe)等在内学者的质疑，只不过，罗威廉的质疑也同样是以西方经验和标准为参照，也没脱掉“西方中心论”的影响。应该说，“西方中心论”为西方学者进行东西比较研究提供了相对成熟的研究范式，但是也往往成为西方学者研究中国问题时的最大障碍或者说是一个陷阱，其得出的结果也往往与事实南辕北辙。因为它不能从客观层面

---

① 陆丹林：《市政全书》(第一编)，道路月刊社1931年版，第10页。

② 陆丹林：《市政全书》(第一编)，道路月刊社1931年版，第1页。

③ [德]马克斯·韦伯：《儒教与道教》，洪天富译，江苏人民出版社1995年版，第17页。

④ [德]马克斯·韦伯：《儒教与道教》，洪天富译，江苏人民出版社1995年版，第14页。

⑤ [德]马克斯·韦伯：《经济与社会》(下卷)，林荣远译，商务印书馆1997年版，第583页；谯珊：《专制下的自治：清代城市管理中的民间自治——以重庆八省会馆为研究中心》，《史林》2012年第1期。

去把握中国的历史与现实,事实上,中西方城市发展背景非常不同,处于城市发展空间中的行会、会馆等民间组织在城市中所起的作用也肯定不同,因而,把非东方的理论硬套东方的实践,反而显得更加幼稚,或者说这种思路本身就是错误的。

于今日而言,如果不能充分意识到东西方基层社会治理的不同,不能充分意识到东方城市基层社区的本质和规律,不能充分意识到民众在自治中的能动性,准确地说,是包括个体、社会组织、自治组织在内的各种参与者的主动性和能动性,那么即便是在社会主义条件下,基层社会治理的现代化转型也将是一种不可能。城市社区治理的现代化是建立在我们对自治思想的充分认识基础之上的,提高居民的自治管理意识、建立相应的法规制度来规范社区自治,大力推动社区共同体建设,培养社区人的归属感和认同感,强化社区的主人翁意识正是现代城市精神的重要组成部分。只有在此条件下,我们的社区治理才会显得有活力,才会充分体现出社会主义的基本意蕴、意义和价值。

## 三、中国传统文化在现代城市社区治理的观照

文化是一个民族的根本标识,"在 5 000 多年文明发展中孕育的中华优秀传统文化,在党和人民伟大斗争中孕育的革命文化和社会主义先进文化,积淀着中华民族最深层的精神追求,代表着中华民族独特的精神标识"。[①] 或者说,"中国特色社会主义文化,源自于中华民族五千多年文明历史所孕育的中华优秀传统文化,熔铸于党领导人民在革命、建设、改革中创造的革命文化和社会主义先进文化,植根于中国特色社会主义伟大实践"。[②] 如果说自治展现出的是城市社区治理现代化的核心精神和核心价值,那么中国的政治传统则成为贯穿和推进中国城市社区治理现代转型的关键推动力之一。这不仅仅是因为中国政治传统自身存在合理性,也是因为该传统随着中国社会的变迁能够不断自我更新,展现了顽强的生命力。

---

① 《习近平在庆祝中国共产党成立 95 周年大会上的讲话》,《人民日报》2016 年 7 月 2 日。

② 习近平:《决胜全面建成小康社会　夺取新时代中国特色社会主义伟大胜利》,《人民日报》2017 年 10 月 28 日。

以提出了一整套"垂直行政体系"的墨子为例，墨子在阐述自己的秩序思想时，不但充分认识到了秩序的价值，而且还提出秩序包括政治秩序、社会秩序，当然还有道德秩序或者说伦理秩序。也就是说，墨子的秩序思想在当时其实已经非常成熟。当然，墨子不是诸子中唯一一个强调秩序的，正确地说，在当时，诸子的共同问题就是周以后，"如何去乱归治，重新建立有效的政治秩序。在诸种特别著名的治乱方案中，儒家和老子的选择尽管大不相同，但都属于保守主义，墨子是理想主义，而法家是现实主义"。[①] 正是由于对秩序的渴求，才催促着中国社会从血缘关系认同向文化关系认同转变，只有文化的认同才能最终形成稳定的大一统，而恰恰是政治的、社会的和文化的认同的统一，才推进了中国传统文化的最终延续。近些年来，我们对中华优秀传统文化正日益重视，这不仅是缘于传统文化自身存在的价值和意义，更是因为在东西方文化的冲突、交流和学习过程中，我们才真切地发现，只有属于自己的才是最合适的。近代以来，我们曾经经历两次比较大的文化(启蒙)运动，[②]但都没有能从根本上完成运动的初始目标或有效解决中国当时的问题，尤其是在第二次，反倒酿成了一场暴乱。因此，不能一味强调打碎，打碎的终极意义在于能够迅速重建起更好的来代替，一旦不能，就必须为此付出代价。这也就是为什么有的学者认为，我们当前所面临的问题之一就是对西方的了解其实还远远不够，不是自说自话就是自欺欺人。不过在笔者看来，与其说是对西方的了解不够，不如说是我们对中国历史、政治和文化传统在当今的观照认识不够。

但这并不是学界的普遍共识，至少目前不是。

学界的共识或者说当前相当多学者的认识是："尽管我们中国有种种传统上的一些问题，很多研究近代中国史的学者对中国近代化的过程这些挫折、困难，总是从我们中国传统文化中去找原因，认为西方总是比我们先进，从来没有检讨过西方。"而实际上，我们学习的西方并不是"我们现在讲的很多观念，都是 19 世纪后期的产物，而那是个比较糟糕的时期。非常不幸的是，恰恰在

---

① 赵汀阳：《坏世界研究：作为第一哲学的政治哲学》，中国人民大学出版社 2009 年版，第 129 页。

② 一个是指五四新文化运动，一个是指 20 世纪 80 年代的所谓第二次启蒙运动。两次运动都是在真诚地拥抱和向西看的过程中完成，但是结果却要么差强人意，要么试图甩掉意识形态走向另一个极端，结果带来一场暴乱。

西方文明陷入混乱的这段时间,也就是哈耶克、韦伯这些人认为西方文明陷入了重大危机的时刻,我们中国敞开了大门开始学习西方,这个时机是非常不幸的”。但在“当时所谓种族主义、社会达尔文主义、共产主义,在西方很多知识分子里面都认为它是更先进的东西,所以当时中国人病急乱投医。刘小枫这个比喻特别好,他说中国内忧外患,社会陷入文明自我认同、自我保存的一个危机,就病急乱投医,把西方当药铺,胡乱抓药,抓的药大部分都是错的。但是整个这个药铺就是西方的,你不管抓的是对是错,这个药是西方人给我们提供的”。① 于是,只要是西方的,不好的也是好的,坏的也是好的,都统统被国人看在眼里,全盘吸收,甚至有学者还时时担心西化的不够,把中国发展的好是归因为学习了西方,发展的不好归因为是学习西方的不够。现在看来,这在当时未必是一场错误,但是如果说到了今天还是这样的态度的话,那肯定是有问题的。

当然,也有学者站在现代主义的立场对传统进行了全盘否定,甚至和马克思主义完全对立了起来,认为传统的国家主义是完全不利于中国政治体制现代化的,“能够支持我们真正有所作为的,绝不是所谓的‘博大精深’的传统文化。以儒家学说为主流和核心的中国传统文化长期地作为国家主义的传统政治体制的存续和强化发挥着不可或缺的支撑作用。它不可能帮助我们从政治上走出传统,而只能引导我们回归和延续传统政治体制……能够真正支持我们在研究和剖析传统政治体制问题上有所作为的,只能是以马克思主义为发端的现代政治思想,特别是中国共产党在领导中国改革开放实践中所表现出来的政治思想和政治智慧”。② 不过这是用新阶段来否定旧时代的另一种意义上的历史虚无主义。

因此,我们必须要面对至少两个重要的历史文化遗产,一个是 5 000 年历史文化传统,一个是百余年来包括意识形态在内的制度文化架构。而显然,这两个遗产是延续的并相互依存,而非断裂的。这是历史发展的现实,不是源于

---

① 冯克利:《我们学习西方的时机非常不幸》,选自“英国历史文明之旅”途中的就士游沙龙之《近现代中西交流的得与失》,由山东大学教授冯克利在温德米尔湖区主讲,http://www.rmlt.com.cn/2016/0616/428845.shtml。

② 朗毅怀:《从国家主义到民本主义:中国政治的体制与价值观》,中国发展出版社 2014 年版,前言,第 6 页。

外力的推动，而主要是源于中国历史文化和社会发展自身合理内核的存在。尤其是进入近代以来，尽管在西方文明的冲击下，国人深刻地意识到了工业社会折射下农业社会的闭塞和落后，在挽救国家民族的过程中最终选择了马克思主义，但是进入中国后的马克思主义仍然只有在经过了本土化和大众化之后，在中国历史和政治文化的框架内才获得了存在的依据。与此同时，中国的政治文化传统实现了自我更新和自我扬弃，我们完全可以总结出如下这些中国传统在现代城市社区治理领域的观照或者说表现：

第一，是对秩序追求的大一统认同。对于处于一个共同体领域内部的政治、文化和社会认同，对于存续在人与人之间、人与自然之间以及人与社会之间的伦理、价值秩序认同，不需要暴力和强制去遵循规则，而是把对规则的认同变成自己在这个共同体中思想和行为方式以及对这种方式的无意识接纳和践行，如此，方能建成一个良性的、有秩序的社会。具体到基层社会治理中，也就是为什么我们对于社区建设优劣的标准总是以是否政通人和、干净卫生、井井有条、邻里和睦等为关键指标的重要原因。这并非中国人才有的一种心理，或者说是一种意识的惯性，而是人类社会自我延续的一种本能。因此，这种惯性不仅不好，恰恰相反，尤其是对于中国这样一个复杂的社会来说，这种惯性恰恰决定了中国社会秩序的正常运转。在这种对秩序追求意识的主导下，即便中国古代社会几经战乱，但是稳定繁荣发展的时期依然是主流，也只有在社会稳定的时期，坚持发展生产力、提升整个社会的生产力水平才能实现朝代的繁荣。

第二，是对制度体系的大一统认同。也就是说，古代城市治理从一开始就属于国家管理体系的直接组成部分，其治理模式的演变是典型中国历史文化色彩的突出表现。这个和乡绅社会不一样，城市治理从一开始就带有直属的性质，也就是说，是国家权力直接掌管了城市的建制、建设和发展，直接决定了城市的功能、地位和所扮演的角色。即便到了近代，随着城市治理体系的分层和城市基层社会自治的出现，自治和民主日益得到认同，但是很显然，也都没有因此建立起真正的西方意义上的城市自治。相反，随着现代化因素逐渐分解和融入中国的治理体制，中国国家—社会的统一性反而得到了进一步的加强。尤其是在民国年间，政府不仅收获了民主的美名，而且赋予了民国政府以局势动荡和民智未开为借口对城市资源直接攫取的合法性。至于陆丹林提出的“市政和市民之间的关系”的问题,显然在这个时期并没有得到很好的实践和回答。

第三,是对治理主体的大一统认同。作为自治主体的乡绅,在乡绅治理中的威望和作用,如果说是因为财富或者说知识的加成,还不如说是这些乡绅的背景带有政府或皇权的光环,延续的是皇权思想和对当时国家统治者意志的认同和支持,因此,乡绅在乡村社会因为同时有益于地方建设和国家稳定,其角色显然是无法替代,价值也是无与伦比的。而如果说乡绅成为乡村治理主体的过程是自然形成和政府认可的双重赋予,那么城市管理者的角色则是自有城市以来就是国家或政府的直接任命,即政治精英(进入近现代以来可以被称为现代精英)的出现,而且因为中国城市的管理或者说治理都是纵横交错在一起的,是把纵向的集权约束和横向的区块管理结合起来,因此,不论是古代乡绅还是现代精英,都成为这种结合过程中的重要结合点。我们不能否认国家权力纵向机制运作的合理性,而近代以来,社会治理已经成为国家现代化的一个话语范畴,即国家治理现代化包括社会治理,而社会治理需要一个合理的制度范式。实际上,现代精英治理则更多的或者说表现最突出的存在于城市里的城镇化部分。尤其是大城市的城镇化,已经摆脱了自然村落治理的状态,无论是在机制还是在实际运行过程中,都凸显了城市社区治理的讯息。而这与其说是马克思主义基本原理和中国具体实际相结合的结果,还不如说是中国大一统文化自身超强生命力的现实观照。这是中国政治文化传统的重要体现,也成为后来一定要“把党带回来”,把党作为治理主体之一提供了重要的理论和实践支持。

应该说,上述观照都是在历史的延续中,现代社会对于传统的一种自觉的历史继承。正如西方的商业社会成长出来的是商业文明一样,农业社会也只能生长出农业文明,包括农业文明社会下的社会结构、社会心理和社会发展规律。它表现出了传统本身所存在的科学性和合理性,也在向现代转型的过程中通过各种路径实现了自我的时代化发展,并形成了自己的特色。在这个过程中,伴随着的是普遍的中国人对于自身传统的社会心理认同,但更重要的是,无论它怎么转变,它都要适合中国社会的运行逻辑和中国人的思维模式,否则就不能长久。这是中国社会得以建立、发展和完善的根基和关键，蕴含的是生活在中国这块土地上的人而非其他国家人的社会诉求。

在中国传统的现代关照中，一个比较突出的例子是社区建设中出现的自治公约，不仅逐渐变成了社区人维护和建设社区秩序的引导，也成为社区治理现代化的重要表现。也因此，以上海基层社会自治公约为例，有学者认为："从历史与实践的角度看，当代中国基层治理可以追溯到传统地方治理模式中所包含的治理经验，比如强调关系、礼俗、人情、社会文化等在社会自我调控时所发挥的功能。传统基层治理并不依赖正式体制的力量，主要是依靠非正式制度力量来维护基层社会秩序的稳定。上海基层自治公约吸收了地方传统文化资源，注重地方文化、村规民约、礼俗习惯等在基层治理中的积极作用，涌现了诸如嘉定区外冈镇'老大人'乡贤治理、奉贤区'美丽约定'等具有地方传统文化特色的自治公约。很多时候，完全的行政化管理会扼杀社会的公共活力和自治能力，法律的强制推行也不利于善治的实现。如果更多地采取基层自治公约的形式，不仅可以将强制性法律推行的不利影响降低到最小，而且也有利于逐步推动新的规范意识和法治观念的成长。……在创新基层治理的过程中，需要加强自治公约的建设。往往越是柔性的处理，越可以将矛盾最小化，避免恶化和升级。只有将'软法'与'硬法'相联接与融合，增强民众的规则和法律意识，才能切实解决社区治理矛盾。"①

## 第二节　新中国前30年的城市社区治理型态

与1949年以前相比，1949年新中国成立后，在"不仅要治理中国，而且要变革中国社会与文化的本质，以结束国家的贫弱状况，使它在现代世界中赢得

---

① 李佳佳：《推进基层治理现代化为什么需要自治公约？看"上海经验"怎么回答》，https://www.jfdaily.com/news/detail?id=180525。

尊重"[1]的远大目标指引下,中国城市基层社会治理开始有了一些明显的质的变化。这种变化不仅仅是要建立一个强大的机构来治理国家和社会,即把社会、经济生活统一由党政集中领导的计划体制下,由政府来统一分配社会资源和提供公共服务,城市实行一元化社会管理。而是必须要以建构中国式民主的方式实现真正的人民当家作主。这才是新中国成立以来致力于"打碎一个旧世界,建立一个新世界"的新政权的本质目标和基本价值。

## 一、居民委员会制度:城市基层社区治理的新探索

1949年,新生人民政权成立后面对的首要任务就是必须尽快恢复生产、稳定秩序,尤其是在大城市如上海、南京、武汉等地,取代民国时期的保甲制度,建立起全新的基层社会管理制度的需求就更加迫切。而这个制度必须既能够有效促进社会整合,也要能有效促进国家—社会一体化建设,因为"中国的国家与社会关系并非一种二元对立关系,国家会通过各种方式或制度安排致力于嵌入地方社会",[2]即该制度承担着成为沟通基层社会与党和政府之间关系的联络者的承上启下功能。但当时形势非常复杂:"国民党反动派在大陆若干地区内采取了土匪游击战争的方式,煽动了一部分落后分子,和人民政府作斗争。国民党反动派又组织许多秘密的特务分子和间谍分子反对人民政府,在人民中散布谣言,企图破坏共产党和人民政府的威信,企图离间各民族、各民主阶级、各民主党派、各人民团体的团结和合作。特务和间谍们又进行了破坏人民经济事业的活动,对于共产党和人民政府的工作人员采取暗杀手段,为帝国主义和国民党反动派收集情报。"[3]毛泽东对时任中共上海市委第一书记、上海市市长的陈毅说:"目前处在转变的紧张时期,力争使此种转变进行得好一些,不应当破坏的事物,力争不要破坏,或破坏的少一些,你们把握了这一点,

① [美]李侃如:《治理中国——从革命到改革》,胡国成等译,中国社会科学出版社2010年版,第67页。

② 唐朗诗等:《新中国第一居委会30条:组织能力与社区善治》,格致出版社、上海人民出版社2019年版,导论,第10页。

③ 中共中央文献研究室编:《毛泽东文集》(第6卷),人民出版社1999年版,第68页。

就可以减少阻力，就有了主动权。”①因此，当时人民解放军接管上海后，是“采取逐步废除保甲组织，但暂时留用一般保甲人员的策略，将里弄逐步组织起来，实现了新型社会组织居民委员会的‘软着陆’与全覆盖。人民政府赋予居民委员会承担公共事务管理与国家基层政治动员的双重职责，在凸显居委会解决居民公共福利问题宗旨的同时，强化了它的政治动员和治理社会的功能。大批活跃在里弄的非单位人被广泛动员起来，以各种不同的动机与驱力，在居委会找到了结合点。中共对上海社会卓有成效的改造和治理与早期居民委员会的作用密不可分”。② 到 1952 年末，上海市已经建立了 3 391 个居民委员会。③

几乎与此同时，天津、武汉等城市出现了由群众自己组织起来的防护队、防盗队和居民组等名称不一的群众性自治组织，随后，一些居民代表委员和居民小组也开始建立。以杭州为例，作为“中国第一居民委员会”的诞生地，因为杭州解放后国民党特务活动频繁，扰乱民众生活，因此，1949 年 10 月 28 日，一封内容为“废除保甲，建立居民委员会”的信函推动了中国城市居民委员会的成立，同年 12 月 1 日，杭州市政府下发了建立居民委员会的第一条政令，“这条政令从理论上提供了一种公民参与国家和社会公共事务的现实途径”，同时，“随着居民委员会的成立，防护队、防盗队和居民组也在城市秩序重建与维持中发挥了意想不到的作用，为恢复商业生产，发展街居经济的粮食供应点也在居委会成员的努力下创办起来”。④ 数据显示，到 1949 年 12 月底，杭州市建立 171 个居委会，至 1950 年 3 月，增加到 571 个居委会，3 802 个居民小组。

之后，各地城市居民纷纷建立各种自治组织，管理居住地的公共事务，天津市建立了居民委员会，武汉市建立了居民代表委员会和居民小组。当然，还有其他诸多名称组织，如延续自抗战时期的“冬防会”“工人福利会”等也都很普遍，新的“街人民代表会议”“街政委员会”和“里弄福利会”“治保委员会”“救济调查委员会”等，但是因为这些组织的规模大小不一、职能也不统一，所以呈

① 中共中央文献研究室编：《毛泽东文集》(第 6 卷)，人民出版社 1999 年版，第 54 页。

② 张济顺：《国家治理的最初社会空间——二十世纪五十年代前期的上海居民委员会》，《中共党史研究》2015 年第 10 期。

③ 徐永祥：《社区发展论》，华东理工大学出版社 2000 年版，第 240 页。

④ 陈东升、王春：《中国第一居民委员会的前世今生》，《法制日报》2011 年 1 月 2 日。

现出来的是一种混乱状态。以广泛实行居委会制度的上海为例,在居委会创建之初就存在着许多严重问题,如“贪污浪费严重”,有的“居委会存在的贪污浪费达到 80%以上”,[①]还有人员成分不纯、组织不健全、组织机构多、工作任务繁重等缺陷,而且居委会的“人员、经费都是自治形式的并‘扎根’在基层社会里,这就不可避免地表现出社会组织的特点”,也就是说,此时的居委会在性质上是非常纯粹的群众自治组织,自行筹款,自己组织人员,更重要的是,这种属性显示了居委会强烈的社区性质,为了维护社区利益,它甚至可以代表居民利益去和政府谈判,“同时还具有一定的职权与资金能力,可以解决部分居民的困顿并为全体居民提供特殊的医疗支出方面的支持,表现了相当的社会性。对于政府来说,这些福利性事业本来并不与国家职能相冲突,反而有助于政权的稳定。但它带来的一个危险是,这种社区共同体的组织,与新生的国家政权一体化的要求具有一定异质性,而且在无有效制度制约的情况下,这种组织极易为非法谋取自我利益提供空间”。[②]

对新生的政权来说,居民委员会的这种社会性实际上是有利于城市自治的,并有利于基层政府分别把脉基层的触角,对城市基层社会进行彻底的改造,建设有效的新型的城市基层社会组织。其中关键是要在人员和组织上进行全新的无产阶级的和社会主义的建构,但在 1954 年以前,很难说居民委员会能不能成为城市基层普遍的居民组织。包括当时抗战时期延续下来的“冬防会”“工人福利会”都很普遍,新的“街人民代表会议”“街政委员会”和“里弄福利会”“治保委员会”“救济调查委员会”“防盗队”等居民组织,也都备受政府重视。各地还继续拿出各种新的基层自治方案。那居委会为何能在 1954 年后取得“定于一尊”的地位呢?并非因为居委会是当时实行得比较好的一种制度,恰好相反,最初的居委会制度是“问题最多的一种制度”,比如机构臃肿、职责繁重、人员混杂等,当然,更重要的是此时还不是党和基层政府的“可信任”组织,不能承担起新政权所需要的执行党和国家意志并用于管理基层社会的重任。

---

① 《民主政权建设与基层组织建设工作》,上海档案馆档案卷宗号 B168-1-772。

② 郭圣莉:《阶级净化机制:国家政权的城市基层社会组织构建——以解放初期上海居委会的整顿与制度建设为例》,《甘肃社会科学》2007 年第 4 期。

于是，在1952年和1954年，上海的居民委员会进行了两次整顿，第一次的目的在于清除不纯分子，让工人阶级成为领导核心，推进基层民主改革运动，所有里弄中的各种组织，一律取消，在此基础上，大批工人阶级代表进入里弄工作。第二次则是以居委会为重点对里弄社会进行全面整顿，“通过自下而上的民主选举，健全居民委员会和妇女代表会议组织，确保工人阶级在居民工作中的领导作用”。“明确居民委会性质与任务，调整区划，简化组织机构”，以解决居委会长期存在的机构、任务等臃肿问题。① 由此，居委会的全面制度建设包括“组织的不健全”“将居委会经费正式纳入国家财政”等得以有效解决，同时也中断了居委会“这一组织所具有一定程度的自我逻辑，将一种具有盈利特性和社会各种角色竞争的介于社会与国家间的城市基层社会舞台改造为新生国家政权的城市基层社会组织”，②并最终于1954年的《城市居民委员会组织条例》正式规定下来。

《城市居民委员会组织条例》第一次用法律的形式明确了居民委员会的性质、地位和作用：居民委员会由2—4人构成，属于群众自治性居民组织，而不是基层政权组织，它的主要任务是“办理有关居民的公共福利事项”“向当地人民委员会或者它的派出机关反映居民的意见和要求”“动员居民响应政府号召并遵守法律”“领导群众性的治安保卫工作”和“调解居民间的纠纷”。这是中国历史上第一次把城市自治权落到实处，第一次把城市建设和作为个体的居民的关系提升到了法律层面并予以确认，在相当程度上回答了陆丹林致力于解决的“市政和市民的关系”的问题。应当说，这是中国城市社区治理现代转型第一步的关键部分。依照宪法和法律，由居民（村民）选举的成员组成居民（村民）委员会，实行自我管理、自我教育、自我服务、自我监督的基层群众自治制度是在新中国成立后的民主实践中逐步形成的，并首先发育于城市。《城市居民委员会组织条例》的颁布，推动了城市基层治理的巨大变迁，这是我国政权基层组织的雏形。

随着居民委员会的普遍建立，旧的保甲制度被废止。废止保甲制度在中

---

① 《民主政权建设与基层组织建设工作》，上海档案馆档案卷宗号B168-1-30。

② 郭圣莉：《阶级净化机制：国家政权的城市基层社会组织构建——以解放初期上海居委会的整顿与制度建设为例》，《甘肃社会科学》2007年第4期。

国历史上有着非同一般的意义。保甲制度是中国自宋代开始的具有军事管理性质的城市户籍管理制度,是中国封建王朝时期长期延续的一种以“户”为基本单位的社会统治手段,并通过宗法、家族等纽带就此把国家、家族和个体的关系融合为一。因此,保甲制度等被废除等于基本上终结了传统中国城市的主要管理制度,使其无论在组织架构、制度保障,还是在思想引导上,都成为近代中国城市治理现代转型的开始,成为在现代政党领导下,推动中国城市社会治理剧烈变革的重要标志。

从此,居民委员会成为完成国家在城市基层社会治理的“忠诚执行者”,它们与一般国家官僚的不同在于它们身份地位是双重的,在“区政府派出机构的街道所辖社区层面”和“基层群众自治活动空间的社区层面”①双轨运行,与他们的“民间性”或者“社会性”相比,它们的立场重点是国家的,包括居民委员会的权威和认同来源都来自国家,应该说,此时居民委员会的国家化进程已基本完成了。“更重要的是,经此过程,复杂多元的居民身份被划分为简单明了的人民与敌人两大阵营,里弄复杂的社会关系和各种社会组织被有效地清除。里弄也就从一个社会空间被改造成由居民委员会统辖下的国家基层单元,从而完成了城市基层社会从属于国家的整合过程”。“彻底改变了里弄的生存环境,使其从一个主要的生活场变成了政治空间。这样的空间其组织必然是国家化的,反之,一个国家化的基层组织才能有效地监控管理基层空间,这就是改革前居委会,或者说街居体制的实质与功能。”②在全国其他主要城市,居委会的整顿也成果显著,这就从根本上将原先带有强烈社区性质的居委会转变为“政府一只脚”,模糊了原先作为群众基层自治组织的作用,而变为实现国家意志、建设社会主义的有力推动者。自此,居委会的作用得到中央政府认可,全国各地也相继完成了居委会的组建工作。

应该说,居民委员会制度的探索和普遍确立对新中国成立后的城市基层治理意义重大,它不仅承担了大量稳定社会秩序的工作,从根本上彻底扭转了

① 林尚立:《社区自治中的政党:对党、国家与社会关系的微观考察——以上海社区发展为考察对象》,转引自2002年上海市社会科学界联合会主编《组织与体制:上海社区发展理论研讨会会议资料汇编》,第46页。

② 郭圣莉:《阶级净化机制:国家政权的城市基层社会组织构建——以解放初期上海居委会的整顿与制度建设为例》,《甘肃社会科学》2007年第4期。

城市基层社会治理的社会性质，使得居民委员会自身在得到了进一步巩固和发展的同时，成为后来无论局势如何变化都始终是参与社区治理的重要主体，而且畅通了政党意志和国家意志的贯彻渠道，为建立完备的具有社会主义国家特色的城市基层社区治理体制打下了坚实的基础。因为“改变旧的社会经济形态、旧的生产关系以及竖立在其上面的一切社会的、政治的、精神的旧的建筑物，建立新的社会经济形态、新的生产关系以及竖立在其上面的一切社会的、政治的、精神的新的建筑物”，这是我们的基本任务。① 但是管理体制从近代走向现代的建构过程显然并不顺畅，或者更确切地说，不是打碎旧制度不顺畅，而更多的是现代化的建构并非易事，这当然在任何社会的巨大转型期都是艰巨的探索和考验，更何况是在面临着历史任务，即在国际社会站稳脚跟重建社会的中国，其中的复杂程度可想而知。

1958—1976 年间，受人民公社化运动、知青上山下乡等的影响，城市居民委员会的发展，包括其工作任务、法律性质也都发生了变动，出现了向诸如商业化、革命化等方向转变。随着“阶级斗争为纲”在实践中的频繁被强调，居民委员会在“文化大革命”期间又普遍转为革命居民委员会。这实际上增赋了居民委员会以民政、治安等职能，而且对个体来说，居民的婚姻、就业、就学、生产生活等都与居民委员会紧紧绑缚在了一起。这就造成了居民委员会的权责无限扩大，居民委员会的印章越来越有分量，居委会的喇叭声也越来越响亮，②乃至成为党和政府政策宣传和社会动员工作一条重要的常规渠道。

自然地，这样的发展趋势对城市基层社会自治及基层政权建设都带来了巨大影响，一方面，它配合单位制和街居制，有利于国家对社会的总动员，但是另一方面却造成不仅居民委员会自身职能边界的模糊和职责的不规范，过于庞大的工作量使得居民委员会的运作非常繁重，而且是国家权力对居民私域的过分侵入带来居民日常生活的政治泛化。但无论如何，居民委员会成为城

---

① 中共中央文献研究室编：《毛泽东文集》(第 5 卷)，人民出版社 1996 年版，第 58 页。

② 近些年来，随着交流渠道的日益增多和传统媒介的日益没落，居委会喇叭的生存和发展空间被日益挤压，只有在较偏远地区或者特殊事件需要即时发布消息时才会偶尔听见居委会的喇叭声，但声势确实弱了许多，而且在部分地方，教堂的钟声甚至都比居委会喇叭声的吸引力大。

市基层社会治理的工作重点已经成为国家和社会共识。

## 二、单位制与街居制:城市基层社会的总体性治理

资料显示,街居制由街道办事处、居民委员会等层级构成,负责城市居民管理责任,而街道、居民委员会以"单位制"为主,以基层地区管理为中心,是国家管理社会闲散人员、民政救济和社会优抚对象的重要支撑,从而实现对城市全体社会成员的控制和整合,达到尽快稳定社会和巩固政权的目的。1949 年 9 月 30 日,毛泽东在受中国人民政治协商会议第一届全体会议的委托起草的会议宣言中呼吁:"全国同胞们,我们应当进一步组织起来。我们应当将全中国绝大多数人组织在政治、军事、经济、文化及其他各种组织里,克服旧中国散漫无组织的状态,用伟大的人民群众的集体力量,拥护人民政府和人民解放军,建设独立民主和平统一富强的新中国。"①那么,如何组织起来呢?

要回答这个问题,首先就要靠我们对近代中国历史的反思。无论从何种角度,我们都必须承认,1840 年②以后的中国,不要说国人,甚至是包括列强在内,都认为是一个积贫积弱、一盘散沙的时代。孙中山斥为民智未开,必须要经历启蒙,以唤醒民众,实现"驱逐鞑虏、恢复中华"。但是辛亥革命的失败使得孙中山深刻意识到组织涣散的致命缺陷,他在反思二次革命失败时说:"当时党员虽众,声势虽大,而内部分子意见分歧,步骤凌乱""致党魁则等于傀儡,党员则有类散沙"。③ 但是,他应对"散沙"的举措却因为急于求成却走了偏锋,他在组建中华革命党时就要求所有入党党员只服从孙文一人,还规定凡入党宣誓者,要加盖指模(即旧社会的摁手印),还要根据入党先后给党员划分等级并享受不同的政治权利。这直接导致了革命党人的内部分裂。孙中山追求的

---

① 中共中央文献研究室编:《毛泽东文集》(第 5 卷),人民出版社 1996 年版,第 348 页。

② 关于中国近代史开端的时间问题,史学界有过多重争论,一般认为,中国的近代史是从 1840 年,即第一次鸦片战争开始时算起。这种划分明显带有伤痛和警醒的性质,同时更是西方和苏联运用"冲击—反应"模式和"侵略—革命"解释近代中国研究范式影响的结果。因此,理所当然受到了部分学者的质疑:"为什么意大利和德国的近代史能以其体现历史主动性的 15、16 世纪为开端,中国的近代史却要以后来遭遇惨败而丧权辱国的鸦片战争为开端呢? 科学的历史学理论实在是不应厚此薄彼的。"(参见许苏民:《"内发原生"模式:中国近代史的开端实为明万历九年》,《河北学刊》2003 年第 2 期)。这个说法确实不是没有道理的。

③ 《孙中山全集》(第 3 卷),中华书局 1984 年版,第 92 页。

"组织起来"的目标再次失败。很明显,孙中山意识到了"组织起来"的重要性,但是关于如何组织起来的办法却是开了历史的倒车。

其次,应该追溯一下我们党在革命战争年代实践"组织起来"的各种经验,从中可以十分清晰地看到,中国的工农群众不仅能够组织起来,而且还能发挥自己的主观能动性,充分展现出组织起来后胜任战斗堡垒和革命建设双重任务的巨大能量。和孙中山的"组织起来"过程中的方式相比,我们党的"组织起来"则是在真正践行平等和民主的同时,在把革命的远大理想和中国社会现实进行有机结合的过程中从而获得了最终的成功。这是党领导下的中国革命之所以取得胜利的关键,也成为在新中国成立后,面对百废待兴的局面,党和政府在马克思列宁主义集中力量办大事思想指引下的治理运作方式。尤其是在城市基层社会治理问题上,伴随着历史惯性,这种"组织起来"的优势和必要性就显得更加紧迫和有效。

最后,还要靠我们对新政权领导下的新中国有全面科学的审视和认知。就现有的研究成果看,截至目前,对于新中国前 30 年社会的研究,学者们一般都认为此时期的中国是一个"总体性的社会",和时刻保持着对国家警惕的西方社会不同,即认为新中国是一个以国家政权为核心的,国家、市场、社会三位一体的社会。也就是说,此时期所有的问题,无一不具有政治、经济、社会相关性。在这样的社会结构下,社会建设只能依附在国家政权体系下,以政府为主体,依靠政治动员,服务于既定的政治目标,而国家依靠强有力的中央集权与计划体制,在资源有限的条件下,统一配置资源,从而保证社会的基本秩序运转。显然,此时期的社会对国家的依附是错误的吗?肯定不是,相反,正因为社会存在的先天弱势和后天失调,相比党和国家的强势,社会反而只能通过依附才能获得自身的延续,此时,与其说是中国的传统政治理念根深蒂固,倒不如更确切地说,是马克思主义基本理论和中国传统政治理念的"不谋而合"。显然,中国的发展脉络或者说道路,和西方经济、政治、社会、文化、传统等几乎完全不同,从一开始,就带有自身的典型特征。

抛开少部分带有意识形态偏见的指摘,在众多学者看来,通过"组织起来"的这种应对性的治理模式对一个新生政权和社会的稳定发挥了巨大的积极效用,其中的重要因素就是有效的政治动员。确切地说,政治动员作为中国政治传统是新的历史时期在党和国家引导下为调动和分配整体社会资源的突出表现,因为只有在集中统一领导下,有效动员才会发生。20世纪50年代以来,为了迅速稳定局面和开展社会主义建设,革命时期根据地的建设经验、以阶级斗争为纲的政治路线和源于经典马克思主义无产阶级专政的理念反映了新政权在推进构建国家—社会一体化进程中的迫切性,也决定了政府动员在国家和社会治理中的特殊角色和主导地位。而政治动员的完成是通过一场场运动来大幅推进的,即所谓运动型治理①:"由占有一定的政治权力的政治主体如:政党、国家、政府或其他统治集团凭借手中掌握政治权力、行政执法职能发动的维护社会稳定和应有的秩序,通过政治动员自上而下地调动本阶级、集团及其他社会成员的积极性和创造性,对某些突发性事件或国内重大的久拖不决的社会疑难问题进行专项治理的一种暴风骤雨式的有组织、有目的、规模较大的群众参与的重点治理过程,它是运动式治理主体为实现特定目标的一种治理工具。"②这是目前学界被广泛引用的经典定义。

此时期的动员行动主要包括土改运动、镇压反革命运动、"三反""五反"运动、扫盲运动、人民公社化运动、整风等,据不完全统计,1949—1976年共计开展政治运动67次,平均每年2.5次。③ 这些运动的基本特征就是基层党组织和政府上承党和国家意志并推动自上而下的大规模社会动员。无论农村还是城市,民众都被全面地动员起来,这种扫遍中国社会角落的接连不断的治理模式把党、政府和社会紧密黏合在了一起,它依靠单向的纵向协调和大规模发起运动的方式迅速实现了国家权力对社会的总体性支配,从而构建了完整的国家政权体系。实践证明,当时如果没有党和政府的这种大规模动员,国家—社会的一体化进程将难以摆脱旧社会的羁绊,中国共产党在社会建设方面的威望也难以树立。正如有学者以此时期上海社区治理的状况为例的分析所认为的:"此时期党和国家通过赋予居委会承担公共事务管理和国家基层政治动员的双重职责,实现了国家政权对基层社会的高度统合,这一时期波及上海每一

---

① 也作"运动式治理"。后文中的"参与型治理"也作"参与式治理"。

② 冯志峰:《中国运动式治理的定义及其特征》,《中共银川市委党校学报》2007年第2期。

③ 叶敏:《从政治运动到运动式治理——改革前后的动员政治及其理论解读》,《华中科技大学学报(社会科学版)》2013年第2期。

条街道、里弄、每一个家庭的政治动员，为中国共产党实现国家对都市社会的统合提供了最初的范本，也证明了中国共产党对上海基层社会的治理卓有成效。”①

可以看出，基层政府动员是运动型治理型态得以实现的关键，只有保证一定的参与率，才是正确的路线、方针、政策得以制定、实行和完成的根本条件。这是中国共产党在革命年代就已经取得的重要共识：“政治上动员军民的问题，实在太重要了。我们之所以不惜反反复复地说到这一点，实在是没有这一点就没有胜利，没有许多别的必要的东西固然也没有胜利，然而这是胜利的最基本的条件。”②而“就治理主体而言，发动运动式治理的是拥有强制权力的政府机关。无论是运动式治理政策的出台，还是政策过程的展开，还是最后的总结汇报，民众都是作为政府的动员对象被发动起来，民众作为权力的‘受动方’而非‘施动方’而存在”。③ 但是，这种广泛而深刻的政府动员对城市社区治理带来的负面影响也是深刻的，即因为普通百姓日常生活的过度政治化，导致“对中国的政治、经济、文化带来的破坏性影响”甚至演变成灾难。④ 或者说，不能忽略作为社会人的个体之间客观存在的差异性，而这种差异性在群体的环境中一定会出现违背动员初衷的现象并导致最终结果出现偏差甚至谬误，从而对人的心理产生负面影响，而当这种负面影响被逐步扩大，带来的后果比如对社会情绪、社会生产等的影响也是严重的。因此，改革开放以后，运动型治理模式逐渐淡出了历史舞台，大规模的、频繁的政府动员也逐步消散。

需要提及的是，虽然改革开放后不再开展广泛的政治运动，但是专项运动、专项治理等依然是有效的运动式治理方式，被中央到地方政府的各“条条”和“块块”广泛使用，一方面，体现了“后革命时代对革命时代政府运作方式的路径依赖”，⑤但另一方面，也不能给予这种方式以过多的意识形态的或革命的色彩，因为它本身只是一种治理方式，且不是中国所特有。运动式治理本身是

---

① 张济顺：《上海里弄：基层政治动员与国家社会一体化走向(1950—1955)》，《中国社会科学》2004 年第 2 期。

② 《毛泽东选集》(第 2 卷)，人民出版社 1991 年版，第 513 页。

③ 曹龙虎：《国家治理中的“路径依赖”与“范式转换”：运动式治理再认识》，《学海》2014 年第 3 期。

④ 赵思空：《对新中国前三十年日常生活政治化的思考》，《马克思主义研究》2010 年第 10 期。

⑤ 曹龙虎：《国家治理中的“路径依赖”与“范式转换”》，《学海》2014 年第 3 期。

因其突出的短期有效性所决定的,包括欧美等西方社会的罢工、游行等都属于这类治理的范畴,除了引导主体不一样。而在新中国成立初时,中国社会从一个"一团散沙"局面下要"组织起来"所必然要经历的,无论是在思想上还是行动上,运动式治理都以其暴风骤雨般的力量带来了摧枯拉朽的效果,极大地扫清了因为战争、社会发展等诸多方面原因所带来的历史前进过程中遗留的腐朽积淀,为新生的生产力和生产关系发展扫清了道路。① 因此,有学者认为,"几千年来,在中国大一统体制下,面对巨大的治理规模和多样性,中央集权与地方治理之间存在深刻的矛盾,运动式治理则是应对这一矛盾和组织失败的非常规治理机制之一,反映了特定制度环境国家治理的深层制度逻辑,运动式治理机制作为常规治理机制失败后的替代工具和纠偏机制在中国历史上反复出现,绝不是偶发的、受个人意志驱使的,而是一整套制度设施与环境的必然产物,从而成为国家治理逻辑的重要组成部分"。②

而在运动式治理中,单位制和街居制是政治动员能够实现的重要保障。从一般意义上讲,单位制实际上是作为克服传统中国社会散漫涣散弊端,响应"把社会组织起来"而提出的措施,在政治、经济与社会等领域具有无可替代的功能,它主要通过社会动员等方式,在应对新中国成立后的严峻形势,在运作高度集权的政治体制、计划经济体制以及整合社会秩序等方面都具备了相当明显的优势,以至于成为描述和解释中国社会结构的重要时代标签。从某种程度上说,社会动员乃是城市单位制生成和发展的核心线索,也显然是单位制政治、经济和社会角色的重要体现。在当时生产力水平很低的状态下,通过深入居民日常的生产生活,如婚配就业、劳保福利、住房分配、子女入学等制度,实现了整个社会生活的高度组织化。全国人民几乎都被纳入了行政权力的控制范围内,国家的触角延伸到了全国的每一个角落和社会生活的每一个领域,

① 香港学者金观涛、刘青峰曾经用系统论的观点来解释中国社会自古以来的超稳定结构,认为如果把社会这个共同体当成一个系统,那么在这个系统内部,存在着政治、经济、文化、意识形态等多种要素,各要素之间相互支撑、相互配合,形成自洽的系统环境,并能够不断自我更新,从而维持系统的正常运转。而随着系统运转过程中因为新陈代谢必然所产生的系统垃圾的逐渐递增,各个要素之间的自洽融合状态便会被打破,如果不能及时疏通,那么系统的僵化或崩溃就会不可避免。笔者认为,这个理论或者观点对于运动式治理的有益之处是有着相当的解释力的。

② 参见周雪光:《运动型治理机制:中国国家治理的制度逻辑再思考》,《开放时代》2012 年第 9 期;李里峰:《运动式治理:一项关于土改的政治学分析》,《福建论坛(人文社会科学版)》2010 年第 4 期。

整个社会实现了高度的整合。这显然和西方社会致力于分化和明确国家和社会之间不可侵犯的界限的努力不一样，也就是说，自新中国成立开始，中国的国家和社会都是一体化运行的。

需要注意的是，为了加强城市居民工作，密切政府和居民的联系，除了《城市居民委员会组织条例》，1954 年还颁布了《城市街道办事处组织条例》，允许各城市在市辖区、不设区的市的人民委员会可以按照工作需要设立街道办事处作为它的派出机构。条例规定，街道办事处是城市政府部门的派出机构，由 3—7 人构成，主要任务是办理上级人民委员会交办的居民工作相关事务，指导居民委员会的工作，反映居民的意见和要求。这为居民委员会的建设和居民自治的发展奠定了法律基础。此后，全国各大城市普遍建立起了街道办事处组织，这是我国政权基层组织的雏形，为我国城市公民组织生活进行了各种试验和大胆探索。街居制实际上完成了对非单位人群的纵向一体化管理，是单位体制高效运转的辅助机制。而这恰恰成为中国城市基层社区治理向现代转型的新雏形，尤其是在单位制走入历史之后，在我国经济转轨和社会转型之后，街居制也完成了在现代城市治理中的再次进化——社区制的出现。

应该说，这一时期的城市基层社会治理，无论是在指导思想上，还是客观条件上，都反映出了强烈的政策导向，很显然，这种集中领导下的政策导向实践与千百年来中国治理模式运行和发展有着莫大的关联。从某种程度上甚至可以说是 20 世纪上半叶在继传统而不得、学西方而不畅后的“被迫”抉择或转轨，并在中国社会主义现代化道路的行进过程中最终完成了中国城市治理在世界近代史上的第一次“脱胎换骨”。但既然是“脱胎换骨”，就必然要经历或长或短的阵痛和波折，这是非改良的运用暴风骤雨式的改革或革命后的“代价”，它迅即高效，是崭新的划时代的新生政权得以开辟天地和站稳脚跟的必然举措，但无可避免地也会带来各种各样参差不齐的质疑声音。后来的事实也证明，此时期的城市基层社会治理举措，成为在传统治理经验、革命根据地经验和外来的思想及实践影响下，建立在中国国情基础之上的中国现代治理型态的雏形，在具有中国历史逻辑和时代特色的实践探索中，开启了基层社会治理从传统走向现代化的序幕。

很明显，此时期政策导向带有强烈的国家主义和集体主义特征。在这个过程中,执政党的意志被融合进国家—社会建设进程,完成了政党和国家—社会之间的强力融合,政党也成为引领国家—社会建设的核心力量,它运用政治的、经济的、意识形态的力量在新生政权建立初期完成了新中国初期社会力量的初步整合。这显然是中国共产党团结和带领全国各族人民实现和完成中华民族历史使命的关键。1945 年 7 月 4 日,黄炎培在与毛泽东谈话时提到了中国历史王朝的“兴亡周期律”。毛泽东说:我们已经找到了新路,我们能跳出这周期率,这条新路,就是民主。毛泽东的“民主”显然和西方话语中的“民主”含义①有着本质的不同,毛泽东的“民主”指向的是“一切为了群众,一切依靠群众,从群众中来,到群众中去”的,基于“维护人民根本利益的最根本、最真实、最管用的民主”,是致力于“体现人民意志、保障人民权益、激发人民创造活力”,追求人民当家作主的“民主”。② 所以,这种“一体化”思维或者说思路,与其说是中国历史发展的惯性决定的,倒不如更加确切地说,是符合中国政治文化及其传统的一贯逻辑,同时又具备了鲜明的时代和现代特征。更重要的是,它把体现了中国共产党党性和人民性的“全心全意为人民服务”的宗旨落实到具体的建设实践中,把国家权力和社会权力通过政党治理的方式巧妙地结合在一起,让政治的、经济的、文化的决策最终都为人民服务。新中国的城市社区治理就是这样伴随着改天换地的新生社会,成为以毛泽东为首的新中国领导人在推行中国的民主并彻底抛弃中国历史半封建半殖民地的一面走向独立的东方国家现代民主政治的初始篇章。

## 三、公社化与革命化:城市基层社会自治的新特点

20 世纪中叶后的人民公社运动进入城市基层社会治理领域后,被组织和动员起来的基层大众,在“大跃进”、大办人民公社的思潮影响下,成为城市基

① 1942 年,美国经济学家约瑟夫·熊彼特为民主政治下了一个经典定义,并逐渐在西方政治学界通用:“民主政治并不意味着人民真正在统治——就‘人民’和‘统治’两词的任何明显意义而言——民主政治的意思只能是:人民有接受或拒绝将要来统治他们的人的机会。”见熊彼特:《资本主义、社会主义与民主》,吴良健译,商务印书馆 2007 年版,第 415 页。意思非常直接,民主就是进行选举和投票。

② 习近平:《决胜全面建成小康社会 夺取新时代中国特色社会主义伟大胜利》,《人民日报》2017 年 10 月 28 日。

层社区治理的微细胞，各行各业都成为推动这种新组织形态运行的一分子。有些城市将城市街道办事处和城市居民委员会合并在一起，出现了“党政合一、政社合一、工农商学兵五位一体”的城市人民公社，其主要任务就是大办工业和商业。因为在此期间突出地强调了以阶级斗争①为纲，城市基层社会治理革命化的一面开始彰显，这显然是和当时把人的革命化的过程和生产建设、改变自然面貌的过程相互割裂。所以城市居民委员会的工作任务和职责被改变，其法律性质在实际中也发生了变化。

同时城市居民委员会的中心任务也发生了改变，本职工作被边缘化，如由原来的调解居民一般纠纷逐步倾向于约束、处理和改造那些“大错不犯，小错不断”的所谓社会不良分子等。这样一来，居民委员会的政权性质就更加突出。这就造成城市居民委员会自身在不断地自我转变过程中，完全成为一个上承党和国家/政府职能，下接居民社区治理功能的全面综合体，或者说，在“以阶级斗争为纲”，把“纲”“目”割裂的年代，被赋予了革命化色彩的城市居民委员会就是把政治的、经济的、社会的、文化的等多重角色杂糅在一起的完全体。这造成此时期的城市基层社会治理内容繁杂、程序繁多、职能边界不断扩延，各种组织的名称也不断地被重新组合或改变，经常显得居民委员会的工作杂乱无章。很快，居民委员会的管理职能日趋政治化，并被人民公社所取代。这也成为后来不断对居委会进行变革的重要原因。

当然，在没有任何外来或过去经验可以借鉴的情况下，新中国成立初期，中国城市的基层社会治理，在其通向现代化的目标过程中，其成熟度显然无论是在制度上还是在理念上都有很大的上升空间。现在回头看，学者们经常归因于三个方面：

第一，传统儒家文化。学者们的批判点在于：“以儒家学说为主流和核心的中国传统文化长期地为国家主义的传统政治体制的存续和强化发挥着不可或缺的支撑作用。它不可能帮助我们从政治上走出传统，而只能引导我们回

① 当时把阶级斗争、生产斗争、科学实验并称为三大革命运动，并倡导三大革命运动一起抓，这是“巩固、发展集体集体经济的根本方针”。但是在实际工作中，鉴于当时中国的生产力和生产关系发展状况，社会中相当多的人，包括领导干部，对这三个运动之间的关系问题都没有很好地认知和解决，虽然知道三者之间有相互促进的一面，但“总是较多地看到它们相互矛盾的一面”。可参见如孙克敏：《学习三大革命运动一起抓》(《江汉学报》1965 年第 17 期)等亲历者的记述。

归和延续传统政治体制。在数千年的历史中,在一次次政治动荡乃至革命中,我们一直不能真正从君主专制的国家主义政治体制中走出来,已经很雄辩地说明儒家学说和整个传统文化的复旧功能。”①因此呼吁要走出传统体制,终结历史循环,必须摒弃传统儒家思想。而反对者认为,儒家的治理理论、治理智慧等都有独到的不可替代的优越之处。“儒学家遵守正己以正人之道,由修身齐家而治国平天下,凸显了丰富的政治哲学理论”;作为儒家政治文化轴心的穷则“寓治于教”、达则“寓教于治”的“教化”思想是维系社会稳定,推进当代中国以道德伦理为基础的中国社会治理方式改革的重要路径,并在处理“美德伦理学与治平伦理学、生活伦理和教化伦理既相联系又相区隔的合分关系”中凸显了儒家政治哲学的智慧所在。② 当然,还有新儒家等流派也参与其中。这成为学术界一个不可忽视的存在。

上述关于儒家思想文化的争论实际上已经存在了一个多世纪,孰强孰弱、孰对孰错并无定论,尤其是随着治理实践的发展,这种争论越来越有口水化的嫌疑。但是有一点是必须要澄清的,就是在城市基层社会治理的现代转型过程中,是无论如何无法与传统的治理思想进行完全地或者说彻底地割裂的。这和是否能跳出历史周期律显然不属于同一个问题。儒家文化的复旧功能一方面可以说是有腐朽的应该被抛弃的意味,可也从另一方面说明了传统思想的韧性和可适用性,其确实有国家主义的一面,但是也同样鲜明地展现出了民本主义的一面。我们继承和发展儒家传统,推动基层社会治理乃至整个社会治理的进一步民主化,当然更多地是对其民本思想的继承和发展。一味强调与其割裂,没有必要,也显然不现实。我们所能做的就是批判地继承和发展儒家思想,积极推动儒家文化的现代化,这是中国传统文化的根。

第二,城市基层社会治理的过度政治化。西方都市研究领域的一个重要思潮就是以法国思想家亨利·列斐伏尔为代表建构的空间理论。他认为,“不管是东方的、古代的还是中世纪的等等”“城邑是一种空间性的东西,处于一定

---

① 郎毅怀:《从国家主义到民本主义:中国政治的体制与价值观》,中国发展出版社 2014 年版,前言,第 6 页。

② 张瑞涛:《儒家思想与社会治理》,《光明日报》2010 年 12 月 28 日。

的场所和位置”，[①]因此，一定“存在着一门空间的政治学，因为空间是政治性的”，[②]空间性应该与社会性、历史性一并成为社会科学内在的理论视角：“真实的空间的问题构成，在关于都市的现实的认识中，是一个重要的方面，而且可能是最核心的方面。由此，空间的问题构成就属于都市的理论和学科，而最终，属于一个更宏大的问题构成，即整个社会的问题构成。”[③]由此，他用空间解构了社会理论，并将空间应用于对社会秩序的批判中：“空间永远是政治性的和策略性的”“空间一向是被各种历史的、自然的元素模塑铸造，但这个过程是一个政治过程。空间是政治的、意识形态的。它真正是一种充斥着各种意识形态的产物。”[④]空间理论深刻地说明了空间和政治的关系，虽然不能完全阐释城市政治的权力架构，但结合城市社会治理的历史和实践，也足能够说明，城市基层社会治理的空间之所以自然而然成为政治权力作用对象的原因。

不过，一个社会的构成是复杂的，马克思主义认为，社会是一个有机体，是包括了生产力、生产关系、上层建筑以及其他一切社会要素的一个综合范畴，而且，这些要素之间相互依存、相互影响。其中，政治在这个有机体里的地位以及和其他因素之间的关系一直被学界热衷讨论。亚里士多德那句“人生而为政治人”之所以被不断提及和引用，实际上就是提醒我们，一方面，人离不开政治，另一方面，政治无处不在。这就使得在西方自由民主框架下，学者们的重点总是把如何保持对政治的警惕或保持与国家之间的距离看成是西方资本主义国家治理的主要问题，甚至是论证前提。但对新中国来说，中国城市空间的政治性边界显然是模糊的，这不仅是因为自西方现代理论进入中国后，虽然部分欧、美、日留学归国人员把西方现代理念极力在中国大地上推广，这些实践绝大多数只能在农村，最终也基本都以失败告终；而且更重要的是，中国的传统政治文化和当时的社会现实也决定了城市建设必须全部纳入国家治理体系，服从国家总的发展需要和战略布局。这实际上确实造成了基于西方理论

---

① ［法］亨利·列斐伏尔：《空间与政治》，李春译，上海人民出版社 2008 年版，第 66 页。
② ［法］亨利·列斐伏尔：《空间与政治》，李春译，上海人民出版社 2008 年版，第 52 页。
③ ［法］亨利·列斐伏尔：《空间与政治》，李春译，上海人民出版社 2008 年版，第 25—26 页。
④ ［法］亨利·列斐伏尔：《空间政治学的反思》，见包亚明主编：《现代性与空间的生产》，上海教育出版社 2003 年版，第 62 页。

学识基础上的被学者们所认为的"城市基层社会治理的过度政治化"。

第三,个体日常生活的泛政治化。一般来说,政治化是在某些领域或某些方面赋予某个群体、组织或个人的思想和行为以政治解读和政治功能。对个人来说,政治化应该是有边界的。虽然,亚里士多德早就说过,人生而为政治人,但是这并不意味着必须强迫性地要求每个人都参与到政治中来,也不意味着每个个体都必须全面深度地参与到政治中去。问题的关键是必须有个度,因为必须要照顾到个体的多样化,就像每个人生来就不一样,各方面都无法强求一致。这在某种程度上与哈贝马斯的"公域"和"私域"①观念雷同。哈贝马斯非常担忧因为新媒体的介入导致公共领域的过度衰退,以至于"公域"和"私域"不分。这个担忧并不是没有道理的。

固然,哈贝马斯的观点是建立在西方的国家—社会二分法基础之上的,但是仍然可以为我们所借鉴,因为很显然,绝对不能把处于国家—社会一体化进程中每个个体的个性都给湮灭。实际上,也不可能把每个个体都塑造成绝对的有同一思想的人。马克思说"人的本质不是单个人所固有的抽象物,在其现实性上,它是一切社会关系的总和"的前提就是强调人的社会性,即每个个体包括群体都是一种差异化的存在,所以任何政策都不能搞一刀切。新中国前30年的城市基层社会治理显得国家主义的色彩过于浓厚的重要原因也是因为政治社会化的泛化所导致的政治对所有个体的一刀切。此时,"国家对社会资源进行全面配置……不仅对政治经济进行全面的干预和控制,而且还完全包办了公民个人的生产生活。从物质到精神,不论生活方式还是生活习惯,政府成为整个社会的'大家长'"。② 于是,每个人的生活细节都被展示在众人的眼皮子底下,被组织起来的社会几乎没有私人财产,也几乎没有私人空间。个体和社会、国家(政府)的结合点都集中在居委会,将城市中的每个家庭、每个街道、每个社区,即所有处在日常生活状态的居民,都被卷入国家和社会高度一

① 私域与公域是指私人生活领域与国家或社会及两者的关系。私域即私人生活领域,是以个体独立人格为基础的私人或私人间活动界域。私人性是其特质,它以个人独立、自主及其享有相应的平等自由权利为基础,以个性化的生活为中心,是一个他人、社会和国家无权干预的领域。公域有两种含义,一指国家,二指社会或黑格尔哲学中讲的市民社会。社会作为公域,是拥有平等自由权利的私人通过交往活动所构成的公共生活领域,在这里,每一个参与者都能自由地发表意见,捍卫自己的正当权益。参见朱贻庭:《伦理学大辞典》,上海辞书出版社 2010 年。

② 冯莉:《当代中国社会的个体化趋势及其政治意义》,《社会科学》2014 年第 12 期。

体化进程中，养成了新的生产生活方式并形成惯性，影响深远。

新中国前 30 年的后期，随着生产生活秩序的逐步稳定，国家开始逐步“解绑”个人。有的学者认为这是对人的一种解放：改革开放前后中国社会的变迁线索之一实际就是中国社会个体“不断被政治解放的过程，这是由中国社会自身的特殊性和国家（政府）的威权体制来决定的，而且因为改革和发展任务的多重重叠”，这个解放的过程又成为“中国追求和完成现代化任务的重要方略”。① 有趣的是，此时期出现了和西方社会非常相似的社会紧张关系：“一方面是个体性日益增长的需求，施加于个体的选择和自由，另一方面是这些个体对社会制度复杂而无避免的依赖。”②但与西方社会不一样的是，西方社会的关注焦点是把对个体权利与个体自由的加强转向个体生活，即从个人解放、生存机会的问题转移到生活方式选择的问题，但在中国，这两个任务是重叠的，或者说改革开放前后中国对个体权利和个体自由的追求就是新的生活方式本身。这无疑给中国基层社会治理的现代化转型增加了更多的不确定性。

## 第三节　社会变迁与社区治理新型态的内生趋成

“郡县治、天下安”，鲜明地说明了基层对国家长治久安的重要性，当然，这种“治”在不同的历史阶段有着不同的表现形式或模式，因为一种治理新型态的形成一定因着丰富和微妙的内外因素合成。因此，当我们主要从城市基层社会治理内部的变化来探讨治理新型态变化的时候，实际上还需要从更广阔的或更高远的视角来看待这一变化，毕竟历史是多面性的。站在内部看或感受是一方面，跳出原有环境，站在他者的立场上来重新审视，或许能更加深刻地感受到历史发展和变迁的逻辑或规律。

回看历史的洪流，在社会发展变迁的巨大历史洪流中，民国时期的城市社会治理是有意无意地试图用西方的理论和实践推动剥落掉封建统治者的一

① 冯莉：《当代中国社会的个体化趋势及其政治意义》，《社会科学》2014 年第 12 期。
② 贺美德、鲁纳：《“自我”中国》，许烨芳译，译林出版社 2011 年版，第 1—2 页。

面,但结果是显而易见的,与其说是失败,倒不如更确切地说是仅仅松动了封建性的外壳,除了掉了几片封建碎片之外,自始至终都未能摆脱掉军阀割据的、封建官僚的和殖民地的等若干面。也就是说,反而增加了城市治理型态现代转向过程中的复杂性。近现代史上的中国处于一个中国和世界关系重新塑造的过程,也是世界历史上东西方文明交互的重要历史阶段。因此,从某种程度上说,民国时期的基层社会治理实践也是西方理论进入中国社会治理领域的第一次实践尝试,而这种不撼动根本,只服务官僚政治和军事或革命目的,或者说在半殖民地半封建国家性质下的城市治理变革,实际上只能是失败这一种结果。而且,因为军事或者说民族的救亡图存是社会的基调,国民政府实际上并未在城市的现代化建设问题上给予充分的关注,这就直接冲击了针对城市社区治理转型的努力。

1949 年后,为了迅速建立起一个和谐稳定、人民安居乐业的城市社会秩序,新中国前 30 年的“总体性社会”治理模式是符合对急需摆脱百年积贫积弱,建立一个独立自主、国富民强有着过度渴求的新生政权的需求的,而组织起来、集中力量办大事就成为其中的应有之义。事实也证明,伴随着国家—社会一体化进程,以基层动员为主要方式的新中国前 30 年的城市基层社会治理对于建立新社会秩序打下了坚实的基础。这个过程是建立在以推翻帝国主义、封建主义和官僚资本主义这“三座大山”并建立了“工人阶级领导的、以工农联盟为基础的人民民主专政的社会主义国家”这一全新的政权基础之上的。在这样的框架下,人民当家作主的政权激发和赋予了人民群众以前所未有的热情和激情投入社会主义生产和生活中去,第一次,在中国历史上,人民群众和政党、国家的理想、目标高度重合。

但是这毕竟是一个探索的过程,是把绵延数千年的帝王史视角转变为中国共产党领导的、以工农联盟为基础的人民史视角的过程,这是中国基层社会治理的大转折,更是近代中国历史的大转折。因此,它不可避免地带有许多的新旧冲突或各种不完美,社会变动的不确定性和非线性发展,使得探索未来社会的确定性和方向性议题充满了各种矛盾和斗争,但是却不能否认其基本价值和历史意义。很显然,新中国前 30 年中国城市社区的治理模式也是历史合力或者说偶然性和必然性相结合的结果。居委制的出现和运作意味着什么?

公社化意味着什么？革命化又意味着什么？都是值得去进一步深思的问题。以城市居委会为例，对当时的城市管理者而言，我们能不能找到一个机制或者组织能够在深入社会的同时，还能承担起党和国家或政府所赋予的组织和动员社会的任务？实际上，是找到了的，这个组织就是居委会，它被定义为群众组织，同时也承接着基层党和政府与社区个体之间的联系，也就是说，这个组织无论对基层的作为个体的人或者社会组织，还是对于当时的国家和政府而言，居委会就扮演了这个中间人的角色，无论这个中间人是偏向于政府还是偏向于社会大众，对于城市社区治理而言，这个中间的链接或者扣子的作用都非常关键。可以说，居委会给了基层社会治理一个非常重要的缓冲，也成为后来基层群众自治过程中非常重要的一环。因为无论如何，居委会这个角色都非常关键，即便没有居委会，也会有其他组织来占领这个角色的阵地。始终要有一个角色来完成这样承上启下的重任。这一现象展现出的不仅是自下而上和自上而下的相互应和，更多的展现出来的是对新政权的认同和支持。这才是中国社会治理能够获得迅速转变并取得重要成就的关键。

比较奇妙地是，居民委员会制度的产生，也推动着基层群众自治的制度生成。1953 年，彭真在向毛泽东及中共中央报告工作时说："街道居民委员会的组织是需要建立的。它的性质是群众自治组织，不是政权组织。它的任务，主要是把工厂、商店和机关、学校以外的街道居民组织起来，在居民自愿原则下，办理有关居民的共同福利事项，宣传政府的政策法令，发动居民响应政府的号召和向基层政权反映居民意见。居民委员会应由居民小组选举产生，在城市基层政权或其派出机关的统一领导下进行工作，但它在组织上不是基层政权的'腿'，不应交付很多事情给它办。"①或者也可以说，城市居民委员会的建立，自一开始就推动着城市居民自治的产生，不是萌芽，而是制度随行。

由此，如果从中国封建王朝时期回溯至今，是否可以这样认为，在中国的历史传统中，除了"大一统""文治"等之外，还有一个就是"自治"。也就是说，中国历史上的所谓"专制"或"高度集权"从来都是局部的，而不是全局性的，只不过是到了明清末年，"局部"的范围开始明显扩大，但仍然没有把"自治"的空

---

① 《彭真文选》，人民出版社 1991 年版，第 241 页。

间堵死,反而是随着生产力的提高,市场的活跃度得到了前所未有的展现。这也是为什么有的历史学者在研究中国近代史开端的时候所提出的,中国社会的近代转型是从1581年,即明万历九年确立"一条鞭法"开始的,该观点认为,在此期间,除了农村自给自足的自然经济开始瓦解等特征外:"在城市,国有手工业经济衰落,私营手工业工场兴起,出现了商业资本转化为手工业产业资本,汉口、上海、佛山等商业大都市迅速崛起的局面。中国的传统手工业是由朝廷的各行政部门掌管的国有手工业,而在明代中叶以后私营手工业蓬勃发展的新形势下,这些国有手工业大都不景气,甚至无法续存。国家需要的产品遂以向民间加工订货的方式来取得。"①尤其是江南苏州等地工商业城镇的兴起,商业经济在中国农业文明的进一步发展中占据了突出的位置,这充分说明,即便是到了封建王朝末期,专制主义占了上风,也从来没有完全控制社会,当然包括城市,反而是随着生产方式的变革,促进了城市的发展。换言之,中国历史上的自治传统,从来没有缺位过。② 即便是因为历史发展发生了转折或改变,社会自治展现出了不同的阶段性的历史样态,但自治的精神始终存续。

对中国社会来说,这是社会治理过程中相当重要的精神内核。它在配合和支持上层政治权力体系的同时也给予了基层社会以充分或必要的运作空间,增强了整个社会抵抗风险的弹性空间和能力空间,使得中国的"超稳定结构"内部各要素的适应能力和平衡能力非常强。这反映到新中国成立以后中国城市社区治理中,似乎也是自然而然的事情。只不过此时的城市社区自治,已经不是1949年前的模样,而是在全员参与的历史洪流中,成为城市社区转型的重要内容。

毫无疑问,这个空间的存在意义是非同寻常的。尤其是在改革开放前后。

---

① 许苏民:《"内发原生"模式:中国近代史的开端实为明万历九年》,《河北学刊》2003年第2期。

② 这一点或许可以换个角度从中国的宗教发展脉络看出来。即便是被认为禁锢了人们思想的儒家学说,也从来都是给予个人以相当程度的自由,正如有的学者所认为的:一方面,保持自己独立的人格,即"独立之精神、自由之思想";另一方面,意识到自我在享有权利的同时,还有广泛的责任和义务,自我的充分和完整实现恰恰要在各种关系的网络之中。既肯定个体与社群的密不可分,同时又凸显独立人格,在深入社群的同时成就鲜明的自我,自我对社会构成一种既内在又超越的关系。这就是儒家对于自我的理解。真正的儒家,不会矫枉过正,再度被塑造成为压抑自我和个性的文化符号。参见彭国翔:《儒家也是一种"个人主义"》,http://theory.people.com.cn/n/2012/1227/c112851-20032584.html。

有学者对比了中国的改革开放为什么能成功而苏联的为什么失败的原因时，在国际上影响比较大的当属美国学者谢淑丽(Susan Shirk)的研究，她在比较了中苏改革为什么一个成功、一个失败的时候认为：其中最重要的原因是毛泽东时代的中国从来没有建立起像苏联那样高度中央集权的计划经济模式，相反，中国所执行的中央计划和集权财政体制在马克思列宁主义和中国社会主义建设实践不断结合过程中被不断修改和瓦解，也正因为如此，邓小平在制定改革开放政策的时候，中国的转型才会进行的那么顺利，这是 1978 年中国经济改革的“政治逻辑”。[①] 也就是说，新中国前 30 年的基层社会是充满活力的，它并未被完全纳入中央计划中去，而是保持了相当的灵活性和生命力。即使被称为毛细血管的党组织深入基层政权空间，党组织的活动也是和基层社会治理以及权力秩序相配合的，在纵向和横向的网格中，成为基层社会治理的推动力，而不是控制力。

谢淑丽的这个观点获得了国内部分学者的支持，“邓小平改革能够成功的秘密恰恰在于毛泽东时代，特别是毛泽东决定性地破坏了中国建国后想建立中央计划经济的努力。这里可以借用熊彼特的说法，毛泽东时代实际上是一个‘创造性破坏’的过程。……就是破坏了中国变成苏联式计划经济的方向，创造了中国经济体制在改革前就已经不是苏联式的中央计划经济结构，从而为邓小平时代的经济改革奠定了根本基础”。[②] “因为在苏联体制下，中央计划经济以外几乎就没有经济，因此苏联东欧的经济改革完全取决于国营企业改革，如果国营企业改革无法成功，则整个经济改革就必然失败。但国营企业的改革事实是最困难的，因为涉及无数利益关系以及无数工人的福利。而中国经济改革所以可能成功，恰恰就在于毛泽东时代已经造成大多数经济都不在中央计划管辖内，而是在中央计划以外。毛泽东把相当大的财权和企业经营管理权已经给了地方，所以中国的许多县都是‘麻雀虽小，五脏俱全’，在经济上可以自行其是，因此中国经济改革最根本的特点就在于它并不依赖国营企业改革，而是主要由中央计划以外的地方经济发展起来的。……(谢淑丽认为)中国改革之所以可以走出一条与苏联东欧不同的道路，原因就在于七十年

---

① Susan L. Shirk, *China: Fragile Superpower*, Oxford University Press, Inc, 2007.

② 甘阳：《中国道路：三十年与六十年》，《读书》2007 年第 6 期。

代末以来的邓小平改革,实际是在毛泽东时代形成的'地方分权化'基础上进行的。"[①]这个"地方分权化"实际上凸显了新中国国家—社会一体化进程中的本土或者说内生治理智慧,在传统和现代的转换中,对有机秩序的共同追求。

① 甘阳:《中国道路:三十年与六十年》,《读书》2007年第6期。

# 第三章　西方城市治理经验的浸入

1978年改革开放以后，东西方交流大门彻底打开，以欧美为主的西方城市社区建设理论在中国现代化需求框架下，成为中国基层社会治理转型过程中向西方学习的重要内容。本章引入西方城市治理经验，除了西方城市建设和社区实践及发展比较领先和西方学者在该研究领域内成果颇丰外，更重要的是因为西方城市治理理论对中国城市治理实在是影响太深，第一次是在民国时期，因为特殊的历史环境，所以影响有限，第二次则是在改革开放以后，西方城市治理经验对中国城市社区治理产生了巨大的，甚至是颠覆性的影响，时至今日，不仅没有结束其进程，反而作为中国城市治理经验的组成部分融入了中国现代化的进程中。

## 第一节　西方国家城市治理理论及要义

在西方学者看来，城市的兴起标志着商业的发达和资本主义生产方式及生产关系的兴盛，并认为人类社会的第一次革命是农业革命，第二次革命就是城市革命，"城市的产生，对传播人类文化的贡献，仅次于问题的发明"。[①] 西方文明的本质就是都市/城市文明，芒福德最突出的理论贡献在于揭示了城市发

① 沈玉麟编：《外国城市建设史》，中国建筑工业出版社1989年版，第3页。

展与文明进步、文化更新换代的联系规律。他在《城市发展史——起源、演变和前景》一书中说:“人类文明和城市发展在历史上屡陷危机,尤在近代,二次大战后全球仍然险象环生……‘为了使我们对当今世界的迫切任务有足够的认识,我专门回溯了城市的起源。我们需要构想一种新的秩序,这种秩序须能包括有机界和个人的,以至包括人类的全部功能和任务。只有这样,我们才能为城市发展找到一种新的形式。’”①也只有这样,人类社会才能在城市文明的指引下实现更好的秩序。

在中国近代史上,对中国影响较大的西方城市治理理论主要来自欧美和苏联,当然更广泛的,近些年来,学者们对英国、德国、澳大利亚、新加坡等国的社区治理模式也分别进行了深入研究,如日本的“地域中心”模式、澳大利亚的“政府+社区”混合控制模式等。但在改革开放以后,显然欧美经验在中国的影响力处于绝对优势地位。准确地说,主要是美国的自治型治理模式以及与此相关的西方城市社区治理理论是改革开放后我国进行城市社区建设的基本理论依据之一,影响深远。

“欧美国家社区治理在欧美国家公共部门与社区之间的关系处理中已经成为一种特别模式,这一种概念有时候看作社区公共事务中的参与与决策,有时也与地方、社会、网络及参与式治理的术语相关。”②从欧美的经验来看,20世纪中叶以来,欧美发达国家的城市治理普遍经历了一个空间扩张的过程,即从地理学、政治学等角度,对城市各种功能活动在地域上、文化上等的显性或隐性的呈现。这个过程一方面带来的是城市现代化水准的大幅度提高,但是另一方面却也使得城市治理如交通堵塞、生态文化流失等问题越来越严重,于是产生对城市治理问题的高度关注,特别是社区、区域治理理论和实践不断创新,这都进一步推进了欧美城市治理的合理化和现代化。这种发展实际上并非社区治理发展过程中对自治的高度强调,更深刻的支撑力量是欧美社会背后的自由主义和个人主义。因此,与其说是欧美国家在推进城市自治的过程

① [美]刘易斯·芒福德:《城市发展史——起源、演变和前景》,宋俊岭、倪文彦译,中国建筑工业出版社2004年版,中文第一版译者序言,第7页。

② 吴素雄、吴艳:《欧美国家社区治理的结构、功能及合法性基础》,《山东大学学报》2017年第2期。

中利于小政府—大社会的运行,倒不如说是迎合了国家—社会二分法背后的主流社会文化或意识形态诉求。

目前,欧美在社区治理方面,从政府和社区关系的角度,已经形成自治型、行政主导型和混合治理三种基本的、比较成熟的治理型态。以自治型为例,这种模式在实行分权制的联邦制国家——美国比较典型。在这种模式中,政府和社区治理处于相对分离的状态,自治是主体,政府只是提供法律支持或者通过制定政策影响社区发展,而社区的具体事务则由社区组织和民间团体,还有社区企业、社区志愿者完成。因此,有学者认为这彰显了美国社区治理强烈的民主特征,并把美国的社区治理模式称为"以公民为中心的治理结构"。① 从总体上看,"美国社区治理是公民社会的治理,公共权力机构在社区治理中的作用只是局限于辅助性协助。政府基本上不直接干预社区内部事务。所以美国社区治理主要不是依赖于政府行为,而是依赖于社区公民、公共服务企业以及公共服务组织的自由和平等的参与。社区居民的广泛和积极参与为社区治理注入了民主的活力,公共服务企业的运作促进了社区治理的市场化,许多公共服务组织的加入引起了社区治理的组织化。社区治理的民主化、社区治理的组织化引起社区权力的分散,社区权力形成多个中心,从而构成了社区权力的多元化特征"。②

不过,因为每个社区的具体表现不同,所以只能是一种总体概括。实际上,因为各个社区的具体情况不同,美国社区的自治模式也呈现出差异巨大的样态。比如美国普遍的社会化社区管理模式,认为"美国地方政府、社区委员会、非营利组织、社区居民四大要素"在社区管理中"定位合理,职责明确,运作规范有序,成效明显,已形成了比较完备的社会化社区管理模式",③乃至把四大要素称呼为美国社区的"四大金刚"。也有学者专门比较了英美城市边缘社区的治理经验,认为"围绕着如何实现边缘社区有效治理问题,长期以来存在着'在地治理'模式与'人本治理'模式的二元争论",后者"以贫困公民个体为

---

① ［美］博克斯:《公民治理:引领21世纪的美国社区》,孙柏瑛等译,中国人民大学出版社2005年版,第7页。

② 邹丽琼:《美国城市社区治理及其启示》,《北京城市学院学报》2009年第1期。

③ 陈泽水:《美国社会化社区管理模式探析与思考》,《江西行政学院学报》2005年第3期。

基本治理单位，通过各种有利于贫困者迁移的福利政策帮助其摆脱不利于个体发展与解放的居住环境，到环境较好的地方安家进而获得更好的生活”，前者“治理对象通常是特定的社区、地点，具体目标是进行地方建设，消除根深蒂固的地方贫困，实现社区及其居民的可持续发展”。[①] 人本治理实际上就是承认了“外力的干预”的合理性，即“英、美两国自 20 世纪 90 年代以来重新定义国家职能，恢复了国家在社区建设领域的干预”，但这并不是说，这种治理模式就等同于一般认识上的“威权主义社会管理模式”，反而可以被认定为是“体现了国家意志主义与社区责任化的双向治理逻辑”，或者说是国家—社会之间的一种合作。[②]

当然，上述治理模式的产生都有其特定的历史、文化传统，伴随着的是管理职能被消解的政府和自治能力强大的市民社会。但无论如何，在用于分析和应用于中国的基层治理时都需要加以适当的改造。治理理论如复杂的丛林，支流众多，这里我们只比较一下欧美城市社会治理模式。前者多基于系统理论的治理研究，而后者则多偏好理性选择及其衍生的新制度主义。这样就诞生了两种学派，一种是社会系统学派。其从社会学的视角，认为社会的各级组织都是一个协作系统，该学派以社会系统论为基础研究社会治理，关注制度、程序和机制，致力于降低处理社会系统基本问题的复杂性，追求高效快捷。社会系统理论包括交互理论、功能—结构主义等几个流派，但是随着时间的推移，不仅同一时期各流派之间观点相左不少，而且不同时期的代表学者之间的观点也差异巨大，主要聚焦于对人的因素的考量。相比前期的把人从属于组织，从组织出发，以效率为目的，后期的切斯特·巴纳德(Chester Bamard)就特别强调不能把人异化为组织的工具，因为人是最基本、最原初的起点，组织是为人实现自己的意愿服务的。另一种是理性选择制度主义。理性选择制度主义“将政治看作是一系列集体行为的困境，永远面临着行为者个体理性最大化却导致集体产出次优的悖论，而制度正是解决这种种悖论并满足个体利益

---

① 史春玉：《比较视野下英、美城市边缘社区治理经验研究》，《广东行政学院学报》2015 年第 8 期。

② 史春玉：《比较视野下英、美城市边缘社区治理经验研究》，《广东行政学院学报》2015 年第 8 期。

而创设出来的工具”，认为“制度的产生是基于相关行为者的自愿共识，制度为行为者带来了合作的好处，一个制度越能有效地解决集体行为的困境就越有可能被持久地遵循下来”。[①] 实际上，理性选择制度主义也是新制度主义的一种，其前提是设定“每个相关行为人的行为都是理性的，他们绝大多数人都有着固定的偏好，能对各种偏好的行为方式进行优次的排列，并选择最优的策略实现自己目标效用的最大化”。[②] 制度和理性人成为政治活动或者说社会治理过程中的关键因素。

西方城市社区发展是随着工业资本主义的发展而发展的。“西方的城市社区建设最初是建立在社区复兴、社区重建的理念基础之上的，在当时西方工业化进程给西方带来的社会变迁这种背景下产生的。”[③]和欧美现代化进程中的城市治理理论紧密相关，彰显的是欧美国家自身的历史和文化传统，是城市（或城邦）治理经验在欧美经济、政治、社会等因素在历史的长河中逐渐成熟的过程。特别是近代资本主义城市的产生，对城市的现代化起到了非同一般的促进作用。以欧洲工业革命后的城市发展为例，这个时候，因为大工业的生产方式需要，城市人口迅速增长，城市功能结构发生了变化，商品经济也得到了极大的发展，但是因为没有及时的和积极的城市规划，再加上战争等的破坏，城市发展畸形严重，阶级对立严重，如交通、生态环境以及景观等都处于极其紊乱状态，这为城市谋求更多发展空间提出了诉求。于是，英国、法国、俄国、荷兰等地的旧城改造和美国等地大城市的不断新建成为这一时期西方国家进行城市规划和建设的主要内容。第二次世界大战前后，在战争废墟上成长起来的城市规划则更加强调整体性和现代性。特别是 20 世纪 60 年代以来，“随着环境概念的全面深化，城市规划和设计出现了根本性的突破。它不再是停留在强调视觉艺术方法，即由设计者决定的形态设计，而是按照城市使用者的要求，在环境中寻求满足使用者的需要、理想与爱好的场所（palace）与形态”。[④] 这说明资产阶级革命以后，欧美城市发展已经从物的层面上升到了对

① 王媛媛：《理性选择制度主义研究综述》，《传承》2012 年第 16 期。
② 王媛媛：《理性选择制度主义研究综述》，《传承》2012 年第 16 期。
③ 何彪、吴晓萍：《西方城市社区建设历程及其启示》，《城市问题》2002 年第 3 期。
④ 沈玉麟：《外国城市建设史》，中国建筑工业出版社 1989 年版，第 263 页。

人的关注。这是值得包括中国在内的国家所借鉴和学习的。

总体上看,如果不是从城市自身的发展史,而是从政治学和社会学的角度来看欧美城市社区的发展,我们就会发现,西方国家的社区建设也是一个在实践中不断摸索的过程,确实积累了丰富的理论和实践经验,乃至于其中的矛盾和冲突也都是欧美社会发展的内在精神或者说特征的证明,不仅不能掩盖欧美城市治理理论和实践在相当大程度上的合理性和科学性,而且成为一种社会发展活力的证明。不过,其中的局限和理论或实践经验一样,也是无法忽略的。或者说,看待西方社会发展的经验,重要的不仅是要看到问题的表象,更要看到表象背后的实质。欧美现代城市治理经验,其要义或重点在于:

第一,国家—社会二分法背后的自治精神。应该说西方城市社区自始至终都秉持了这种精神。因为从西方城市文明发展的历史看,西方的城市文明实际上就是一种商业文明,在城市这个新的有机体中,经济作用支配了一切,国家或政府必须服务于市场和社会,并和后者保持清晰的界限。“一部西方近代史,就是市民阶级不断发展壮大,不断取得城市治理权的过程,就是城市和市民阶级互相作用,逐步形成一种强大力量影响社会发展的过程。”①可以说,“建立在罗马法基础上的西方城市社区具有悠久的自治传统,自然人文社区成为国家行政权力之外的居民自治。地方自治可以包括社区自治,但绝不能等同于,更不可能代替社区自治。社区自治必须要有法律的授权,必须拥有一定的行政手段,必须是一个人们自由选择的,基于一定的产权、契约和利益关系形成的权利体系。包括社区自治在内的地方自治,成为西方社会最具特色的人文景观”。② 而且,这种自治传统“从一开始就表现出自信和独立,这种自信和独立是欧亚大陆其它任何地区所没有的”,③影响深远。

在马克思、恩格斯的文献中,比如对巴黎公社的政权建设就鲜明地体现了这种自治精神。不过,“马克思主义创始人主要谈论的是国家制度意义上的自治,即通过各级人民代表机关来代表人民管理国家事务,它属于国家形态的民

① 黄杰:《西方城市社区的历史文化特点》,《河海大学学报》2003 年第 9 期。

② 黄杰:《西方城市社区的历史文化特点》,《河海大学学报》2003 年第 9 期。

③ [美]斯塔夫里阿诺斯:《全球通史——1500 年以前的世界》,吴象婴、梁赤民译,上海社会科学院出版社 1999 年版,第 464 页。

主。而在社会主义的初级阶段，民主事实上包括了国家形态民主与非国家形态民主两个部分。人民群众通过职工代表大会、教工代表大会、城乡居民大会以及各种各样的社会团体参与对经济、文化、社会各项事业的管理，都属于非国家形态民主。从社会发展趋势看，随着社会、经济、政治、文化等条件的成熟，国家形态的民主将逐渐消亡，非国家形态的民主，不但不会消亡，而且会随着社会条件的成熟日益发展和完善，直至成为民主的唯一形式"。[①] 在这里，如果把民主的两个部分对应社区治理，那么显然就出现了两种社区治理取向，"一种是着眼于基层政权建设，强调城市管理权力的下降和政府权力在社区的整合"，一种是"着眼于社区共同体的形成，强调社区动员、居民参与和社区自治"，[②]即基层政权的基层社会治理以及基层社区共同体的形成。但马克思、恩格斯民主自治设想的实践终结于巴黎公社的失败，真正把马克思、恩格斯的自治精神继续下去的则是后来的如苏联、东欧等社会主义国家。但苏东剧变彻底打断了这个进程。

第二，与自由主义、个人主义匹配的社会产物。自由主义在西方的历史比较悠久，有一些比较著名的代表人物，如早期的杰里米·边沁（Jeremy Bentham）、约翰·密尔（John Stuart Mill）等认为："任何有助于绝大多数人的最大幸福的个人或集体行动是正义的，政府的根本任务就是促进最大多数人的最大利益，任何个人、任何集团、任何政府和人民大众，都不许干涉任何他人的思想、言论和行动自由，这是自由主义的基本原则。"[③]此时的自由主义强调的就是作为"个体"的人的权利，或者说对看作是"个体"的社区的权利，只有"个体"自由，才会有真正的自治，所以个人主义和自由主义才是西方城市社区发展的精神依靠。

二战以后，尤其是从20世纪70年代末开始，随着公共服务、社会福利的投入越来越大，欧美政府不堪重负，于是，为了协调福利和税收之间的矛盾，被看作"重塑政府""再造公共部门"的新公共管理运动被催发，其旨在最小国家

---

① 周汉华：《自治理论及其在苏联东欧各国的实践与发展》，《俄罗斯中亚东欧研究》1988年第2期。

② 徐晓军：《社区建设：历程、现状及基本走向》，http://www.bdstar.org/Article/Class52/Class57/200507/2125.html。

③ 陈建国：《社区自治的精神理念：自由主义，社群主义？》，《现代物业》2004年第6期。

理念下通过政府干预维护个人自由,并实现政府的市场化运作。如在英国,就开启了"社区重建"计划,该计划中,"重点是改革小社区治理模式,建立一种政府部门、私营企业、社区组织、社会中介组织(各类志愿者团体)、居民互动的管理与服务模式,其关键是要建立一种战略伙伴关系及其运作机制,即通过建立一种面对面的协商谈判机制,把当地不同的政府部门、私营部门社区组织、社会中介组织整合为一体,使不同部门之间相互提供服务,相互扶持,共同协作,这是一个非法定性、非行政性的组织机制,其目的是改善小社区管理和社会服务质量,实现政府提出的'最佳价值',改变地方政府职能,发展地方民主"。[①]这就等同于进一步把社区治理同国家(政府)之间的距离拉的更远。社区成为自由主义、个人主义从理念到实践的最佳场域。

第三,社区治理中的资本逻辑。资本的逻辑在于剩余价值的绝对积累。但是在社区治理中,资本的逻辑表现在直接用经济的手段来规范社区秩序,即社区治理中秩序的运行以及社区内部行为的规范都是可以通过简单粗暴的资本逻辑来协调或者规训人们的言行来完成。这是资本逻辑在社会治理领域的应用。以笔者的亲身经历为例,2014—2016 年间,笔者曾到美国访学,所居社区日常并不见有人做任何的引导,但是会不定时收到一种类似"居民行为规范"的粉色纸张,上面列出比如所居区域内不准烧烤、不准洗车等,违者罚款 30 美元左右的信息。这其实就是通过经济"制裁"来规范社区行为,固然粗暴,但是也易于操作,简单明了,效果也非常明显。不过很显然,经济手段不能覆盖社区治理的全部,毕竟社区的主体是人,人是具有社会性的,而不是冷漠的单一经济体。在马克思主义看来,人是一切社会关系的总和,只有在社会交往中才能体现人的本质。离开了这一点来谈或者说采取单一的手段进行社区治理或者社会治理,结果只会带来人自身和社会交往的异化。

这种社区治理方式,实际上与其地方自治制度的形成和发展密切相关,也就是和对城市治理过程中的空间政治争夺有关。西方商业文明传统下市民社会权利的获得和为了保证社会和个体权利所采取的努力是在资本主义的发展过程中长期形成的,这种和国家(政府)之间的政治空间拉锯实际上至今都没

---

① 柴斯羽、李增田:《基于"新公共管理运动"的社区治理研究》,《河北联合大学学报》2013 年第 2 期。

有获得彻底的解决，或者说，完全的自治，至少在英美等发达资本主义国家并不存在。相反，“今天，统治阶级把空间当成了一种工具来使用，一种用来实现多个目标的工具：分散工人阶级，把他们重新分配到指定的地点；组织各种各样的流动，让这些流动服从制度规章；让空间服从权力；控制空间，并且通过技术官僚，管理整个社会，使其容纳资本主义生产关系”。① 必须统治社会政治空间并通过资产阶级的官僚制对占有空间施行集体管理，这是资本主义的逻辑，也是资本家集团为了保持自身的统治权并致力于塑造资本文明秩序的必然结果。这一结果从工业资本主义，即资本主义的上升期开始，也必然伴随着资本主义的各种内生矛盾爆发治理危机。

第四，作为西方社区治理中的“民主”和“自由”。由上，我们可以看出，英语国家社区的最大特点就是自治，正如我国部分学者所认为的，西方社区治理不依靠政府，只需要通过各种协会、行会、民间组织或公益组织就可以解决了，并认为主要原因是“社区组织体系完整”“社区设施比较完备”“社区管理中公众参与积极”“依法管理社区”和“社区活动经费来源渠道较多”等，以美国城市社区为例，“城市社区没有政府基层组织或派出机构，实行高度民主自治，依靠社区居民自由组合、民主选举产生的社团组织如社区管理协会、社区管理委员会、社区管理服务中心等来行使社区管理职能……社区社团与居民心理沟通，行为互动，管理民主”。② 可以看出，我国学者对西方发达国家的城市社区治理经验和实践给予了高度的肯定评价，并希望以此来影响中国的社区建设，推动中国城市社区向民主化、现代化方向发展。“总的来看，我国的社区建设还处于起步阶段，在理论和实践上都不成熟。国外城市社区建设的成功经验无疑值得我们借鉴和吸收。同时，要与我国的国情相结合，与当前社区建设的现状相结合，走一条有中国特色的城市社区建设之路。”③这种积极学习西方的态度和观点主要发生在20世纪90年代到21世纪初，展现了中国学者在推动中国城市社区建设现代化朝向的迫切愿望。

毫无疑问，上述研究成果也为笔者的研究提供了充分的借鉴，注意到随着

---

① ［法］勒菲弗：《空间与政治》（第2版），李春译，上海人民出版社2008年版，第139页。
② 李玉华：《西方社区发展进程、理论模式及其启示》，《天中学刊》2009年第1期。
③ 谢守红、谢双喜：《国外城市社区管理模式的比较与借鉴》，《社会科学家》2004年第1期。

时代的发展，城市基层治理的模式同样需要做出相应的调整。不足之处在于当前理论相对于实践的滞后现状，学界对社区治理变化的关注和针对性分析还不是很充分或者仅仅是在旧有的研究框架中打转。而如果是以中国的实践为基础，那么现代城市社区治理的理论必须突破西方理论与实践，这是因为自新中国成立以来中国城市社区治理的经验表明，东西方城市社区虽然有着共通之处，但是两者之间的差异正越来越大。

## 第二节 西方理论与实践对中国城市社区治理的赋魅

站在21世纪第二个10年的门槛上，回首中国城市社区治理这七十余年的历程，我们就会发现，学者们对西方发达国家城市社区建设经验的研究和探讨结果，在20世纪90年代后的30余年时间里，对中国城市社区治理的影响基本是单向的。也就是说，这段时期的中国城市社区建设对西方经验的"俯首帖耳"前所未有，往往是不假思索完全接纳。这就极易产生对西方经验的赋魅现象。在这个过程中，人们在心理上会有意无意或者真心实意地信服，并把这个结果推行到实践中去，反过来，又对国内的现状给予尖锐的批评。一旦不符合西方尤其是欧美的经验，就会觉得是中国做得不对，是中国过于落后。一旦实践中出了问题或矛盾，或者说依照西方经验无法在中国继续，那么就总是会倾向于认定必定是中国做错了或中国做得不够。这实际上就是对西方经验的赋魅，主观性强，影响也很大。主要表现在以下两点：

一是对西方城市社区自治经验的极力推崇。因为坚信西方完全自由的市场经济地位和市民社会的完全自主地位，所以，我们对西方社会的自治往往有着先入为主的理想型的想象。或者把其中一点无限放大，而忽视了真实的或者不好的一面。不仅迷惑了别人也迷惑了自己。近些年来，随着东西方交流人员、领域等的迅速和持续扩大，这种情况稍微有些改观，有学者以西方国家社区中心为例，认为"在西方国家，社区中心作为居住社区不可缺少的基础文化设施，体现出公民参与、有组织的康乐、积极的闲暇、专业化（包括职业化、设施分组、服务标准化和项目分类）等现代性特征。这种现代性也表现为‘民办官助’、‘官民结合’、‘官办民营’等不同运营模式，以及政府部门在社区中心建设、运行和管理中的作用日趋增强、服务供给主体的多元化与伙伴关系的构建等新型组织机制。通过社区中心的多模式发展，可以看到西方国家与社区的关系中所发生的正向转换或变化”。[①]

也有留美学者通过亲身经历指出："谈及美国社区治理，多留给国人一种不依赖政府、自治程度高、公民主体意识强等刻板印象，不少人认为中国亟须在上述方面向美国学习。事实上，笔者通过历史追溯和实地走访发现，美国社区治理并不完全是公民社会的自我治理，而是政府宏观调控、多方治理主体互动博弈的过程。……联邦各州下至各个市、镇，都有其独特的社区治理方式，基本都采取‘政府负责规划指导和资金扶持，社区组织负责具体实施’的运作方式。政府基本上不直接干预社区内部公共事务，但负责宏观调控。因此，美国社区治理主要依靠政府规制以及社区公民、公共服务企业和公共服务组织的平等参与，在政府部门制定政策、非政府组织提供服务、社区企业参加帮扶的大体框架下展开""总之，美国政府在社区治理过程中不断调整定位和思路，持续起到牵引功能。从美国社区治理的状况观察，即便自治化程度较高的社区，政府的角色从未退出，政府的宏观调控牵引职能和责任也在法律和实践层面都得到认同和强调。这对于中国社区治理中的政府定位是一个警醒""比如，作为自治体与国家正当规则之间的矛盾，自治体可能会因为自己封闭的利益追求而不顾及更高层面或者国家的价值，这是持久性合法性面临的问题。因此，国家不可能也不可以从这一治理领域退出。中国政府部门在社区治理过程中，需要注意纠正计划经济体制下遗留的家长作风，但也不能因为面临新的社会变化形势而抛弃自我职责、无限放权，否则将因小失大，造成社会治理低下甚或社会失序。"[②]这个警告显然是非常中肯的，即我们既要看到对方的优点，也要通过完整系统的考察，来回避对方的有缺陷之处。这才是借鉴的本来

① 高鉴国：《西方国家社区中心的功能定位与运营模式——现代性视角的考察》，《社会科学》2019 年第 6 期。

② 陈承新：《美国社区治理，政府从未退出》，《环球时报》2015 年 7 月 7 日。

面目。

但对西方的“迷恋”或者误读不是短期内形成的，也不是短期内所能解决的。旅居法国多年的作家、翻译家、电影批评家边芹认为，“我们的历史、传统和本性(如中国人独特的‘无界思维’)皆阻挡我们看清真正的对手及其邪到什么程度。之所以会这样看问题，究其根本是不了解西方历史的真实版本以及西方文明的本质……我们总是以西方各国和政府为框架看中西关系，因而让表面变化的情节掩盖了深藏不变的剧本。看不透西方，也许是中国人的宿命，是近代以来很多悲剧的根源”。① 这在根本上和中国人至少百余年来的西方观紧密相关。以美国为例，在近代以来的中国历史中，美国一直扮演着一个复杂又特殊的角色。而随着以欧美为代表的西方文明在世界范围内的全方位影响，美国的发展模式、制度文化、社会价值观、意识形态等对中国人美国观的生成和流变以及对中国历史和现实的重要性不言而喻。这种影响主要从 19 世纪末 20 世纪初开始，因着中国内外交流增多以及越来越多的青年学子出国留学并回国实践的过程中逐渐辐射开的。相比较中国文化对西方的影响，这几乎完全是一个一边倒的过程。

有学者梳理了 1840—1949 年之前中国人的美国观，认为“中国人在不同时期形成的美国观，与美国的积极塑造与影响密切相关。1949 年之前中国人的美国观大致可以划分为三个阶段：1840 年之前‘化外蛮夷之邦’时期、1840—1899 年走下神坛的理想国时期以及 1899—1949 年令人爱恨交织的帝国时期。不同阶段，美国人试图影响和改变中国人之美国观的方式也不一样。中国人对美国的认知从片面的认识逐渐转变成美化夸大，最终回归现实，经历了一两百年的时间”。② 这显然是一个漫长的过程，以美国为首的西方资本主义世界体系在主导了世界工业革命的同时，也在历史、文化和意识形态等领域占据了制高点和话语权，抢占了对世界近代史的解释权，从而也左右了中国人的美国观。美国成了世界的灯塔，西方资本主义国家的发展经验也被认为是人类社会通往现代化的唯一道路。

但 1949 年后“最终回归现实”的中国人的美国观仍然是复杂多样的，或者

---

① 边芹：《被颠覆的文明：我们怎么会落到这一步》，东方出版社 2016 年版，第 14—15 页。
② 王睿恒：《美国与中国人的美国观(18 世纪—1949 年)》，《南京政治学院学报》2015 年第 1 期。

说，所谓“最终回归现实”并不完全和彻底。这一方面是因为新中国前30年中国大陆和美国关系陷入停滞，包括港澳台在内的中国人的美国观实际上差异巨大，一直到1979年中美建交，这种高度认同和彻底否定的两极震荡局面才得以逐渐改观。特别是随着改革开放全面打开东西方交流的渠道和领域，一大批涌出国门的年轻莘莘学子把对遥远的美国的想象变成了现实。同时，中国美国学在国内迅速兴起，“在1980—1989年的短短10年间，从无到有，渐臻繁荣昌盛。凡研究机构、学术组织、人才培养、学术交流等，莫不如斯”。① 时至今日，这股热度依然可观，我们对美国的重视和美国对中国的影响可见一斑。

而与此同时，我们学习的西方是片面的或者说是被“高度选择”了的。学者冯克利直言不讳地指出：“我们至今仍未形成对西方的正确判断，”因为100多年前中国人开始学习西方的时候，是“高度选择性”的，“而我们今天是不是摆脱了这种状况，其实不一定。我们会觉得那些从常春藤大学、巴黎、索邦、海德堡学成归来的博士都比我们厉害，我们对西方发展起来的，这一套支配现代世界的，认识自己的环境，认识自己的生活，认识自己的生命价值的一套理论体系，我们没有批判能力，这种对西方的文化依附性，至今也没有摆脱”。这是一个非常紧迫的命题，而关键在于，“我们一定要利用有价值的传统，不要急功近利，我们不能放弃自己，中国很多现代的失败就失败在急功近利，而抛弃了长治久安的制度和思想资源”。② 换言之，中国人的美国观仍然不够现实，不够全面，还存在着丢掉我们自身优秀传统的重大风险。

我们必须承认，观念的改变绝非一朝一夕之功，它是多重历史节点合力的结果。在国际社会交往中，一旦这些历史事件或事实所累积的内外矛盾对现有的政治经济秩序构成了强大的挑战，那么文化观念上的改变就是必然。实际上，对中国人来说，进入21世纪以后，中国人对西方文化的普遍依附心理才真正开始慢慢瓦解。而推动形成这一现象的典型事件不仅包括对2008年从美国开始并迅速席卷了全世界的金融危机的反思、因为2010年中国成为世界

① 杨玉圣：《八十年代的中国美国学——回顾与思考》，《美国研究》1990年第4期。
② 冯克利：《我们今日仍未形成对西方的正确判断》，2017年10月29日在季风书园的演讲。

第二大经济体[①]后带给国人的自信、2018 年 3 月美国以国家安全为由打响对华贸易战后特朗普政府的咄咄逼人……时至今日,中美之间的摩擦和冲突正愈演愈烈。这已经不仅仅是经济领域的问题,也不仅仅是意识形态的问题,而是一个守成大国和上升期的大国之间的较量。

在很多人看来,这场较量是不可避免的。除却我们所熟悉的修昔底德陷阱的魔咒,作为提出了"进攻型现实主义"理论的著名国际关系理论家,美国学者约翰·米尔斯海默(John J. Mear-sheimer)就在各种场合谈及中美关系时直言不讳地指出,21 世纪早期,中国的崛起将"像美国支配西半球一样支配亚洲",而美国必然会全力阻止中国获得地区霸权,因为美国不能容忍在世界舞台上有任何可能存在或潜在存在的能够与之匹敌的竞争对手,因此类似美苏冷战期间的那种对抗必将会在中美之间激烈而危险的安全竞争中发生。那么是不是中美双方都认识到了这种危险呢?目前看来,显然不是的,甚至在中国的部分知识分子中还有一种自我矮化和自卑的心态在作祟,认为中美对抗的发生是中国做得不好,等等。这从另一个侧面证实了中国人被美国社会制度、历史文化、意识形态等原有观念的洗礼,或者说是新美国观的重塑之路还需要不短的时间。随着中美关系磕磕绊绊过程的拉长,也必将引发对以美国为首的西方文明全方位的新的探索、深思和研判。这是一个历史过程,只有放在历史的进程中去解决。

二是对中国城市社区治理的极度不自信。这种不自信不仅包括对现状的不认同,也包括对未来能否跟上现代化趋势的担忧。普遍的观点,比如认为在社会主义国家,"由于主客观方面的原因,社会主义国家长期以来一直存在着权力过于集中的弊病。在中央和地方的关系方面,表现为中央集权,地方无

---

① 2010 年一个具有历史意义的事件,"综观中国近代史,甲午战争之前和'九一八事变'之前,都是中国经济发展较快,国力呈上升态势的时期,但日本发动的两次战争使中国现代化事业突然夭折,经济倒退数十年,无数生灵涂炭,中国最后是从一贫如洗、一穷二白的起点出发,经过数十年的不懈努力,走和平崛起之路,一步一步地赶了上来,并终于在现代经济和现代国防的基础上,实现了在经济规模上对日本的真正超越。2010 年 9 月 24 日,日本在中国的强大压力下不得不释放其在钓鱼岛海域非法扣押的中国渔船船长,这也从另一个侧面反映出中日实力此长彼消的变化。正是在这个意义上,中国经济规模超越日本,对于中国的未来,对于整个世界的未来,都具有伟大的里程碑意义"。(张维为:《中国震撼:一个"文明型国家"的崛起》,上海世纪出版股份有限公司 2011 年版,第 21 页)。但是我们国内很多人对这个里程碑意义的认识还远远不够,或者根本没有这个意识。

权；在党政关系方面，表现为以党代政，实行党的‘一元化’领导；在国家权力机关和行政机关的关系方面，表现为行政机关超越国家权力机关；在政企关系方面，表现为政企不分，以行政手段管理经济；在国家机关与社会团体的关系方面，表现为长期以来一直忽视社会团体的独立性，认为它们只是‘传送带’的作用。更重要的是，在国家和人民的关系上，一直是只将人民作为国家管理的课题，有意无意地不能将人民所具有的民主权利付诸实施”。① 诸如此类的批评和反思，甚至更加尖锐的自厌观点比比皆是。② 或许，这只是时代的烙印，印证的是那个时代的价值观，急于希冀通过这样的更新换代快速实现中国的“现代化”或“世界化”，于是，总会在有意无意中夸大外来经验的优点而忽视其缺点。而为了达到内外强烈对比的效果，会把自己的姿态放的非常低，甚至到了要全盘西化的地步。正如有学者在访谈中所说：“八十年代的价值观在我们身上烙下很深的印。当然，你会有修饰，但大方向没有变，觉得中国的前途、中华民族的命运还是要往(自由民主化)那个方向走。甭管怎么说，这没有什么变化。”③ 不过好在中央领导层绝大部分人是清醒的，比如一直在领导党的经济工作的陈云对此的危机意识就非常强，他频繁强调：“我们是共产党，共产党是搞社会主义的”；我们进行的经济建设“是社会主义的经济建设，经济体制改革也是社会主义的经济体制改革。任何一个共产党员，每时每刻都必须牢记，我们是搞社会主义的四个现代化，不是搞别的现代化；我们进行的事业，是社会主义的事业”。④

这种急切的心理是建立在对外来经验不完全和不充分的认识之上的，缺乏的是对西方政治、经济、文化、宗教、历史等全面的把握和客观认知，因此极

① 周汉华：《自治理论及其在苏联东欧各国的实践与发展》，《俄罗斯中亚东欧研究》1988 年第 2 期。

② 因此，这里需要有个类似于“提醒”之类的辅助性解释。笔者在翻阅相关资料或文献的过程中发现一个比较有意思的现象，在改革开放以后的基层社会治理问题上，包括在 21 世纪前后 10 年左右的时间里，关于中国城市社区治理的研究和实践成果中，都普遍性地或多或少有着“褒西贬中”的现象，这是当时中国社会思潮的一种折射。笔者想应该也不仅仅是本领域有这样的状况，而是整个中国哲学社会科学的状况都是如此。从根本上来说，我们对于西方理论的重视是合理的，也是正常的，但如果上升至对西方理论的迷恋，那么这种迷恋在某种程度上是一种病态的。因此，任何对于此部分的思考和论述，在做相关引述时，我都不得不时刻对此保持警惕和警醒。

③ 吴国盛：《八十年代的价值观在我们身上烙下很深的印》，http://www.qdaily.com/articles/58315.html。

④ 《陈云文选》(第 3 卷)，人民出版社 1995 年版，第 347 页。

易带来对外来经验的误读和误用，更糟糕的是，忽视本国的社会现实和基本国情带来的是对自身经验和社会发展的轻视，甚至是自我信念的动摇乃至否定。这种丧失自我的话语实际上带有强烈的意识形态倾向，在中国近代以来的历史上，是社会现代转型面临内外两种模式的冲突之时导致的又一次社会整合危机。中国城市社区治理真正开始于20世纪90年代，是在农村社区治理经验的基础之上，随着城市化的进程而逐步展开的，因此，既有对农村社区治理经验的借鉴和反思，也有城市社区治理的探索和展望。这个过程是复杂和曲折的，不仅是因为经验不足，更多的是国门打开后，西方经验的涌入带来的“措手不及”，对外来经验的低姿态以及中国社会转型本身所带来的叠加压力。在这样内外双重浪潮的冲击下，治理的风险也在叠加。

西方经验对中国城市社区治理诱惑力最大的是对“摆脱”政府或基层政权“控制”，从而实现基层社会自治的渴求。自治对中国城市社区建设或者治理的吸引力如此大，这其中是有原因的。横向来看，西方社区的自治传统体现了人类社会现代化进程中自由、民主等美好的价值观，是治理现代化的关键特征，因此，西方在这方面的进步值得借鉴和学习。纵向来看，中国的乡村治理有着悠久的自治传统，依靠宗族、家族、地方官吏以及乡绅治理是中国古代基层社会治理传统的核心，但城市社区治理架构中却难以产生自治体系，更遑论现代意义上的自治理念。近代以来的中国是在“欧风美雨”的浸染下走过来的，就像认可了中国的乡村自治一样，中国人同样认为应该随着城市的发展，吸收西方城市社区自治的经验，彻底改造中国的城市建设规划和治理，从而打造现代化的城市运行模式。因此，随着新中国初期革命式的城市社区治理阶段完成后，实现城市基层社会空间的自治、民主成为学者们的研究重点，也非常难得地能够在开放状态下成为基层社区建设者的实践重点，上海、四川等地也摸索出了许多经验。

为了跟上当时世界范围内的基层自治潮流，①受外部经验的影响，国内也开始了相应的制度推进，其中表现最典型的莫过于中国基层群众自治制度的

① 实际上，基层社会自治，除了欧美资本主义国家日渐成熟外，20世纪80年代前后，苏联东欧等国也尝试大力探索、推行并实践基层自治。中国改革开放后的政策调整，也把基层自治纳入改革的范畴。

落地。1982 年,宪法经过第四次修订后,其中规定:居民委员会和村民委员会是基层群众性自治组织。这是对新中国成立初期建立城市居民委员会时就提出要"实行群众自治,推进基层直接民主"在宪法上的认可。而为了进一步保障城市居民的自治和各项民主权利,1989 年 12 月 26 日,七届全国人大常委会第十一次会议通过了《城市居民委员会组织法》。2007 年,党的十七大又将"基层群众自治制度"首次写入党代会报告,正式与人民代表大会制度、中国共产党领导的多党合作和政治协商制度、民族区域自治制度一起,纳入中国特色政治制度范畴。在这个过程中,发育于城市,改革开放后践行于农村,后在城市大面积推广的基层自治从此掀开了历史的新篇章。这是与当时经济社会相互适应和相互促进的结果,一方面,大力提升了群众的主人翁意识,推动了群众参政议政的能力和参与社区事务的积极性和主动性,另一方面,也推进了基层社会制度的完善,为进一步加强基层社会主义民主政治建设提供了坚实的支撑。正如有学者所认为的,"我国的基层群众自治是一条发挥群众主体作用与国家主导作用有机统一的民主自治之路,是一条适应经济社会发展需要与为经济社会发展服务有机统一的民主自治之路,是一条发展的渐进性与发展的创新性有机统一的民主自治之路,是一条培育人民的民主意识与维护人民的实际利益有机统一的民主自治之路,是一条实体性民主与程序性民主有机统一的民主自治之路。……必将产生深远的影响"。[①] 这是中国社会主义民主政治的一大特色。

但是基层群众自治不是城市社区治理的全部。或者更确切地说,基层群众自治只是城市社区治理的其中一个机制,现在更加紧靠的,对大城市而言,倒是更多研究者关注的"三位一体"制度。随着城镇化进程的加快,社区建设和社区服务工作面临着许多新的任务和课题。社区居委会、业主委员会、物业管理公司"三位一体"的城市社区管理模式是推进和谐社区建设的重要手段,在实践探索过程中取得了一定成绩,但却存在诸多障碍。货币化住房改革后开发商遗留问题造成物业纠纷不断,物业管理公司服务行为不规范,社区居委会指导作用不明确,业主委员会难作为不作为,"三位一体"管理模式中的三方

① 李学举:《我国基层群众自治制度地位的重大提升》,《求是》2008 年第 2 期。

沟通不力、配合欠缺都不同程度地影响到了“三位一体”管理模式的有效运行。要提高城市社区“三位一体”管理模式运行效率,加快和谐社区建设进程,解决好历史遗留问题、加强“三位”的管理、协调理顺三方关系、健全“三位一体”运行机制,无疑就成为必行之举。①

城市社区治理是基层社会治理的重要组成部分,从常识上来说,“基层治理,是人类政治社会的普遍现象”,但是因为历史及其发展的差异,“在所有的文化和历史背景下,不同时期的治理有着不同的内涵,同一时期不同国家对于治理的价值判断、制度设计等也不尽相同。古今中外,王朝的兴衰、城邦的起落,盖莫如此。无论是我国历史上的乡里制度、保甲制度等支撑下的乡村治理,还是当代西方国家强调政府与社会多元互动的社区治理,均体现为国家如何为社会订立规则并获取服从的问题。但在实际推进中,世界上各个国家和地区的基层治理都不是一帆风顺的,力量的博弈、利益的冲突、思想的碰撞往往伴随着国家基层政权建设的始终”。② 而无论是哪一种,都必须致力于真正的民主,让大众真正能够管理自己,并保证基层社会的良性运转。没有这个前提,一切治理都会失去正当性。

## 第三节　经验输入后的难题或困境

如果从内外关系上看,自新文化运动以来,世界近代史上的中国一直处于一个被外来理论不断融入并重构社会的过程,中国的历史屡次遭受重大的“断裂”甚至“碎裂”。除了五四新文化运动外,20 世纪 80 年代也出现了一次重要的思想文化运动,这场运动是通过翻译、介绍西方思想文化,介入并影响中国社会而进行的,希望以此来追赶西方。西方社会治理理论的大规模输入也是在这个时期。此时,西方学者被允许大规模进入中国实地进行考察是从改革开放后的农村开始的,这也是为什么中国基层社会改革,准确地说,基层社会

① 关于“三位一体”,我们将放在后文中做专门论述。

② 唐奕:《基层治理之路:来自基层实践者的中国梦》,中央编译出版社 2016 年版,序言,第 1 页。

选举是从农村开始的主要原因之一。1979年,时任国务院副总理邓小平访美,与美方达成"互派留学生与学者"的总协议。从此,中国在打开国门的同时,对中国感兴趣的西方专家学者被允许进入中国境内进行实地考察。美国国家科学院希望"在中国建立一个长期连续性蹲点式调查点",之后,山东省邹平县成为"中国农村最早向美国学者开放的调查点,1985—2008年的20多年中,美国学者先后有200多人次到邹平进行连续性、蹲点式社会研究,邹平从而成为美国学者在中国改革开放的时代背景下观察并记录乡土中国政治、经济和社会发展的重要窗口",其根本目的是"通过对中国部分村镇的多学科综合性微观考察研究,了解中国当代整个社会、政治及经济的发展,预测中国发展的未来,为美国政府制定对华政策提供研究资料"。①

而如果说在改革开放前西方社会对于中国的了解只是通过电视或者周转过去的报纸、书籍等二手资料的话,那么改革开放后,接触中国社会获得一手资料,包括购买相关的最新书籍、参加各大学术会议等,对关注中国发展的学者来说是非常有诱惑力的。国外学者对中国改革开放的研究已突破传统的方式,不再局限于理论思维、二手材料和文献研究,他们更倾向于亲自前往中国,用实地调研、田野调研等方式取得一手资料。如美国学者罗伯特·劳伦斯·库恩(Robert Lawrance kuhn)遍访中国,创作《中国30年：人类社会的一次伟大变迁》、英国学者马克·莱昂纳德(MarkLeonard)走访了中国最偏远的乡村,遍访中国知名社会学者等,甚至越来越多的西方学者靠研究中国生存。以经济研究为例,近10年来,研究中国经济问题的西方专家数量不断上升,他们属于"中国经济观察界","但他们的细分工作不同：有的人更关注中国的金融走向,这些人大多为国际投资机构和资产管理机构服务;有些人专注于分析中国的某一个行业,他们为该行业的国际企业服务,它们想了解中国同行的动向和中国市场的前景;还有一些学者研究中国的宏观经济政策;有些人甚至进入中国高校的经济学院担任专家,以便更好地了解中国经济现状,同时扮演中国

① 王兆成主编:《乡土中国的变迁：美国学者在山东邹平的社会研究》,山东人民出版社2008年版,第1—2页。

与西方经济研究交流的桥梁”。① 如今,这已经随着全球化和中国经济的发展成了学界的普遍现象。这样,西方的基层社会治理经验开始广泛进入中国并在实践过程中发挥其影响力。

为稳妥起见,最初被广泛推进的是从农村开始的基层社会竞争性选举,尝试“以农村基层选举带动全国选举。尽管居民委员会的自治早于村民自治,但是,从建国初尤其是改革开放以来的选举发展看,却是以广大农村为核心开展的基层民主选举模式在不断引导和推进着全国公民积极而有序的政治参与,它不仅改变了我国选举的面貌,获得越来越多的社会认同,而且也成为保障公民政治权益,保持我国社会稳定的重要途径之一。没有农村的现代化就没有全国意义上的现代化,没有农村选举的进步,全国意义上选举进步就不存在。这是历史留给我们的经验,也是我国基本国情决定下的选择”。② 1979 年,从广西自治区开始,全国越来越多的地方出现了村民委员会等自治组织,接替人民公社制度,逐渐在农村普及,而村民委员会这一基层群众性自治组织的产生,则成为在基层开展选举活动的重要场域。学界普遍认为,推进农村基层民主政治建设,是关系我国农村改革和发展的重大现实问题,也是建设有中国特色社会主义民主的关键所在,基层选举作为农村基层民主建设的基石,更是重中之重。毫无疑问,这被看作是一场巨变,尤其是相对于中国的传统政治模式而言,基层的竞争性选举和传统模式下的荐举、任命等方式,在性质上是完全不一样的,反映出来的不单单是政治制度的变革,也是政治文化的变革。这种巨变建立在被资本主义学者奉为经典的国家—社会的二分法基础之上,和新中国成立前 30 年致力于弥补国家—社会之间的距离恰恰相反。此时期,中国共产党的基层组织开始从基层上收,意即留给中国民众以足够的空间来实现自治。

从制度的总体设计来说,“城市社区居民自治和农村村民自治是中国基层民主制度的两大基石”,但两者并非同时进行,一直到农村基层社会治理进行

① 俞静婉译:《越来越多西方学者靠研究中国经济生存》,http://www.chinatodayclub.com/html/global/info_13350.html。

② 冯莉:《新中国基层选举六十年:变迁、特征与意义》,《毛泽东邓小平理论研究》2009 年第 9 期。

了10年左右，1989年才颁布了《城市居民委员会组织法》，规定城市居委会选举办法，即由本地居民、户代表或者居民小组代表选举产生。“但城市居委会选举的参与度和竞争性，总体上也低于农村的村委会选举。形成上述状况，有两个重要原因：一是党和政府对社区居委会选举高度谨慎，不少基层官员对居委会直选心存疑虑，担心失控；二是社区居委会与村民委员会相比，缺乏集体资产，因而与社区居民的利益关联度不高，社区居民特别是社区中的年轻人和上班族对社区选举普遍持冷漠态度。”[①]实践证明，虽然刚开始农村基层的竞争性选举搞的轰轰烈烈，但是随着贿选泛滥和各地实际状况严重参差不齐，难以真正体现民众和民主的诉求等原因，基层民主的发展陷入了一种成长困境。

城市社区中的竞争性选举同样也不尽如人意，甚至已经成了程式化工作，有时候连程式化的工作都不完整。[②] 正如有学者所说：“社区居委会是党领导下的社区居民实行‘自我管理、自我教育、自我服务、自我监督的群众性自治组织’。截至2007年，全国城市社区居民委员会的数量已达81 372个。然而，从城市基层民主的发展进程来看，却相对滞后于农村的村级选举。……2000年之前居委会由居民直选产生的情况还极为罕见，基本上由基层政府的派出机构安排产生，事实上使居委会虽有居民自治组织之名，但无居民自治之实。居委会实际上是基层政府的‘腿’，而非社区居民的‘头’。居委会主要以贯彻落实政府指令，通过民政福利、调解纠纷、各类统计和社情上达等具体功能来实现党和政府对基层社会的管理。”[③]

那么，西式民主治理理论进入中国后的难题或困境在哪里？在笔者看来有如下几点：

第一，西式民主治理理论不能处理好政党和基层政权的关系。作为执政党，中国共产党无论是在革命还是在建设中，一直有着良好的社会基础和政治基础，是中国特色社会主义最本质的特征。在基层社区，也有着完备和成熟的党组织和政党工作机制。但是这一关键或者说核心特征在西式民主语境中是

---

① 黄卫平：《中国基层民主发展40年》，《社会科学研究》2018年第6期。

② 以笔者的亲身经历为例，2018年所居小区进行居委会换届选举，只登记了姓名拿到了选票，但是却迟迟未见选举通知。但不久，却发现选举的结果已经贴在了楼道的公告栏。这还是在上海比较中心的区域，可以想象其他城市的基层选举会是什么样子。

③ 黄卫平：《中国基层民主发展40年》，《社会科学研究》2018年第6期。

缺失的。因为在西方城市社区治理理论和实践中,随着政党政治的稳定和政党的唯选举而存在,其社区治理的参与主体,尤其是在非选举期,几乎已经没有主流政党的影子。[①] 按理说,这种状况不应该出现。或者说至少不应该在西方学者进入中国实地考察后出现。唯一的解释只能是刻意的回避,并代以西式话语中民主选举、政党轮替等来解构中国的政治体制,以便改造中国的"政治基因",按照西式民主治理理论重塑中国的社会治理模式。

实际上,对中国和中国共产党的研究一直是近代以来美国学者的重要研究内容。美国著名中国问题研究专家沈大伟(David Shambaugh)曾经把美国对中国政治的研究分为六个阶段:第一个阶段是"20 世纪 50 年代,美国对中国政治的研究主要集中在新的政党及其国家制度、领导和意识形态等方面";第二个阶段是从 60 年代中期到 70 年代末,美国学者更加重视对中国精英政治的研究;第三阶段是"整个 20 世纪 80 年代",研究重点在邓小平的改革开放新政策;第四个阶段则是从 80 年代末到今天,比较关注世界社会主义阵营动荡对中国政治的影响,包括中国领导人的更替、精英政治等;第五个阶段是 20 世纪 90 年代中期,美国学者关注当代中国的政治经济改革以及"国家能力";第六阶段就是进入 21 世纪后,学者们开始关注一些全新的课题,如新的国家领导集体的政治策略、"中国模式"等。[②] 可以看出,自始至终,"中国共产党"都是美国学者关注并把脉中国的一个最核心关键词。所以在西方模式进入中国实践的时候,应该必然会考虑到政党的因素,但是为什么"忽略"了呢?而且,实际上,如果从中国共产党成立初开始,美国学者对中国共产党的研究就已经拉开了序幕,从那时起就极其关注中国革命和中国共产党,以费正清、史华慈为代表的美国学者最早在哈佛大学"开创了系统的中共学"。[③] 迄今为止,经历了近百年的历史传承,美国学者的中国研究至少经历了六代学者,对中国共产

---

① 这一点或许会引起同行的异议,比如有的学者会认为西方政党,特别是群众党或者被称为服务型的政党,为了拉近与选民之间的关系,巩固群众基础,培养与选民的感情,会设置专门的机构或者举办各种活动以保持与选民之间的联系。这样做确实扩大政党的活动空间,增强政党的存在感。但是绝大多数西方政党在组织上是松散的,在思想上是非民众利益化的,在政治上是排他的,尤其对于大党来说,从来都是遵循资本的逻辑,维护的是资本家集团的利益。因此,他们只可能离市民社会越来越远。这里说的是总体的情况。

② 沈大伟:《美国的中国政治研究演变:成就与挑战》,《当代中国史研究》2013 年第 4 期。

③ 路克利:《哈佛大学中共研究的缘起与影响》,《当代世界社会主义问题》2017 年第 1 期。

党在中国革命和社会建设中的地位及作用应该研究的非常透彻，而且其研究成果也已经成为世界认识并解读中国和中国共产党的重要窗口，影响举足轻重。所以，西方民主理论进入中国社会的民主实践在一开始就是狭隘的、不贴合中国实际的。

从传统中国治理经验看，中国古代农村自治中展现的是“皇权不下县”，国家权力以“县”为界，到“县”为止。客观而言，这不是封建专制下民主自治的体现，而主要是因为当时的国家统治无力到达基层社会，于是基层社会才慢慢形成了独具自身乡土特色的治理生态。但是中国共产党是一个有着严密组织和极高行动力并致力于打破历史周期律的政党，对中国共产党来说，早在 1923 年 8 月，中国共产党在河北省安平县就建立了党支部。“这是中国共产党第一个农村党支部，也是现代政党下乡的开端。”①中国共产党领导的中国革命和根据地建设成功的经验首先就是来自广大的农村和老百姓。从政治学的角度看，政党是代表一定阶级、阶层或集团的利益，致力于掌握和参与国家政权并实现其政治目标的政治精英组织。对中国来说，现代政党的意义对于现代国家的建构有着特殊的意义，政党下乡摧毁了传统的政治秩序，但也正是在政党向乡村延伸和渗透的过程中，才能将“‘一盘散沙’的乡土社会整合为一个高度组织化的政治社会”，才能把“分散的农民组织起来，成为政党组织网络中的成员；无政治的农民具有了政治意识，动员到党的目标之下，由此将一个传统的乡绅社会改造为一个现代政党领导和组织下的政治社会。对于现代中国建构中的乡村治理来说，政党整合发挥着政权整合所不能够发挥的作用。党组织成为乡村治理的权力主体，它是对传统乡村社会精英治理体制的现代替代物。”②由此，中国的现代民族国家建构才有了最初的和最基本的依靠。

因此，在历史形成过程中，政党参与建构政权并成为新型基层政权的主体部分是中国革命经验的延伸，也是新中国成立以来的基本事实，不能罔顾事实，强行一刀切。正如著名历史学家和思想家钱穆所说，“政治制度，必须得自根自生。纵使有些可以从国外移来，也必须先与其本国传统，有一翻融合媾

① 徐勇：《政党下乡——现代国家对乡土的整合》，《学术月刊》2007 年第 8 期。
② 徐勇：《政党下乡——现代国家对乡土的整合》，《学术月刊》2007 年第 8 期。

通,才能真实发生相当的作用。否则无生命的政治、无配合的制度,决然无法长成”。[①] 后来的事实证明,外来理论如果不能和本国实际结合,那么结果往往是被不断地质疑,甚至被抛弃,会带来国家和社会失序乃至更严重的后果(拉美国家就是典型的例子)。这是历史发展的规律,不会以任何主观意志为转移。如果回溯的再早些,自中国近代史开始,中国社会就一直在寻求能够引导中国救亡图存,实现国富民强和现代化的“武器”,形形色色的理论和主义来了又走,也只有能够和中国具体实际相结合的马列主义挽救了中国和中国人的命运。这也是为什么西式民主治理理论不能有效阐释和明晰中国基层政权中政党角色的根本原因。

第二,西式民主治理理论不能正确处理好政党和基层社会的关系。关于政党和社会的关系,目前比较值得注意的是爱尔兰学者彼得·梅尔(Peter Mair)从政党类型学的视角对政党、国家与市民社会的关系进行的分析。梅尔认为,在政党、市民社会和国家这三者之间,主要存在三种政党类型:权贵党模式中,政党的一部分处于市民社会与国家有交集之中,一部分处于市民社会之中;群众党模式中,作为中介的政党分处于已经完全分开的市民社会和国家之间;卡特尔政党模式中,政党则大部分处于国家之内,只有一小部分在国家与市民社会的中间地带,政党基本完全脱离市民社会。可见西方政党发生的变化就是政党逐渐从社会中分离并融入国家。[②] 而中国政党和西式民主选举产生的政党有着巨大差异,至少,一方面,中国共产党代表的是全社会绝大多数人的根本利益,而不是只代表一部分或者某阶级的利益;另一方面,中国共产党自一开始就是国家的组成部分,它不仅领导人民缔造了一个新中国,而且还是新中国的领导核心和建设者,国家—社会的二分法范式没有像西方那样有清晰的或坚实的市民社会前提。因此,中国要的是在党的领导下的“党政分工”而不是“党政分开”。

《中华人民共和国宪法》明确规定:中华人民共和国一切权力属于人民。而党的宗旨就是全心全意为人民服务。“从事实上看,中国共产党是国家的一

---

① 钱穆:《中国历代政治得失》,九州出版社 2012 年版,序,第 1 页。

② Peter Mair, *Party System Change: Approaches and Interpretations*. Oxford: Clarendon Press, 1997, pp. 98 - 103.

个组成部分，是国家的缔造者和建设者，而不是西方意义上的政党。唯有从‘政党国家化’的角度，才能理解共产党不同于西方政党的特殊性所在。”①此时，西方理论在解释中国社会历史和现实的时候，一方面明白政党的重要性，另一方面却又在政党、民主等问题上投入了过多的精力，反而使得意识形态的因素越来越浓厚，对问题本身的分析也越来越脱离现实。党的十八大报告郑重告诫全党：“为人民服务是党的根本宗旨，以人为本、执政为民是检验党一切执政活动的最高标准。任何时候都要把人民利益放在第一位，始终与人民心连心、同呼吸、共命运，始终依靠人民推动历史前进。”而西方理论家却站在西方中心论的立场上，由外而内观察中国，始终无法彻底理解政党和社会的关系实质。无法理解遍布于基层的众多的党小组、党支部等党组织为什么能够得到中国老百姓的认可、信赖和拥护。所以在如何对待政党和社会的关系问题上，西方理论遇到了“难题”。而他们解决这个问题的方式就是政党在社区治理架构中退出。因为既然理论中政党、国家、大众可以相互剥离，那么就可以像西方社区治理一样，践行西方经验基础上的所谓“完整的社区自治”。这显然对中国共产党的历史和实质没有完全领悟。

更重要的是我们要认识到，西式民主通常是和资本主义体制是配套的。或者说，西式选举是和资本黏合在一起的。美国的选举制度决定了如果没有大量金钱的支持，就没有实力竞选总统或者谋求其他政府或行政职位。以美国总统选举为例，“随着政党在国家对外交往中的作用越来越凸显，作为资本家集团利益的代言人，资产阶级政党极力在全球治理或全球机制建设过程中维护资本利益，但同时也表现为对国内政治权力的愈加严控，或者更确切地说是国内政治权力与资本的相互依存日益加深，从而保证资本家集团对政治权力的全面把控以确保资本利益的完全实现”。② 因此，有观点认为，“40 年来的美国大选一直都是金钱说了算。其他一切所谓的希望、改变、信任、政策以及

① 王绍光：《政党政治的跨国历史比较》，《文化纵横》2018 年第 8 期。

② 冯莉、肖巍：《资本、战争与全球治理：从〈共产党宣言〉到〈帝国主义论〉及其他》，《复旦学报》2018 年第 6 期。

潜在不同都是废话”。[①] 那么,如果把这样的选举制度,不是以借鉴式而是以更改政治基因或者换血式的不加改造完全移植到中国,很显然,除了会产生腐败,其余也就几乎不剩什么了。是把政党和资本捆绑在一起还是保持政党的人民性,显然,后者才是治理的未来。

第三,西式民主治理理论不能正确解释中国基层政权和基层社会的关系。基层政权是国之根本,从新中国成立时起,基层政权始终是服务于基层社会并融入基层社会,这显然和西方民主治理理论下的市民社会(或公民社会)需求并不一致,或者说,中国基层社会在整个政治共同体中的架构和整个系统的关系与西方是不一样的,因为中国从来没有形成一个成熟的市民社会和被赋予了自由放任特性的市场经济这两个前提。起码在 1992 年以前是这样的。1992 年以后,随着市场经济体制的确立和在这个过程前后公民社会的兴起,以及在此之前城市社区选举体制的落地,基层政权和基层社会的关系就成了基层治理继续学习西方经验过程中的问题之一,因为市场经济和公民社会改变了中国传统的全能政府对基层社会的全面管理局面,要求政府退出相应的非政治领域,以便给予公民社会和市场以成长和发展的空间,并致力于构建新型的符合新的时代发展要求的基层治理架构。相比于改革开放后农村基层竞争性选举出现的问题和“缺憾”,这种寄希望于能够在城市社区治理中展现民主化特征的心态就显得更加迫切。此后,无论是在理论阐述还是在实践运行过程中,中国城市社区有别于动员型治理模式的新模式便逐步形成。

应该说,中国城市社区的治理对西方治理理论的回应是积极的。以培育公民社会为例,“改革开放以后,随着全球化、信息化浪潮的脚步,20 世纪 80 年代开始的国有企业改革和基层群众自治制度的大力推行、90 年代的市场经济体制改革、进入新世纪以后高校毕业生就业双向选择制度的施行等成为当今中国社会个体化的重要推手。在这个过程中,社会开放度越来越高,国家利用政策或法律不断放大个体生存和发展的自由空间,并通过推动社会自治和自

① 《一张图看懂:金钱是如何操纵美国大选的》,http://finance.ifeng.com/a/20160803/14676604_0.shtml。

我管理，使得国家职能一点点从社会管理的深水区抽离出来”。[①] 特别是进入20世纪90年代以后，各种各样的社会组织，包括公益组织、社会团体、各种基金会等，迅速猛增。中华人民共和国民政部统计显示，截至2018年年底，全国共有社会组织81.7万个，比上年增长7.3%；吸纳社会各类人员就业980.4万人，比上年增长13.4%。比起1988年只有4 446家社会组织，30年间，中国社会组织总量涨了180倍还多，其中1992年比1991年几乎翻倍(参见图3－1)。

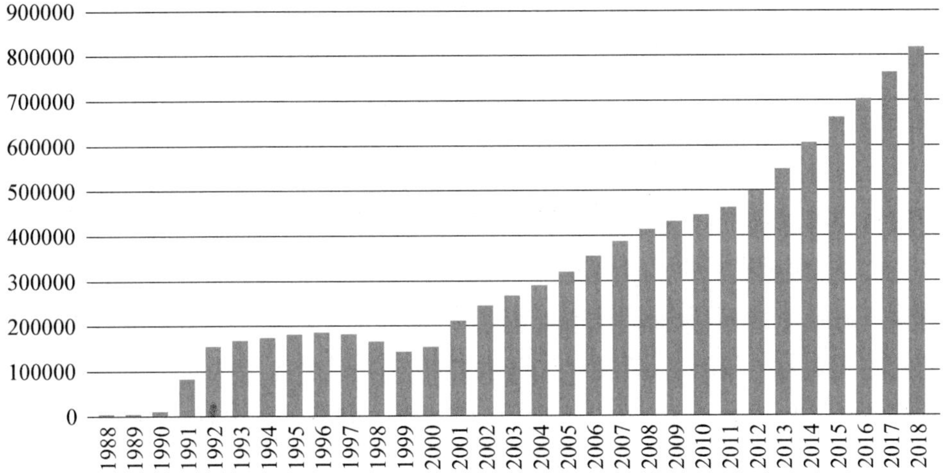


**图3－1 中国社会组织情况(1988—2018年)**

数据来源：中华人民共和国民政部，其中1999年开始计入民办非企业数据，2001年以前的基金会包含在社会团体内，2003年开始分列。

实事求是而言，相比较中国的治理传统对现代中国城市社区治理的影响，西方这股更大的潮流发生的作用和影响似乎更加显著，这是东方农业社会向西方工业社会学习、交流和借鉴的过程中所产生的，是后发的工业化国家在追赶的过程中所必然会发生的一种现象。当“现代化成为全人类不可回避的命运”，那么，后发国家的现代化转型往往是在“最早完成社会现代转型国家冲击下发生的”，意即后发国家的现代化自一开始就是被动型的，而“当传统文化很难退出政治经济制度正当性论证，又不能实现信仰与理性二元分裂时，传统终极关怀和现代在社会生活特别是西化的制度上存在不可调和的矛盾，其后果

① 冯莉：《当代中国社会的个体化趋势及其政治意义》，《社会科学》2014年第12期。

是非西方传统社会和西方发生长时期的文明冲突”。历史已经证明,这样的现代化转型,如果被绵延至一个国家的所有领域的改造,结果只能是“伴随着两种文明的战争,传统社会的解体,社会内部长期动荡、无序和普遍贫困化”。①

资本主义的西式民主理论在社会主义中国的落地过程无疑是艰难的,或者明确地说是充满了风险的。因为一旦本土化适应的不够好,那么这种尝试就变成了一种残酷的实验,显然,这将会影响到大局的实验,其结果往往是一个国家难以承受的。正如有的学者所说:“在比较现代化的宏大视野中,现代世界历史告诉我们,先发内生的现代化国家树立了现代典范,将市场经济、民主政治与多元文化交相作用的现代体系呈现给当今世界各民族国家。但对后发外生的现代国家来说,是不是认同这一现代典范,已经是一个各取所需、欲拒还迎的复杂状态;而且即使认同这一典范,究竟如何切近地将自己的历史文化、政治传统和转型环境有机结合起来,并顺畅地推进自己国家从传统向现代转型,也是一个充满着戏剧性的艰难转变过程——在某些现代要素的外部供给和内部需要的基础上,后发现代国家的局部转型常常可以迅速获得引人注目的成功。然而从总体上讲,后发外生的现代国家要想实现整体的现代转变,既充满艰难险阻,又存在无数变数。因此,后发外生的现代国家随时随地需要对国家发展的重大问题进行决断:在每每遭遇这样的决断关头时,后发国家要么突破转变平静进入现代国家行列,要么眷顾转变前夕的体制的好处而打回衰变原形。这种国家决断,是后发外生的现代国家在国家建设中最难以妥善解决的难题,但也是这样的国家无法回避的国家建设宿命,更是这类国家官方、学者与民众受到严峻考验的国家建设的头号问题。”②

我们必须承认,从实践的效果来看,虽然西方经验在与中国社会的具体实际相结合过程中不可避免地出现了诸多难题和困境,但是经过不断的尝试、协调和磨合后,效果和影响也是明显的。以基层选举为例,现在中国城市社区中选举已经成了社区治理的常规机制,已经“是我国选举领域中区域范围最广、

① 金观涛:《历史的巨镜》,法律出版社 2015 年版,第 75、80 页。
② 任剑涛:《除旧布新:中国政治发展侧记》,中央编译出版社 2014 年,绪言,第 1—2 页。

发展程度最深、参与人数最多的重要组成部分”。[①] 更重要的，基层社会治理模式的转化同时带来的是对整个国家和社会治理制度体系的触动，“基层民主的发展是中国改革开放以来政治改革的主要领域，其制度演化的显性轨迹，表现为从农村到城市、从基层社会到基层政权、从执政党外到执政党内，以及从民主选举到民主治理的多维变化。如果说宏观的中国民主制度的进展，主要体现在官方各种文本制度和政治性宣示中对民主价值的认同，那么基层民主的实践则具体表现了普通群众政治参与的实际规模和发展程度。而随着中国综合国力的迅速提升，中国决策层更增强了争夺对‘民主’话语的意识形态诠释权和定义权的自信心”。[②] 可以明显看出，相比这个过程中的挫折，中国基层社会治理在面向现代化、面向未来的道路上取得了重要进展。

那么，西方治理理论移植到中国，之所以产生诸多困境和难题，除了上述所说不能适应中国的具体国情外，最大的或者说首要原因就是在于西方的治理理论本身就是有缺陷的。它建立在一个“一般性”假设即“人的理性”基础上，并意图以此一劳永逸地解决政治过程中的各种冲突，但是“几百年来的世界政治史证明，假设只是假设而已，人类依然摆脱不了国家兴衰的命运，发展并非一路向前，‘逆发展’或现代化‘中断’并不鲜见。……政治理论或者国家理论的解释力取决于对社会禀赋的认知程度。认识不到不同社会的异质性而试图建立一个‘一刀切’或者普遍主义的治理理论，在实践中必然碰壁。……在比较国家治理中，是否认识到不同国家、地区的社会质性差异而采用不同的治理理论与治国之道，结局也完全不一样。因此，认识政治理论、尤其是运用政治理论的前提是把握不同文明体系下的社会禀赋或者社会性质”。[③] 理论本身的缺陷决定了西方治理理论缺乏良好的本土化能力。因为良好的治理需要力量的整合，因此，国家—社会—市场—个体等治理主体的能力发展和协同进步就显得特别关键，但是西方城市治理理论是一个随着自身经验发展逐渐趋于全面自洽的体系，对国家、政府、市民社会和公益组织等各个治理主体的边

---

① 冯莉：《新中国基层选举六十年：变迁、特征与意义》，《毛泽东邓小平理论研究》2009 年第 9 期。

② 黄卫平：《中国基层民主发展 40 年》，《社会科学研究》2018 年第 6 期。

③ 杨光斌：《发现真实的“社会”——反思西方治理理论的本体论假设》，《中国社会科学评价》2019 年第 3 期。

界和定位都是相互套环的,呈现出自成体系的内卷或封闭状态。而这对其他国家或地区的异质化社会显然是应对吃力甚至无能为力的。对此,或许不应大惊小怪,英国社会学教授鲍勃·杰索普(Bob Jessop)甚至说过:“市场、国家和治理都会失败,这没有什么可惊奇的。”①

对中国来说,这种失败还在于我们学习西方的态度或者说心态。“不太夸张地说,近百年来中国人之阅读西方,有一种病态心理,因为这种阅读方式首先把中国当病灶,而把西方则当成了药铺,阅读西方因此成了到西方去收罗专治中国病的药方药丸,‘留学’号称是要到西方去寻找真理来批判中国的错误。以这种病夫心态和病夫头脑去看西方,首先造就的是中国的病态知识分子,其次形成的是中国的种种病态言论和病态学术,其特点是一方面不断把西方学术浅薄化、工具化、万金油化,而另一方面则又不断把中国文明简单化、歪曲化、妖魔化。这种病态阅读西方的习性,方是现代中国种种问题的真正病灶之一。”②或者说,因为中国“生病”而去西方寻找现成药方,无论是在20世纪初期还是后期本身就带有“病急乱投医”的成分。因为西方的“药方”显然是服务于西方的,不可能具有普适性,更不可能完全被挪用于本来就处于资本主义对立面的社会主义的国家。

有学者就呼吁,“我们不能过分地强调治理理论的神奇效果……西方治理理论是西方治理实践的产物,具有特殊性与条件性,并非放之四海而皆准的真理。它以‘多元中心、分权竞争、民主共治’为内核,在价值层面上,同‘一元为主、多元合作、权威责任’的中国治理模式间存在显著差异甚至冲突对立。中式治理已经取得了历史性成功,而盲目植入西方治理理论与模式,可能对在正确轨道上运行的中国治理实践产生危害。因此需要以批判的眼光对西方治理理论加以审视,以战略定力对中国特色治理模式加以坚持”。③ 或者也可以说,我们需要认清其特殊性,但同时也应对其进行全面而科学的分析,要找出特殊性之外的一般性。这个趋势随着近些年来中国哲学社会科学的发展显得越来越清晰了。

---

① Bob Jessop, “The Dynamics of Partnership and Governance Failure”, in G. Stoker (ed.) New Politics of British Local Governance, *Basingstoke*: *Palgrave Macmillan*, 2000, *p*. 30.

② 甘阳、刘小枫:《总序:重新阅读西方》,转引自[美]多萝西·罗斯:《美国社会科学的起源》,王楠等译,生活·读书·新知三联书店2019年版,第1—2页。

③ 杨松武:《西方治理理论的“中国困境”解读》,《地方财政研究》2016年第10期。

# 第四章　中国城市社区治理型态的转型

20 世纪 50 年代以来，中国城市社区治理模式主要是运动型或者说动员型。而在从改革开放后到 21 世纪大约前 10 年的时间里，又连续出现了两种类型，即参与型和合作型，这两种类型正是东西方理论和实践碰撞的产物。中国城市社区治理能够逐渐成为基层社会治理的重头戏的重要原因，不仅仅是城市本身发展的重要性，更是因为中国快速的城市化，为探索城市社区治理新模式增加了强大的压力和动力。中国进入城市带动乡村发展的新阶段。

## 第一节　中国的城市化运动与社区治理

20 世纪 90 年代以后，随着国际社会总体局势的逐渐平稳，尤其是中国市场经济改革方向既定，而且在经过漫长的 15 年谈判后，成功加入 WTO……这样，在全球化的推动下，中国市场被不断融入全球市场循环链条，中国的“世界工厂”地位开始形成，中国的经济体量也开始加快爬升。特别是农村大量剩余的青壮年劳动力涌入广州等东南沿海城市，推动着城市社区不断更新治理思路。

学者刘传江认为，中国的城市化模式是“自下而上”的“在传统计划经济覆盖势力的边缘或外围发育并迅速成长起来的新的城市化模式”“自下而上城市化（Urbanization from below）是与自上而下城市化（Urbanization from above)相对的一种城市化模式,后者是在计划经济条件下,由政府发动和包办型的城市化。前者是市场导向改革进程中新出现的由民间力量或社区组织发动并得到政府认可或支持的自下而上的城市化”。① 因此,不可避免地,这种城市化模式存在着先天发育不足的状况,即便后来通过各种政策进行了修补,但是因为城市化运动过快,导致这种修补依然存在着诸多各方利益难以协调、社区发展混乱、社区治理水平参差不齐等现象。

## 一、城市化和社区治理的双向互动

从根本上说,改革开放后社区治理之所以成为一个问题,而且越来越重要,关键在于城市经济的扩张性发展。这种扩张性发展必然包括人口、地域、产业、生产生活方式的扩张或更新,在给城市带来巨大机遇的同时,也对基层社会治理带来了前所未有的压力。城市化进程中社区发展与城市经济扩张的相互关系,实际上是区域社会发展与区域经济扩张关系的体现。

城市化是世界各国走向现代化进程中的必然现象。所谓城市化(或称城镇化),简单讲就是从农村经济走向城市经济,从农村社会转向城市社会的过程,也可以说是城市经济、城市社会扩张的过程。如果更深入和细致地去概括,是指“城镇数量的增加和城镇规模的扩大,导致人口在一定时期内向城镇集聚,同时又在集聚过程中不断地将城市的物质文明和精神文明向周围扩散,并在区域产业结构不断演化的前提下,衍生出崭新的空间形态和地理景观”。② 来自国家统计局的数据显示:1992 年以后,大批农村剩余劳动力从全国各地呈扇形向东南沿海城市聚集,加速向第二、第三产业转移,珠三角、长三角等城市群开始逐渐形成,2011 年,常住人口城镇化率就达到了 51.3%,工作和生活在城镇的人口比重超过了 50%。到 2019 年年末,全国城镇人口达到了 84 843 万人,城镇化率突破 60%,升至 60.6%。与此同时,中国城市数量也从 1949 年的 132 城增加到了 2019 年 6 月统计的 672 城。不仅人口规模和城市数量有了急剧扩大,城市本身的占地面积或者说城市规模也大幅扩展,全国城市建

---

① 刘传江:《中国自下而上城市化发展的制度潜力与创新》,《城市问题》1998 年第 3 期。
② 顾朝林等:《中国城市化: 割据・过程・机理》,科学出版社 2008 年版,第 ii 页。

成区面积①从 1981 年的 7 438 平方千米增加到了 2018 年的 58 456 平方千米，扩大了将近 8 倍，速度惊人。

作为因一定地域关系而形成的社会共同体，社区的治理是城市化进程中社会生活结构变化的主要内容，对于推进城市化具有重要的作用。中国的社区发展始于 20 世纪 90 年代的社区建设运动，社区建设是实现社区发展的重要策略。一方面，城市化给城市社区不仅带来了大量的劳动人口和市场需求，另一方面，也改变了原有城市的运行方式和生活方式。应该说，两者是相互促进的，都有着推动经济发展、加强城市建设的价值取向，因为也只有在商品经济的大发展下，才会有大力推进城市化的需求。这一点在欧美城市的形成和成熟过程中表现得更加明显。由此，伴随着总体性社会的被打破，城市社区治理也逐渐从国家—社会的维度演变成国家—社会—个体的维度，个体在社区治理现代化进程中的地位和作用正日益显现。甚至可以说，在某种程度上，随着国家和政府权力从基层各领域不同程度的后撤，社区权力秩序空间实现了重新规划，个体权力日益受到重视，随之新的城市社区治理型态以及在此型态下新的治理架构逐渐形成。

## 二、社区空间扩张过程中的治理冲突

伴随城市快速发展并大规模扩张的是社区发展和治理的紧张，此时因为中国城市社区建设也刚刚起步，所以城市社区发展的状况比较复杂。有学者总结了中国城市化进程中需要特别关注的四类城市社区②：一是旧城社区，形成最早，历史最悠久，面临的挑战是“如何在旧城社区改造过程中保留……珍贵的历史遗产和文化面貌，并保障让当地原住民在社区区位价值、历史遗产保护等方面受益，同时提升基础设施和社区的现代化水平”；二是单位社区，具有“强烈的居住—工作综合体特征”，所居人口大多为“不具有迁居意愿和择居能力的老弱病残”，面临的挑战是“如何通过适当的社区再生途径以避免这些单

① 2006 年以前，“城区面积”为“城市面积”，指城市行政区内实际已成片开发建设、市政公用设施和公共设施基本具备的区域。

② 李东泉、蓝志勇：《中国城市化进程中社区发展的思考》，《公共管理学报》2012 年第 1 期。

位社区的'滤下'，为残留的单位居民创造高品质的宜居生活空间"；三是城中村，是在城市化快速推进过程不断加速空间扩展所导致的，虽然这类社区已经实现景观上的城市化，但是"如何让这里的居民从户籍、土地、思想认识、生活方式、价值观等方面变为城市居民，彻底融入城市，是这类社区面临的挑战"；四是城乡接合部的边缘社区，这类社区比较独特，有很强的过渡性和很大的不确定性，有可能会成为未来的城中村，其面临的挑战是"如何使这一部分地区与城市发展同步，避免重蹈城中村的覆辙"。这充分说明，快速的城市化运动对城市社区发展和治理的冲击是颠覆性的。因为外来人口剧增，城市和社区面临的外部压力空前增大，原有的社区空间饱和，城市的扩张已经成了一种必然，原来不存在的问题出现了，原来应有的优势和资源已经不适应形势的变化了。因此，必须要抓紧城市社区建设，不能让社区治理拖经济社会发展的后腿。

由此我们可以看到，社区急剧膨胀过程中所产生的矛盾或冲突主要是因为社区本身被经济或市场力量划割后资源不均和社区治理空间及水平不足导致的，是新旧元素新陈代谢或者社会转型过程中所必然会遇到的。这就需要提及一个问题，就是单位社会之后，"单位人"向"社区人"转变过程中的一个重要政策推手，即住房货币化。改革开放后的 1978 年，邓小平就提出要进行住房制度改革，同年 6 月，中共中央、国务院批转了《全国基本建设工作会议汇报提纲》，正式宣布将实行住宅商品化的政策。1994 年 7 月，国务院印发《关于深化城镇住房制度改革的决定》，内容包括把住房实物分配的方式改变为以按劳分配为主的货币工资分配方式。1998 年 7 月，《关于进一步深化城镇住房制度改革、加快住房建设的通知》明确：1998 年下半年开始停止住房实物分配，逐步实行住房分配货币化。

货币化住房政策切断了职工对政府和单位的住房依赖，大大减轻了政府和单位在住房问题上的经济负担，同时对城市社区发展具有非同一般的意义。一方面，地方政府财政很快充裕起来，对社区建设的基础和公共部分提供了强有力的支持；另一方面，"单位人"向"社区人"的转变挤压了基层政治权力运行的空间，给各种社会组织、自治组织等进入社区并成为社区治理主体提供了充分的支持空间。从此，社区治理的泛政治化色彩逐渐退却，经济和社会导向超越政治导向从而主导了社区建设的价值观念。但是更重大的意义是实行住房分配货币化背后的国家经济体制改革逻辑和变化，即市场化、城市化使得“原有的纵向的、自上而下的、同质性的权力秩序逐渐被横向的、并行的（包括自下而上的）、异质性的空间秩序所取代。在这个过程中，城市社区从资源单一、极度依赖政府、有条不紊的空间转变成拥有获得/提供替代资源的能力，市场因素逐渐成为影响空间秩序的主要因子，体现多重逻辑的杂乱无序的空间”。[①]当然，这不仅仅是社区治理型态自身的现代化转型问题，也是处于社会转型阶段的国家总体变革思维在基层社会的映射，并在西方治理的参照下直接改变了城市社区治理的原有发展样态。

## 三、作为治理主体的“社区人”出现

从基层选举到基层社区治理，是农村基层竞争性选举经验在城市社区的逐步推进，虽然农村的竞争性选举在发展的过程中出现了许多问题，但是，包括不少专家学者在内都转而把希望寄托在城市，希望城市能够吸取西方治理经验建立起成熟的属于中国的民主治理模式。甚至还有人认为，当初决定在农村进行民主选举实验是错误的，应该首先在城市运作，效果可能就会好得多……诸如此类的言论收获了不少认同。但是历史是不能假设的，任何事物都是多方面因素综合作用的结果，以现在的城市社区选举看，即便改革开放初期的基层选举改革是从城市开始，效果恐怕也未必会如期待的那样好。

那么，问题出在哪里呢？首先是“社区人”的出现打破了基层社区原有的运行模式。市场经济取代计划经济所产生的直接后果就是独立个体以及社会组织的涌现，这种趋势蔓延到社区，就是独立社区人的出现。基层社会治理中，作为和“单位人”对应的“社区人”的角色自一出现就是社区治理的主体之一。“社区人”是独立的，其身份和行为不再和单位有任何直接的关系，是在自治的语境中作为新的要素加入社区事务中，在主张、维护自身权益并参与各种社区组织活动和过社区生活时独立而完整的个体，这样，原有的社区运行模式

---

① 陈薇：《城市社区权力秩序：基于社会空间视角的研究》，中国社会科学出版社2015年版，第96—97页。

就由街道—居委会变成街道—居委会—个体结构。也就是说，个体从居委会的被管理者变成了居委会的被服务对象，而由个体组成的业主委员会也随着住房市场化的普及和2003年《物业管理条例》的出台逐渐成为社区治理过程中的重要活动组织。不过，颇为尴尬的是，一直到现在为止，业主委员会都处于法律地位模糊的状态，而且自身在实际运作程序上也并非都是业主大会选举产生，因为居民愿意参加业委会的意愿普遍不高，往往为了社区工作能够顺利进行，会由居委会出面按照名单和政治面貌[①]去游说社区居民组建业委会。加上曾经长时间没有办公经费、办公地点和工资，全凭一腔热情，业主委员会实际上总是显得组织松散，又因为缺乏相应的法律约束，所以在参与社区治理的过程中业委会难以承担主要责任。当然，这种状态下业委会的职责履行和权利监督等方面也常常是缺位的。但是无论如何，这一由“社区人”代表组成的自组织对于推进社区治理型态的进一步民主化和现代化迈出了重要一步。

其次是“社区人”的复杂性。这种复杂性体现在两方面：一是社区居民自身的群体属性差异，比如高档社区和普通社区，无论是在硬件条件上还是社区居民的生活方式上，都会导致不同社区之间的治理方式和治理成效差异巨大。也就是说，衡量社区治理的水平和效果，不能搞“一刀切”。二是随着熟人社会转向半熟人社会、陌生人社会，社区居民之间往往互不相识，哪怕是居住在同一栋楼，甚至同一层楼。这就意味着社区内的各种活动，尤其是选举，就变成了闭眼抓阄。由此，在社区治理运转过程中，就会出现和自治、民主等相逆的情况。这种状况不是专属于某地或者某社区，而是一种普遍状况。

问题就转变为，是不是参与的选举人数少了就一定是不民主或者说对该社区的民主程度就可以进行质疑了呢？因为民主本身就是绝大多数人的意志，一旦这个“绝大多数人”变成了少数人，或者说相当数量的基层民众没有声音，那么这样的治理型态是否还能被归结为民主的呢？经过多年观察，在笔者看来，民主的“民”的数量和民主的程序都非常重要，但评判民主与否更关键的

① 笔者曾经在上海市杨浦区进行过数月的实地考察，结果发现，业委会一旦无法完成业主提出的要求或者因为自身工作、家庭等原因就很容易撂挑子不干，此时，为了社区治理的稳定和秩序，往往是居委会出面，说服社区内的中共党员或退休人员组成新的业主委员会。因为相对来说，中共党员会比较容易服从和更有责任心，退休人员也有相应的空余时间来为社区业主服务。

是民主的实质，是社区治理的效果是否体现了民主的基本价值，是否反映和符合绝大多数人的根本利益。比如城市社区治理过程中居民委员会的引导性和服务性在相当程度上是合理的，甚至是不可缺失的，我们可以认为这是过渡时期的权宜之计，当然也可以认为这是一种例外或特色，但是无论如何，不能说是民主治理的失败。有学者认为，"经过调整的社会主义生产力和生产关系必然要求生产出一个横向联系的、异质性的空间。这一空间是基于实用价值的，以一种'横切'的方式插入到遵循自上而下的纵向秩序的单位空间中；两种空间发生碰撞与冲突是不可避免的。因此，社区事务、社区矛盾的激增不应该被视为社区失灵的表现，而应该被理解为原有的强制性的空间秩序走向终点（即空间爆炸）的必然产物"。[①] 这是从权力空间秩序的解释，实际上也是对城市社区出现这种状况的认可。

最后，"社区人"的归属感。虽然我们在名字上把社区居民归为"社区人"，但是快速城市化带来的是"社区人"所属群体的情感依附或者说"社区人"的归属感是非常微妙的。从政治学和社会学的视角看，中国城市社区里的"社区人"和西方是不一样的，西方市民社会里的个体都是在血缘的、伦理的和宗法的关系被统统打破后才出现的，但中国恰恰是一个血缘社会，血缘纽带非常紧密。因此，"社区人"的群体属性也往往带有血缘关系，其归属感首先是指向家庭。即便是在城市化过程中，个体的独立性得到了彰显，但个体地域空间的流动依然是与核心家庭成员抱团，特别是在独生子女一代成为家庭中坚的今天，又表现为个体与核心家庭及原生家庭成员（如父母甚或姑嫂兄弟姐妹）的共同联合。相比较已经购房的"社区人"来说，这一点表现最明显的是流动性更大的租房一族。家庭是社会的细胞，也是个体成长、发展与情感满足的天然港湾。国家卫计委流动人口司发布的《中国流动人口发展报告 2016》数据显示，已婚新生代流动人口近九成是夫妻双方一起流动，约六成是与配偶、子女共同流动，携带老人流动的流动家庭数目也呈上升趋势。而关于流动人口发展报告最新数据显示，家庭化流动趋势正继续加强，流入人口的家庭规模也有所扩大，超过一半的家庭有 3 人及以上同城居住，居住时间越长则共同流动的家庭

---

① 陈薇：《城市社区权力秩序：基于社会空间视角的研究》，中国社会科学出版社 2015 年版，第 97 页。

人口数量越多。

这是因为,城市化对“社区人”在婚姻、职业等方面也带来了巨大的压力,但是这种压力在社区内部是基本无力解决的,这种三代同堂以应对社会风险和压力,或者至少维持基本生存的生活方式是“社区人”反抗的主要表现形式之一。在这样的形式下,个体获得了基本的生存和情感需求,显得更加稳定和有安全感。和西方的原子式的个人相比,这种“个体家庭”(iFamily)式的反“个体化”,从单独的个体流动转向家庭化流动,即个体家庭的形成,被认为是当代中国社会的特征,即每个个体都以自己的立场为核心,以自己的利益为先,从而选择和决定家庭的结构和关系,这就是以个体为中心但受制于社会条件而代际关系紧密的家庭模式。这种多元而流动的个体家庭是个体依靠紧密的代际关系应对现代的“不确定性”和个体抵御风险的“最后堡垒”。①

所有这些都表明,“社区人”在社区治理参与中,无论是主观上还是客观上,并非都是“主人翁”的姿态,或者说,只是概念上的主人翁,也就是说,这个主人翁的角色是不完全的。特别是对年轻人来说,他们的生活重心是如何应对日益增大的工作压力和规划良好的职业生涯,工作的奔波以及邻里联系的脆弱性都是城市社区治理过程中年轻人参与率低的重要原因。从某种程度上说,城市化一方面推动了社区治理现代化的进一步提升,但是在另一方面也出现了许多亟待解决的问题、矛盾和冲突。

## 第二节　从参与型治理到合作型治理

面对我国城市化进程和城市社区治理面临的复杂局势,创新治理模式是必然需求。有学者认为,当前中国正在从动员型政治向回应型政治转变,认为“在中国的现代化进程中,有两个重要的关键节点,分别有不同的政治类型。第一个节点是乡土中国,在一个高度分散的乡土社会基础上,产生出以政党和领袖权威为中心的动员型政治,政治推动着社会。当下中国正处于现代化的

① 冯莉:《个体化条件下当代青年“个体的结合”现象分析》,《中国青年研究》2017 年第 10 期。

第二个节点上,社会日趋活跃,并对政治提出更多期待,回应型政治应运而生,社会推动着政治。在政治转型中,需要强化政治回应的及时性、主动性、整合性和包容性,注重宏观政治设计、时序选择和地方基层探索”。① 总起来说,西方基层治理论引入后,开始出现两种基本型态:

第一种是基于西方“国家—社会”治理经验的参与型治理。

有学者认为,“实现社会治理现代转型,有赖于一个社会自治结构的形成。当前,基层社会治理没有形成一个(政府)科层治理模式、(公司)市场治理模式与(社会)社群治理模式三种比较稳定的治理模式,根本上源于基层社会自治的不发达或社会没有自治能力”。② 这就要求国家给予社会以发展空间,党和政府的权力逐渐部分乃至全部从基层社会治理空间退出,以便于打造“纯”的或“真正的”公民社会。这是学界相当一批学者关于社区治理的传统理想模式,也是为什么基层群众自治成为这一阶段中国国家治理的本质特征和重要组成部分,并最终演变成中国的基本制度之一的理论溯源。特别是伴随着20世纪90年代以来国家分权化和选举民主化改革的推进,参与型治理模式逐渐形成。这是此时期学界倾向于推进公民社会建设以与国家力量相抗衡和公民社会(市民社会)理论兴盛的重要结果。

简单而言,所谓参与型治理,是指由利益相关者,包括公民个人、社会组织、企事业单位、社区机构等个人和组织广泛而积极地参与到与自身利益相关的公共事务和政府决策中以解决实际公共管理问题的制度与过程,其目的在于“有效粘合公民与政府间关系,增强政府的回应性、提升服务质量和公共福利”。③ 这种模式突出强调社会组织和个人在社区治理中的作用,而不再是运动型治理模式下的单向政府管理。或者说,“不再认同政府是唯一的合法性来源,公民社会也是合法性的来源,其治理的过程,是民主行政的一种新的实现形式”。④ 这就弥补了选举民主的缺陷,使得公众能够参与到政治决策过程中,从而提升社区治理的有效性,体现的是国家和政府对社会的服务职能,从而被

① 徐勇:《现代化进程的节点与政治转型》,《探索与争鸣》2013年第3期。

② 周庆智:《基层社会自治与社会治理现代转型》,《政治学研究》2016年第4期。

③ Johanna Speer, Participatory Governance Reform: A Good Strategy for Increasing Government Responsiveness and Improving Public Service. *World Development*, 2012(12).

④ 参见王敬尧:《参与式治理:中国社区建设实证研究》,中国社会科学出版社2006年版。

认为是多方利益的共赢。

和中华人民共和国成立初期通过一波又一波运动的办法推进国家与社会的协调统一相比,参与型治理既去除了日常生活过度政治化的强制、压抑和紧张,也推进了从"要我参与"到"我要参与"这样的展示现代社会民主治理生活的原则。换言之,随着"单位人"转变为"社区人"以及社会组织、自治组织等不断涌现并进入社区治理程序,基层政府不再是社区治理过程中的唯一主体,也不再是社区动员行动的唯一施予者,原有的社区治理架构发生重大变化。特别是在后期,住房货币化改革催动居委会和业主委员会、物业公司等协作构成新的社区治理架构(见图4-1),社区治理主体和权力来源开始多元化。

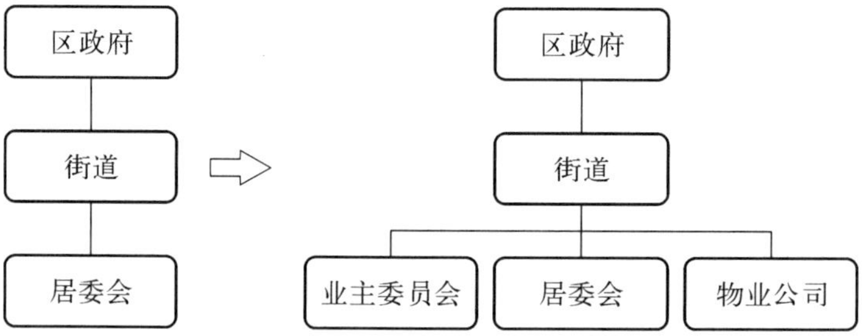


**图4-1 从运动型到参与型社区治理主要架构变动**

以带有政府光环的居民自治组织——居委会的职能转变为例,在运动型治理形态中,居委会处于社区治理过程的核心地位,它承接和贯彻着基层政府的意志,把社区中每个人的婚姻家庭、日常生活、工作学习等都事无巨细与居委会的"喇叭"和"公章"紧密结合在一起,成为号召和动员社区居民、规范基层社区秩序和实现国家—社会统合的关键环节。而在参与型治理形态中,虽然居委会仍然不可或缺,但居委会的"喇叭"和"公章"几乎完全退出了居民私人生活领域。深受西方社区治理理论和实践影响的人们相信,只要社区居民认识到社区治理事关自身利益,不用政府动员,居民就会主动参与社区治理过程,中国城市社区的治理不但能够更加有序和有效,而且能够运作的更加开放、公平、自由和民主。一方面,基层社会力量的增强能够避免国家吞噬社会并能与国家力量形成互动,另一方面,能够使得生活在社区的每个人真正成为社区的主人,这是改革开放过程中个体解放的重要体现。

我们可以从图 4－1 看到，在参与型治理模式中，虽然基层政府依然处于最高位置，但是很明显，社区治理中最基础层面的主体参与者的数量大大增加了，在广度和深度上，尽可能扩大居民参与社区治理，发出每个人的声音无疑是其中应有之义。这表明，改革开放后，伴随着个体解放的洪流，为了推进基层自治，社区治理的重头戏或者说依靠力量正在向个体居民偏斜，这种偏斜在相当大程度上是通过强调个体的独立性和伸张个体权利来推动社区治理的高度自治，并由此推进城市社区治理的民主化和现代化进程。很明显，推动社区完全自主和自治是该模式的主要特征或者说目标之一，是符合当时的世界潮流的。它带来的一个典型后果就是参与型治理实际上是排除或者说割裂了基层政府和社区层面之间的关联，削弱甚至消除基层党组织在社区治理中的地位、作用和影响。

如此一来，为了保证基层社会秩序的稳定和健康发展，相比于动员型治理模式，参与型模式对参与主体的要求就显得拔高了许多。不仅各个参与主体需要积极适应新的体制机制，全面提升社区治理过程中参与、协作和协调的能力和水平，以及主动性、积极性和创造性，而且还必须要能够有充足的来自社会各方的资源配置。对居民而言，特别是要培养居民和社区组织的自主参与精神和公共责任意识，把东西方社区治理实践中出现的普遍的居民被动式参与、零星式参与、碎片化参与转变成规范化的、高度自觉的常规民主行为，把参与社区治理变成自己日常生活的一部分。对社会组织包括物业公司而言，必须坚持公共服务的价值导向，既要能发展好参与的组织自身，也要服务好居民，运转好社区。这对社区治理各参与方来说，都是重要的考验。

应该说，中国城市社区的参与型治理模式很大程度上是一种理想主义。实践表明，完全排除了基层政府和党组织的社区自治是不存在的。一方面，是资源的有限和不均。离开了政府资源支持的社区治理，要获得资源就必须以收取捐助、公益资金以及向社区居民收取管理费等形式，以维持社区内部的维修、清洁、绿化、安全等诸多事务。但是因为各参与主体自身在吸纳资源和创收新渠道方面能量迥异，尤其是老破小社区，基本没有外部资源支持，而内生资源又极其有限，所以也导致社区之间参与型治理成效差异显著。另一方面，是社区治理参与主体的多面性。在推进社会自治的过程中，党组织力量从基层的撤出所带来的权力真空需要及时填补。在农村,填补这一空白的是"能人",依靠他们本人的影响力获取农村社区治理的资源。后来随着城市化的迅速推进,不少农村人口日渐凋敝。而在城市,填补进来的力量很大程度上则是社区居民的自组织,但更多的是社会组织。这些组织遵循市场规则,即强调盈利,最低也是要求能够平等交换,但是对居民来说,服务的有偿是有限的。因此,社区治理中的市场化的组织虽然能够为社区提供相应的公益或公共服务,但并非长久之计。相比较而言,社区居民对营利性的社区组织进小区也是抱着一种复杂的态度,信任度或多或少都会被打折扣。

更典型的是,逆向的非党化瓦解的是基层政府和党组织传统的相互依存关系。西方社区治理理论关键点或者说核心要义是建立在国家和市民社会二元对立的基础之上的,而在中国的政治传统中,国家和社会之间的关系一直是合而为一的。特别是在新中国成立后,中国传统基层社会治理中的乡绅治理环节也被统合进国家治理体系,这是因为党在革命时期的战斗经验和根据地建设经验使得党认识到必须发动群众和组织群众,加强和人民群众的血肉联系,为此,党组织必须深入社会的每一个毛细血管,"只要将民众组织起来了,党的势力就可以深植于广大基层社会,并具有不易摧折的伟大力量"。[①] 与此同时,改革开放后,中国独立的个体并没有以一个整体的力量即"个体的结合"[②]或群众的组织化样貌出现,被解放了的个体也并没有形成西方市民社会兴盛起来所需要的具有独立人格或人格性(personality)的"原子式个人":"没有什么比这一点更清晰地表明:中国的发展根本不可能完全进入到西方资本主义文明中去……这样的'个人'还根本没有从中国历史的现实过程中实际地产生出来",实际上,"不存在'原子式个人'才是理解中国社会的钥匙"。[③] 而且,不断涌现的社会组织也没有以独立的权利人的姿态发展起来,虽然这些社会组织曾经一度兴盛,但是随着时间的推移,它们非但没有独立并壮大,反而

① 王奇生:《党员、党权与党争:1924—1949年中国国民党的组织形态》,华文出版社2010年版,第124页。

② 著名思想家、社会学家齐格蒙特·鲍曼(Zygmunt Bauman)认为,后现代性就是"流动的"现代性,就是一种漂泊不定的感觉,一种不安全感、不稳定性和不确定性共存的"可怕的三位一体"。在这样"可怕的"流动条件下,为了抵抗个体化所带来的风险和平衡个体化所带来的冲击,就必须实行"个体的结合"。

③ 吴晓明:《当代中国的精神建设及其思想资源》,《中国社会科学》2012年第5期。

紧紧向政府靠拢并呈现总体困顿之势，社会组织对国家的依附性和国家对社会组织的吸附性都越来越强。因此，曾经被视为“社会治理和民主化的一个重要途径而得到推崇”①的参与型治理因为社区内生治理资源和自治能量发挥的有限性逐渐困顿凸显。

学者李强认为，中国社会太弱小，社会自治模式很难，“到现在极少见”。他以在南京雨花台翠竹社区的调查为例，认为社会自治模式如果能够取得成就，那也是因为有某个带有理想主义色彩的强人在，而且需要得到政府的支持。但如果有一天这个能人不在了，那么这个模式就危险了。② 这个问题归根结底和农村的状况大同小异。

第二种是基于国家(政府)—社会(市场)地位平等的合作型治理。

因为群众自治的兴起和社区治理权力架构的变化，在参与型社区治理型态的实践中，虽然政府仍然居于中心指导地位，但面对中国城镇化率急剧上升、社区居民矛盾繁杂多变的状况，合作治理型态下动员和接纳社区居民参与的结果却显示出并不必然会带来公众利益的最大化，反而随着社会转型期各种矛盾的累积和冲击使得社区治理日益疲软，矛盾重重。这显然与党和国家推行参与型治理的初衷并不一致。

与此同时，进入20世纪末，为了弥补选举民主的不足，协商民主在全球的兴起对社区治理型态从参与治理到合作治理的转变起到了重要的推动作用。这样，强调治理主体间平等协作的合作治理型态迅速获得了学者们的认同。该模式认为必须坚定引入社会组织进入社区治理，各个组织之间，包括基层政府在内的角色是平等的，要求各治理主体在平等的基础上通过协商、辩论、谈判等形式，实现共同决策和共担责任(见图4-2)。这从反向证明了必须要对国家和政府权力进行限制的基本思维逻辑，即合作治理的方式是基层政府、社

---

① 俞海山：《从参与治理到合作治理：我国环境治理模式的转型》，《江汉论坛》2017年第4期。

② 2016年12月10日，社会学领域资深教授李强在清华大学“社会治理与社区建设”研讨会上的发言中说：和市场主导的社区治理模式相比，“社会自治模式更难，到现在极少见，我们见到了南京雨花台翠竹社区，是因为有阿甘(吴楠)这个人，他赚了很多钱，也不太求更多钱了，所以有一点理想主义色彩，他和社区里的林先生就说，难道我们就不能把一个社区搞好吗？于是他们就开始推进基层组织，做了许多事，基本上很多社区活动都不是政府主导，当然，阿甘也得到了政府的支持。我也问阿甘一个问题，他很有个人魅力，他真的有公益心，所以他得到很多捐款。我的问题是，如果有一天你不在了，你的组织还存在吗？阿甘也觉得危险。”这实际说明，社会自治模式下的各参与主体自身的素质和能力，以及自己的人脉和资源都一定是不稳定的或者说不能长久的。

区居民、社区组织和社会组织的平等对话协商,而不是自上而下的动员或命令,基层政府的行动不能直接作用于社区治理过程中,而必须通过相关治理主体的一致同意然后协同合作。而这就必须更加强调道德的约束作用,或者说,更加强调文化、伦理、法制在基层社区治理中的相互支持和配合。

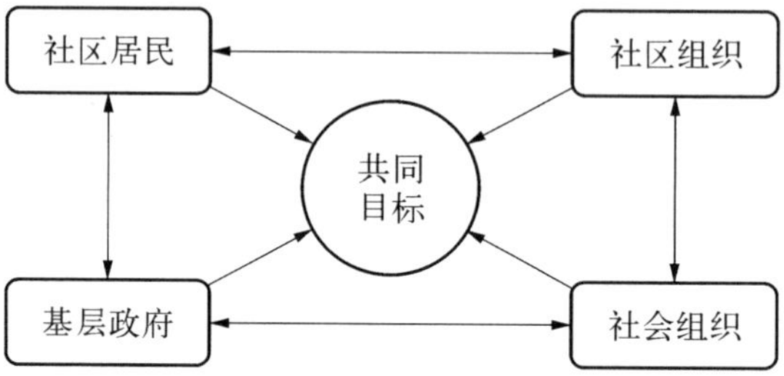


**图 4-2 合作型治理型态的架构**

实际上,合作型治理的实质是要规避因为没有政府参与所带来的资源不足的尴尬局面,所以让基层政府的派出机关——街道办事处通过设立相应的社区事务办公室参与社区事务,但是为了限制政府权力的"过度延伸",这种模式强调社区、社会和政府三者之间的合作,而不是恢复行政权力对社区自治的主导或干预。

同样地,理想型的合作治理型态难以在现实中完全实现。这是因为:

第一,社区居民的"隐形化"。住房货币化改革、市场经济体制改革和急剧城市化进程加速了城市社区半熟人社会、陌生人社会的形成,原有的熟人社会的空间、社会关系被重构,居于各自家门和网络背后似乎隐形了的社区居民只有通过动员或直接通知才有可能出现,比如社区举办的养老健康讲座等。诸多实地调查也发现,随着"互联网+"对传统生活方式的颠覆性改变,如何让社区居民走出来是社区治理过程中的难题之一。再加上社会发展的多元化和个体化,很难再有"振臂一呼,应者云集"的权威出现。从某种程度上说,这似乎涉及一个社区治理权威再造的问题,因为"传统的社区管理权威已经消解,而现代权威尚未确立。在许多社区,处于权威缺失的状态,严重影响着社区有序化",尤其"在大量的老旧小区,由于社区权威真空,社区中出现的大量矛盾无法获得有效化解,这成为管理效率低、社区环境差的'瓶颈'。在新小区,尽管物业公司解决了'门卫问题',但大量纠纷需要投入更多的社会资源来化解矛盾,同样需要社区权威支持”。[1] 但是这个过程无疑是困难的。

第二,社会组织的“行政化”。所谓社会组织的行政化,是“指社会组织在一定程度上被置于政府体系之内的现象。一方面,表现为政府对社会组织的严格控制,另一方面,表现为社会组织对政府的强烈依靠。在控制与依赖两种力量的共同作用下,社会组织的人事、资源和运作方式等各方面均向政府体系靠拢,依附于行政机构,带有浓厚的行政属性,缺乏应有的独立性与自主性”,[2] 即作为不同群体利益代表的社会组织因过于依赖政府而缺乏应有的“民间性、自主性和独立性”,导致被批评其实际是政府的“传声筒”“代言人”,甚或“二政府”。[3] 在学者们看来,社会组织的行政化既不利于政府职能转变,也不利于公民社会发展壮大,当然,更不利于在参与型和合作型治理模式中发挥应有的作用。换言之,无法独立的社会组织在社区治理中也不可能担负起社区治理主体之一的职责。

第三,基层群众自治的弱化。基层群众自治的前提之一是群众普遍具有强烈的“自我管理、自我教育和自我服务”公民意识、责任意识和参与社区事务的基本能力,而社区治理型态面向民主化和现代化方向也必然有利于提升基层群众自治的水平。但在实践中我们却经常发现,因为各种诸如忙于工作、不感兴趣等原因,不少社区人对于参与社区治理总是或多或少都带有“冷漠”或“无所谓”样态。这也是在变相地传递出这样的信息,即如果现有的制度或治理模式下的治理效果能够差强人意,那么个人是否参与并不重要,因为居民委员会、物业公司和社会组织等相关主体就能够驱动社区秩序正常运转。还有一些民众即便是不满意也不会去主动表达,认为多一事不如少一事,或者表现出“总归会有人去说的,我说不说都一样”“说了也没用”等消极态度,[4]在客观上,这表现为社区居民的参与积极性不高,再加上社区自治组织对政府的依赖性过强,或者说,基层自治内生力量不足。社区治理实际上高度依赖社区居民

---

① 孙其昂、毕娟:《城市化进程中的社区发展——长三角社区发展的实践与思考》,《学海》2010年第6期。

② 祝建兵、向良云:《社会组织行政化及其治理》,《长白学刊》2011年第3期。

③ 汪海玲:《社会组织如何助力服务型政府构建》,《人民论坛》2017年第7期。

④ 在和一些市民的接触中,此种观点并不少见。甚至很多时候,他们并不是没有看法或意见,但是在绝大多数情况下,他们选择了沉默或者私下里偶尔说说。对他们来说,只要社区内部诸如安全、整洁等公共事务解决的差不太多,其他都可以不必过于在意。

委员会的运作,导致居委会和基层政府往往在社区治理过程中处于"兜底"的位置,反而进一步造成了来自基层政府的"他治"痕迹越来越重。

这对生活节奏更快、生存压力剧增和流动性较大的青年群体来说似乎更容易理解。一份针对上海市新白领的政治参与调查显示,有大约85%的新白领从未参与过任何投票选举,只有约15%的新白领在某种程度上参加了投票选举,显示了"弱政治参与"倾向。[①] 而据笔者在2017年上海市黄浦区南京东路街道的调查显示,居民对"是否参与过基层社区治理方面的意见征询和决策"的比例也只有四成左右。[②] 这也直接导致了推动社区组织运转的动力不足。对社区,包括居委会在内的组织来说,本身绝大多数都是陌生人社会条件下基层政府动员下的产物。对社会组织来说,其最大的困难是生存资源匮乏,来自社会的支持如资金严重不足,又因为自身社会统筹能力普遍较弱,导致极易依赖政府资助,或者说只有主动依附于政府才能生存。更何况,各组织之间的相互协调也并非易事。由此,我们可以得出这样的结论,在合作治理的实际运行过程中,政府力量的注入依然是实现社区治理有效运转的重要或者说关键因素。确切地说,在基层行政和权力资源配置中,党和政府依然坚持严格把关,权力并没有充分下放。也因此,城市基层党政力量的"退出"往往表现为"伪退出",或者说,如果合作治理型态在实践中能够有所成效,那也是主要有赖于基层政府最终的"不离不弃"。

那么市场呢?市场除了在经济领域发挥作用和影响,在社区治理中有影响吗?答案是肯定的。甚至可以说,在城市社区治理的现代化转型中,市场以及市场所带来的影响是关键性的甚或是颠覆性的。因为除了住房货币化催动着"单位人"向"社区人"的转变,更重要的是,市场的趋利和等价交换原则对传统社会治理现代化的推进,特别是在理念上的推动和行为上的引导。尤其是在"1990年代以后,人情的互助性质发生了重大变化,邻居之间的人情交往开始货币化,朋友关系开始成为人情关系的主要成分,人情消费呈现出阶层差

① 李友梅:《社会结构中的"白领"及其社会功能——以20世纪90年代以来的上海为例》,《社会学研究》2005年第6期。

② 此次调查以"居民法治意识及需求"为主要内容,时间是在2017年7—8月间,共发放问卷1 000份,最终收回有效问卷985份。

异”。[1] 这种趋势不仅已经渗透到了经济领域的各个环节，而且也在其他所有领域持续蔓延，尤其是在基层社会。这就导致基层的社会治理在能依靠经济手段简单高效处理的时候，就会排斥几乎所有非经济手段的治理方式。实际上，这显然损害了基层社会中基于道德和情感的凝聚联结。有学者指出：“市场势力进入以后，中国社会社交关系的改变和强大的金钱文化复苏可以看成一个双重的运动：第一，非人情化的金钱开始替换由原先富有感情的礼物和回报所建立的关系；第二，关系、礼物、好处以及社会地位都染上了金钱替代品的特点。”[2]“任何人、任何物品的价值似乎都是由获得货币的价值来决定，而且各种货币符号之间的相互转化越来越便利，整个社会越来越成为一种纯粹的数量关系，……人和物只能转化为货币数量关系才具有真实存在的意义。”[3]而更令人担忧的是，这种货币化的生产和生活交往方式正在被大众普遍接受。

但是我们仍然不能否认，在中国城市社区治理型态发展变化的过程中，实际上市场正逐渐成为社区治理现代化的重要推动力量。在中国历史上，1992年市场经济体制的确立对中国来说有着非同一般的意义，对中国政治传统的影响是历史上从未有过的，当曾经延续百年之久认为计划经济属于社会主义、市场经济属于资本主义的固有观念被打破，其产生的思想冲击可想而知。改革开放以来中国经济体制改革最重要的一步即确立市场经济体制，其意义在于，它在世界社会主义理论史和实践史上第一次打破了社会主义、资本主义和计划经济、市场经济之间关系长期以来的固有观念，尤其是对社会主义本身有着巨大的观念上的冲击。这是马克思主义理论发展史上的重要突破，也是中国化的马克思主义对世界社会主义做出的重要贡献。对中国而言，它不仅表现在中国市场经济的实践和完善需要政治体制改革的同步进行，而且对中国的政治传统，对中国道路的未来有着划时代意义的影响。于是，原本传统价值观下道德的或伦理的观念在市场的“规训”下逐渐退缩，取而代之的是法治意识和规则意识开始迅速被拔高。市场规则横亘在国家和社会之间，成为社会

---

① 张建富：《阶层分化、富人治村与基层治理的重构》，《长白学刊》2014 年第 5 期。

② 赵爽：《中国社会个体化的产生及其条件———个体化相关理论述评》，《长安大学学报(社会科学版)》2011 年第 2 期。

③ 李振：《货币文明及其批判——马克思货币文明思想研究》，人民出版社 2009 年版，第 157 页。

治理的利器。

英国著名经济学家亚当·斯密(Adam Smith)曾用“看不见的手”[①]来界定在自由市场经济条件下国家(政府)的角色,认为不需要政府干预,市场本身就可以实现个人财富的增长和国家富裕。从此,国家、市场、社会三者之间的关系成为中外学界长久不衰的研究内容,国家需不需要干预市场运作成为自由主义、新自由主义、保守主义等派别争论的焦点之一,国家是否引导或参与市场领域也成为西方学界判断该国是否为市场经济体制或者完全市场经济国家的核心原则之一。当然,也有例外,如随着西方国家自身的实践,特别是在1929—1933年间,为应对发源于美国后波及整个资本主义国家的经济大萧条危机,美国实行凯恩斯主义经济学,通过增加需求促进经济增长,即扩大政府开支,实行赤字财政以刺激经济,增加就业,维持经济繁荣。这是典型的国家干预经济运行的案例。[②] 不过这依然没有改变市场经济的主导地位。但是对中国来说,1992年,市场经济体制的确立对中国的经济体制和政治体制改革都带来了巨大的影响。依照西方社会治理经验,国家(政府)在社会治理领域应该保持自己的隐形角色,可以在必要的时候做宏观调控,但是不能干预经济运行。从国家层面,这完全可以说明,西方社会的治理并非完全自治,自始至终,国家(政府)的力量都在。只不过和中国不一样的是,随着西方国家政党向上融入国家并脱离市民社会,市场开始主导社区治理规则。而在中国,虽然市场依照本性也在试图左右社区治理,但是因为中国共产党的特殊地位,决定了中国城市社区的治理就只能是依靠国家制衡市场,从而利用市场为社区治理服务;依靠政党来纠正各种社区治理主体的“缺位”“错位”或“越位”,引导和规范社区秩序。

上述两种治理型态表明了这样一个趋势,即党和政府的角色从对城市社区治理的全面主导、全面后撤到部分进入,一方面展现了现代社会条件下

---

① “看不见的手”是亚当·斯密在1776年《国富论》中提出的,意思是个人在经济生活中只考虑自己的利益,受“看不见的手”即通过分工和市场的作用,可以达到国家富裕的目的。这个命题反映的是自由竞争资本主义时期的经济现实,即只需要自由放任的市场,而不需要政府管制。

② 到20世纪80年代,凯恩斯主义经济学受到货币主义、新古典宏观经济学等的挑战,随之产生新凯恩斯主义经济学。新凯恩斯主义经济学依然坚持政府干预经济的基本观点,但同时也吸收了其他学派的合理成分,发展了国家干预经济的理论体系和政策体系。

党和政府力量的不可或缺，以及西方治理理论必须经受中国实践检验的规律，另一方面也展现了城市社区治理理念正越来越民主、平等和开放。实际上，与国外城市社区治理发展进程中出现的自治型治理模式、行政主导型治理模式和混合治理模式有着高度的相似性，但从实质发展而言，西方的经验可以借鉴但不可复制。和动员型治理型态一起，我国城市社区治理的这三种发展形态是建立在中国的具体实践基础之上的，而因为国家历史治理传统和现实运行体制的不同，导致在国际政治经济新旧秩序变动和中国特色社会主义进入新时代的条件下，中国城市社区的治理模式不断被赋予了越来越多的中国特色。这不是中国例外论，而是基于历史和现实的合力选择。

应该说，从动员型治理到后来的参与型和合作型治理，都遵循着一个逻辑，即寄希望于通过推动公民社会的发展以提升基层社会治理和基层政权改革。有人激情指出："从历史上看，三十年来我国经济的高速发展与基层社会的变迁，促进了公民社会的兴起与发展。而伴随着我国公民社会的日益发展与成熟，公民社会正对基层政权产生了积极与消极两方面影响。这种状况既改变了传统的全能政府控制基层社会的管理局面，也要求基层政权的公民社会管理工作进行变革与创新。基层政权正面对着体制的变换、社会结构的转型、公民社会的发展所带来的巨大变化。基层政权需要战略地、渐次地淡出部分经济以及社会生活领域，给予公民社会更广泛的自主权限。以便建构一种基层政权与公民社会双向互动、机关管理与社会自治协作互助的新型基层治理结构。即实现基层政权与公民社会的互动优化，共同治理好基层社会。然而，在我国当前基层社会建设的实践中，基层政权与公民社会之间还未实现良性互动。这极大地影响了城乡基层社会的健康平稳发展。对此必须完善公民社会与基层政权的关系、建立公民社会治理结构。这要求基层政权采取有效对策努力扩大公民社会的积极影响，有效抑制公民社会的消极影响。"①这个思路不能说没有启发性，但是这里有一个悖论，那就是让历史上已经形成的并非站在群众对面，而是为着最广大人民群众根本利益建立和运作的基层政权让

① 冷东海：《论中国公民社会发展对基层政权的影响》，首都经济贸易大学 2009 年硕士论文。

渡权力改造自己是否可行？因为实践已经证明，改革开放以来的基层社会治理变革中，基层政权虽然已经逐渐退出了相关领域，但实际上从未完全缺位过。

## 第三节　基于上海的社区治理现代化探索

作为推进中国城市社区发展的探索地之一，上海的社区治理始终被学者们所关注。上海的经验不仅仅是近代以来中国城市建立现代化社区的完整历程展现，其开放性、灵活性和强操作性也受到越来越多的关注。更重要的，因为其可复制、可推广，从而也具有了极高的可借鉴性，成为衡量全国城市社区治理水平的重要参考。随着长三角城市化进程的加快，对上海社区治理经验的研究和分析对中国城市社区治理的总体发展都有着重大意义。目前，上海各个区县都在探索城市社区治理领域逐渐迈向纵深，而且每个社区的特点都不尽相同，其所取得的经验和面临的问题也都需要进一步总结和思考。

受经验主义的影响，和西方相比，中国传统上历来对理论的重视程度比较低，所以在理论体系的建构和发展问题上相对比较弱势，虽然在实践过程中取得了不错的成绩。但到目前来看，没有理论，或者说没有系统的扎实的理论，不仅在对外交流中缺乏理论和话语优势，而且对未来转型和提升都会面临“说不出”的“尴尬”。当然这并不妨碍我们从历史的视角来看上海在社区治理方面的探索历程和意义。从现有文献看，相关分析主要出现了两种脉络：一种是国家—社会统合的历史视角，另一种是社区治理权力架构变化视角，即权力空间视角，因此呈现出的是时间和空间交错特点。在具体实践中，上海的社区治理实际上是两条线并行的，其区别仅仅在于是显性还是隐性。

在这里，本章并不致力于对上海的社区治理进行全面细致的研究和探讨，实际上，这项工作已经有许多研究成果出现，尤其是实证研究，硕果累累。再加上篇幅有限，因此，此处只对相关主要做法做简单分析，便于从总体上把握上海社区治理演进的重点和难点所在。

一是新中国成立初期国家—社会的统合思路在上海基层的实践。1949 年后的上海是“最大的独一无二的生产和物资交流城市，为农业提供工具、机器和销售市场，并且为支持一个庞大的经济体系而提供在别的情况下显然无从取得的交通运输装备、资本和消费用品”，其“生产力对新政府的生存关系”以及对新中国其他城市的辐射和影响显然是前所未有的重要，①因此，快速稳定上海的生产和生活秩序是新生政权在接管城市后的首要任务，而党和政府的主导行动比刚刚解放正鱼龙混杂的基层社会自己组织起来建立自治组织或秩序，显然更加迅速和有成效。

为此，上海采取了自上而下以推动社会秩序运转的做法。在接管上海和成立上海市人民政府后，“陈毅、潘汉年等市领导发动群众做好政府工作，并带头广交朋友，联络感情，取得群众的信任”，不仅在“解放后一年内召开了三次各界人民代表大会”从而加强了新政府和群众之间的沟通，而且还通过成立上海总工会筹备委员会、成立统一的工商业联合会等措施以发动和组织群众。一大批群众组织也随之兴起，“截至 1950 年 5 月，上海共有 101.7 万职工中，已有工会组织 81.6 万。新民主主义青年团拥有团员 5 万多，学生联合会有成员 12 万多，上海民主妇女联合会有会员 30 万多”“在这些新的组织蓬勃发展的同时，解放前的大部分社会组织如帮会、同乡会等则萎缩消亡了。党和政府逐步实现着对各社会组织的有效领导”，尽管此时期人民政府“在利用政府机构进行城市的日常行政管理方面”尚处于适应期，但“人民政府将影响力深入到工厂、学校、机关、里弄各基层单位，基本实现全民动员，成功地开展了反投机、反封锁、反轰炸、劳军、公债劝募等各项工作，克服了解放初期的种种困难”。② 当然，这也逐渐成为后续上海社会治理的经验来源。

特别需要指出的是，此时上海面临局势的典型特点是新政权和旧里弄的冲击。“对共产党而言，上海里弄只是它的诞生地，却非成长壮大之根基。新政权所面对的里弄，与他们熟悉的乡村社会截然不同。这个空间显现的近代上海都市社会的特质，给中共掌控基层社会和政治动员带来了一系列新问

① [美]罗兹·墨菲：《上海——现代中国的钥匙》，上海社会科学院历史研究所编译，上海人民出版社 1986 年版，第 238 页。

② 熊月之主编：《上海通史》(第 11 卷)，上海人民出版社 1999 年版，第 9—15 页。

题”,比如人员“过度密集与过频流动”,基层“五方杂处”“异质文化交织和多种社会生态共存”“居民的生活方式、价值取向和利益诉求多元。社会环境杂乱,邻里之间、居民与里弄之间的关系有很大的不确定性”,相互之间并不很熟悉。再加上保甲制度等旧社会遗留,使得“中共新政权政治动员与统合社会”的难度异常大。[①] 因此,在这个“硬骨头”上,上海就发挥了强大的动员能力和组织能力,在经过至少两次整顿后,上海基层比较混乱的形势才基本稳定下来,并由此在历史的合力中形成了,这为上海基层社会治理模式的转型,尤其是在改革开放后,打下了阶级基础、组织基础和思想基础。

二是上海社区空间的双强模式。随着社会空间理论[②]被应用于城市研究,并在中国社区治理研究领域扎根,上海社区空间的研究也进入学者的视野。或者,如果说改革开放以来,中国城市社区研究出现较频繁且长久的典型词汇是什么,笔者认为,那一定是“空间”,尤其是在政治学意义上的空间。有学者运用空间理论,对上海在转型中的社区空间秩序进行了分析:“单位制解体、住房商品化、社区建设运动等一系列改革……影响和改变了城市社区的治理秩序。计划经济时代,城市社区是一个同质化的空间,居民大部分是单位员工,市场化改革冲击了原有的空间秩序,使社区逐步变得碎片化和多元化。在原有的福利化空间之外,私有化空间和行政化空间都在逐步生长。……各种不同性质的社会空间共存于同一个物理空间中,并试图扩张各自的边界范围,最终不可避免地导致混乱和冲突。”[③]这样一来,空间的权力秩序被打乱了,其结果只能是重建空间秩序。

上海社区空间秩序的再一次重大调整是在改革开放以后开始大规模进行的。这一次和新中国成立初期致力于弥合国家和社会关系相反,是借鉴西方治理理论和经验,有意在国家和社会之间“划清界限”。因为在西方治理话语中,国家和社会之间有着清晰的边界,虽然随着社区治理的多元化,国家对社区的宏观调控越来越普遍,甚至如前所述,西方一些政党为了表示自己的亲民

① 张济顺:《远去的都市:1950年代的上海》,社会科学文献出版社2015年版,第25—42页。

② “社会空间”是相对于“自然空间”而提出的,著名代表人物是法国的马克思主义哲学家亨利·列斐伏尔,其《空间的生产》一书一直以来都是空间分析的经典之作。他从空间的视角来审视社会,用空间理论进行社会批判。

③ 孙小逸:《城市社区治理:上海的经验》,上海人民出版社2017年版,第33页。

和争取选票也经常深入社区。但是对于绝大多数西方政党而言，政党和社区之间是没有交集的。而受西方治理理论和实践的影响，改革开放后为推进党政分开和建构服务型政府和服务型政党，党组织的力量逐渐从基层撤出或者被基层边缘化，同时国家开始放手和着力培育公民社会。上海的表现尤其突出。根据中国社会组织网大数据发布的全国登记社会组织数据资料统计分析，截至 2017 年年底，“从全国七大区域来看，社会组织在我国所有区域都呈现稳步增长态势，华东地区无论是增长的数量还是速度都远远超过其他区域，而东北地区的社会组织无论是数量还是增速，都在全国垫底。……西北、东北和华北三个地区加在一起也远低于华东，东北地区所占份额甚至只有华东地区的零头。由此可见，社会组织在全国地区之间发展的不平衡甚为突出”。而“从全国社会组织数量位居前十的城市来看，上海拥有 1.7 余万个社会组织，位居第一名，保持了历年优势地位”。① 这说明，因着上海经济快速发展和对外开放程度的影响，上海的各种社会组织，包括公益组织、民间社团等大批社会组织在全国所占比例和优势都是无与伦比的。而为了加快提升社区自治能力，上海基层政府及其派出机关——街道，也因势利导，运用政策便利和各种平台，大力推动社会组织参与社区治理，由此，大量社会组织开始进入社区空间，推进社区在养老、绿化等方面的协同治理。

但十分有趣的是，这并不意味着上海的强政府特色被削弱。从实践中看，因为上海特殊的举足轻重的经济、政治及社会文化定位、地位和特色，在推进社区治理现代化的进程中，自始至终，上海都一直是强政府的配备。即便是在呼吁“小政府—大社会”，转变政府职能等思潮普遍化的 21 世纪前后，“强政府”的思想也没有被完全或者说公开否认过。反而借由媒体不断渲染和批评的“政府太强”声势，打造“强势政府＋强势企业”模式，以形成上海的“强势经济”；打造“强势政府＋强势社会”模式，以形成上海的“治理双赢”。也就是说，上海的强政府和强社会是可以共存和相互促进的。而这对于基于西方经验立场上的西方学者来说是不可思议的。于是，即使曾经社区运行模式有了基层政府和党组织退出的迹象和行动，造成了社区空间秩序的变动，但是这种变动

① 潘子璇：《全国共有社会组织 80.3 万个，上海位居第一》，《新民晚报》2018 年 5 月 16 日。

的最终结局往往是随着资源支持的不可持续而陷入困顿。这在比如一些社区周边共建问题上显得格外突出。① 因此,对上海的社区治理来说,首要的最关键问题不是权力大小或权限的高低,而是所有的努力和探索的第一目标是必须保证基层的秩序。应该说,这是上海特殊的历史和地位的必然结果。但毫无疑问,这促进了上海经验的更进一步挖掘和城市社区治理理论的创新。因为显而易见,上海的基层社会秩序是非常成熟和稳定的,这归功于上海社会治理的这种双强模式。这一点显然和西方治理理论本身的内在要求是迥异的。

三是"三位一体"架构与"社区人"的"楼宇心态"。② "三位一体"是当代中国城市社区在住房货币化和社区自治大力推行过程中摸索形成的一种社区治理主体之间的基本关系。从全国各大城市社区模式比较来看,"三位一体"架构已经在上海社区治理中普及。"三位一体"是指居委会、业委会和物业公司三驾马车协同治理社区。但严格来说,在这三者之外,有的社区还把退休党员巡逻队、青年志愿者队伍等加进来,认为是"四位一体"或"五位一体"。不过无论如何,还是"三位一体"架构更普遍和稳定。相对来说,三者的结合发挥的效用比单个主体的单打独斗更大,它把小区中负责安全、保洁、绿化、维修、日常活动或服务等职能通过三者的分工协作凝结在一起,从而对社区治理中产生的各种矛盾、纠纷能够尽可能快地、符合民主自治要求地做到及时、有效地回应和解决。

其中存在的问题也是显而易见的。较早的一份来自杨浦区的调查显示,因为"自治领域较小,自治程度较低""自治资源稀少,自治水平羸弱""自治机制小巧,自治方式灵活"等特征,从总体上看,虽然"绝大部分社区都具备完整的'三位一体'框架,居委会和物业公司在各个社区都配备齐全",但因为"少部

---

① 笔者曾经在2009年左右的一次上海基层调研中,某小区居委会书记对此很是无奈,因为该小区属于老破小,社区内部可调动的资源非常有限,而且因为老年人多,所以各种高大上的活动似乎都和他们无缘。但是因为小区周边商业比较成熟,居委会就从中和某店家商量,最终达成每年重阳节给社区老人免费提供面食一份的协议,而店家也能做到宣传自己的产品,本是皆大欢喜之事。但是很快,就出现了有老人抱怨"今年的面没有去年的好吃"等牢骚,而店家也逐渐失去兴趣和耐心,很快不再和社区合作。当然这种状况并非是短期问题或者偶尔出现,在2016—2017年的调研中也发现了同样的问题。

② 关于"楼宇心态",目前相关研究并未有文献对其进行专门的分析,不仅概念缺乏而且相关分析也都还十分模糊。随着陌生人社会、城市化以及网络社会的进一步发展,社区人也越来越独立和孤立,他们普遍年轻化和弱社交化,游走在虚拟和现实之间,倾向于半开放和半封闭的生活方式。"楼宇心态"将会在技术的不断加成下更加泛化,这是大城市社区治理所面临的又一应引起重视的问题。

分旧式老公房居住区因为房屋产权、居住环境等问题导致管理难度大，成立业委会比较困难”以及“较新的小区也有部分尚未来得及或正在成立业委会”等，该区“三位一体”机制“还处于初期发展的夹生自治状态”。[①] 同时期的另一份调查报告也证实：“物业、业委会和居委会‘三位一体’合作管理的模式虽然已经广泛推广，但在运作方面还存在许多问题。居委会往往在传统工作领域得心应手，在新的社区管理中则缩手缩脚；社区居民、业委会和物业的关系尚须调整。社区自治管理总体上还处于摸索阶段。”[②]

那么根本原因在哪里？是社区治理资源的不均衡和不充分吗？是各治理主体自身能力不够吗？还是说社区本身和周边现代化程度过低？或许都有，社区治理的现代化本来就不是一个要素的单打独斗，而是各种要素合力的结果。但是在笔者看来，可能更需要重视的是“社区人”的“楼宇心态”。这种混杂着虚拟与现实、半开放与半封闭的心态其实很微妙。2018 年，笔者在黄浦区某街道的调研中，大家一致比较认同的是，随着住房商品化的实行，越来越多的人成为楼中人，能够把楼宇中的住户叫出来参加社区治理和社区活动的难度越来越大。每个人都“缩”在自己家那块小空间里，相互之间的交往和对话极少，不仅没有熟悉的邻里关系，反而是对门外人的警惕和戒备越来越严重，有关个人生活的一切都严重依赖家庭和网络。即便实际上个体对社区的需求更大或者对社区治理提出各种意见，但与期待“上门服务”相比，总是不愿意走出去。一方面，社区自治要求社区治理的各个主体(包括个人在内)之间形成良性互动需求，但另一方面，社区对居民的关怀无法有效达至每个个体，每个个体对社区的感知和认同也非常淡漠(也有频繁更换住址的原因)，这也是为什么社区治理中的参与率越来越低的重要原因。长此以往，“楼宇心态”泛化了，社区治理的向心力或者凝聚力就会令人堪忧。

那么，要改变这种“楼宇心态”，实际并不是一件容易的事。因为随着社会

---

① 冯莉：《夹生自治：上海杨浦城市社区“三位一体”模式实证研究》，《广东社会科学》2011 年第 2 期。

② 汪幼枫、孙闵欣：《“三位一体”的城市社区自治管理——对上海三个典型社区的调查报告》，《唯实》2012 年第 10 期。

矛盾解决方式的多元化、各基层职能部门协作规范化和便捷化[①]以及总体上社区治理水平的提高，个体和社区之间在涉及根本利益上的牵绊和冲突也越来越微弱，当前上海在中心城区推行的楼宇党建，或许能够在一定程度上缓解这个问题，但就目前效果来看，还并不能完全阻止这样的趋势。因此，不仅要注重理论的提升，更要注重在实践上的探索或摸索。因为经验是可以累积的，所有推进历史进步的文明成果都是经验累积的结果。“对于现代文明发展来说，上海是一座具有‘年轮性’意义的城市，现代文明发展的每一阶段的模式与成就，都以某种方式沉淀下来，并在历史发展过程中不断被扬弃，成为整个城市文明内涵的一个个重要环节或要素，而这些要素也以某种内在逻辑与机理被组织成为具有中国特色的城市文明发展的一个重要典型样本。这样一个典型样本意义，不仅仅体现在城市建设与发展的方方面面，也体现在作为基础工作的城市基层治理上。”[②]这个过程或许会有反复，但是历史本来就是螺旋式上升的过程，并不会按照既定的逻辑或想象运行，“楼宇心态”是现实的城市社区人生活方式和思维方式的反映，是时代发展的人的生存状态的折射。从某种程度上说，未必全是一件坏事，反而在社区治理型态的现代化道路上，成为网格化社区治理发展的助力。

从总体上来说，上海的社区治理取得了前所未有的进步，但是在众多问题上依然面临着诸多难题，还有比如社会组织在社区治理中难以持续推进等。我们所需要的就是既要重视对传统治理经验的吸取，也要在新的时代条件下更新思路，坚持创新。一方面，要明确意识到“中国地方社会治理具有与西方国家不同的历史传统与逻辑。……在这些传统背后，隐藏着地方社会治理的历史逻辑”。[③] 另一方面，更要认识到，“现代城市社区治理从根本上改变了计划经济时代政府自上而下的管理模式，逐步形成一种多元主体参与治理的状

① 这一点在从黄浦区南京东路街道开始并逐渐铺开的“零距离家园”(原称“三治理事会”)建设中体现得非常明显，“零距离家园”理事会即由各相关职能部门下沉力量，从提高为民服务的精细化水平出发，为基层社区提供便捷的即时服务。如今，打造“零距离家园”品牌，已经“是贯彻落实十九大精神，打造黄浦社会治理新高地的重要抓手，是固化市委‘1+6’文件出台以来我区形成的经验做法的重要抓手，是补好短板、凝聚力量推动新发展的重要抓手”。在实践中也取得了非常明显的治理效果。

② 郑长忠：《社会转型与城市基层治理形态演进：以上海市静安区临汾路街道的实践为例》，复旦大学出版社 2018 年版，第 3—4 页。

③ 崔晶：《协作与共治：明清以来中国地方社会治理的传统与逻辑》，《思想战线》2016 年第 4 期。

态”，在奔向现代化的路途上，这种趋势是无法逆转的。下一步，是要在现有经验的基础上，对这种多元主体参与社区治理进行科学的、合理的、符合中国国情的解读和应用，它并非简单的合作和协商，而必须是“在党委领导、政府主导、居委会牵头三位一体下的整合式参与社区治理。随着国家治理能力现代化、治理体系现代化的推进，社区已然成为基层治理的试验场，要求在社区党组织的领导下，吸纳社区多元主体参与社区治理，进而构建一种和谐有序的协商共治模式。然而，要厘清我国城市社区治理体系，必然需要通过科学的社会科学研究方法，探索契合城市社区治理现状的理论模型”。①

① 李杰：《整合式参与社区治理模式：生成路径、问题分析、对策建议——基于上海 A 街道的问卷调查》，《中共成都市委党校学报》2018 年第 4 期。

# 第五章　现代政党与中国城市社区治理

当今世界的普遍特征是政党治理国家。马克思主义认为，政党是指一定阶级、阶层或集团的积极分子为维护本阶级、阶层或集团的利益，围绕着夺取政权、巩固政权或影响政府而结合起来采取行动的政治组织。著名学者塞缪尔·亨廷顿(Samuel P. Huntington)认为，在高度现代化的社会，或许还包括有些处于现代化之中的社会以及社会主义社会，作为现代化产物的“具有相当强大的国家政治制度”支撑并“强调政治领导应有公共责任感的整套的价值观念”的政党组织的地位举足轻重。[①] 和西方发达国家的政党在政治、经济和社会发展中偏向于国家层面的运作和施展影响力相比，中国共产党的“举足轻重”则是体现在整个共同体的方方面面。尤其是在基层社会治理中，正如历史脉络发展中所呈现的事实那样：新中国成立以来，在从动员型到参与型、合作型的中国城市社区治理型态转换中，政党都一直嵌入其中，无论或明或暗，都是推进城市治理的关键因素，或者说核心要素。我们已经数次提出，这一点和西方城市治理语境中的状况不一样。

## 第一节　现代政党与基层社会

现代政党政治产生的标志，被学界所公认的是 18 世纪末到 19 世纪上半

① ［美］塞缪尔·亨廷顿：《变化社会中的政治秩序》，王冠华等译，上海世纪出版集团 2018 年版，第 52 页。

叶美国两党制的逐渐形成，即如法国著名政党理论研究专家莫瑞斯·迪韦尔热(Maurice Duverger)所指出的，“直到1850年，除美国外还没有一个国家有现代意义上的政党”。[①] 近两个世纪以来，政党政治逐渐成为世界各国治理现代化进程中的重要因素，政党治理[②]亦成为当今世界绝大多数国家治理的主要模式。现代政党制度的确立赋予了政党在国家和社会治理各个领域都具有支配地位的角色和作用，而且这种支配权伴随着全球化的快速推进，也无限延长了政党的活动半径，国际关系中日益频繁和普遍的政党外交已经成为各个国家和地区加强沟通和了解、促进交往和合作，以及实现国际体系持续运转的重要支撑。这是当前国际社会的重要特征，即使各个国家和地区之间存在巨大的制度、历史、文化、宗教等差异。

国际社会对中国共产党的认知是逐渐深入的。国际舆论普遍认为，与大多数国家相比，中国更强调执政党在国家发展中的引领作用。韩国《中央日报》形象地说，我们现在已经生活在了“不懂中共就不懂中国”的时代。因为中国共产党自身所具备的“善于学习并与时俱进”“强大的组织动员能力”和“兼收并蓄的优良传统”等特性决定了中国共产党能成为中国道路成功的关键。[③]《澳洲人报》资深驻中国记者罗恩·卡里克(Rowan Callick)在其出版的《政党时代：谁来管理和如何管理中国》(*Party Time: Who Runs China and How*)中搜集了大量中国官员和持不同政见者，包括百万富翁、乞丐、艺术家、学生、农村人、城市人等的讲述，认为世界上最强大的机构是中国共产党，它的成功和失败对中国和世界的影响都是巨大的。澳大利亚罗伊研究所高级研究员理查德·麦格里戈(Richard McGregor)在其对中国的一次大型调查后也认为，在中国崛起为一个全球超级大国以及美国的对手中，中国共产党发挥了不可或缺的作用，“中国共产党已经深入到成为中国隐秘的政治机器”。[④] 这些总体

---

① Maurice Duverger: *Political Parties: Their Organization and Activities in the Modern State*, London, Methuen & Co. LTD; New York: John Wiley & Sons, INC. 1954, pp. xxiii.

② “政党治理”是一个横跨政治学、社会学的交叉概念，内容极其复杂，它既包括政党内部的治理问题，也包括政党与政党、政党与政权、政党与群众等外部的治理问题。即使是政党内部的治理问题，也还包括政治路线、组织路线、思想路线和群众路线等多个向度。目前学界对政党治理的研究基本上都处于比较分散的状态，往往只是偏向于某一方面的研究。

③ 姜加林：《世界视角下的中国道路》，《求是》2013年第6期。

④ See Richard McGregor: *The Party: The Secret World of China's Communist Rulers*, HarperCollins Publishers, 2010.

性的评价言论实际上表明了一个基本事实，即中国共产党已经成了国际社会解读和把脉中国的关键视角。但是外部的舆论总体上是偏向于对中国发展整体布局或者说国家层面的认知，对中国共产党在基层社会治理中的历史、地位和作用，并没有给予普遍、充分、完整和科学的把握。

在西方政治学看来，政党是国家和社会之间的关系纽带，或者说政党通过赢得民众支持，从而掌握国家权力进行社会治理，政党是国家和社会之间互动和沟通的工具。因此，在治理现代化进程中，“政党—国家”“国家—社会”和“政党—社会”已经成为实现有效治理最重要的三组关系。此时，政党出现了两种变化，一方面是政党的国家化趋势日渐凸显，另一方面是政党依然是代表某个阶级或群体根本利益的精英组织，其独立性和自主性也日渐彰显。而这种倾向恰恰是在治理的过程中为了更好地调和国家和社会之间的矛盾，以及为了更好地维护本阶级的利益而产生的。于是，虽然政党仍然是连接国家和社会的工具，但同时在社会治理领域，政党正在发挥独立而独特的作用。政党和大众/选民之间的特殊联结也因为制度和文化、历史等的不同，正在形成独具自身特色的政党文化。而与此同时，“政党—社会”之间的关系也变得越来越复杂。不过，确切地说，无论是在东方还是在西方，政党之间都有共通之处。如从现代政党的职能角度来看，都具有组织动员、价值导向、利益协调以及发展稳定等职能。但是和西方国家的政党相比，东方的中国共产党有着鲜明的自我特质，这种特质是中国政治文化传统的延续，也是中国历史发展的必然，尤其是在基层社会治理领域。

第一，嵌入式政党。这种特质是中国共产党自成立初期就显现的，也就是说，中国共产党从一开始就是和处于社会最底层的工农阶级融为一体的。1922 年党的二大通过的《关于共产党的组织章程决议案》就明确指出：我们共产党，不是“知识者所组织的马克思学会”，也不是“少数共产主义者离开群众之空想的革命团体”“应当是无产阶级中最有革命精神的广大群众组织起来的为无产阶级之利益而奋斗的政党，为无产阶级革命运动之急先锋”。而为了建立无产阶级政权，就必须深入基层，以党小组形式积极活动，动员最广大的人民群众团结斗争。因此，党的基层组织经常被形象地称为党的工作的“神经末梢”或“毛细血管”，这不仅形象地说明了中国共产党和基层社会的密切关系，而且表明了中国的国家—社会治理结构的统一性。

值得注意的是，在设立基层党组织的基础上，为了更好地实现对非党组织的领导，中国共产党成立了党组。党组是中国共产党对社会领域的组织嵌入，同时也是一种重要的嵌入式治理机制。在十九大党章中，党组任务在此基础上又新增加了"加强对本单位党的建设的领导，履行全面从严治党责任"内容，更加强调党组领导核心作用的发挥。同时，也新赋予了党组"讨论和决定基层党组织设置调整和发展党员、处分党员等重要事项"职权，并把与机关和直属单位党组织的关系由"指导"改为"领导"。党组是执政党进行社会治理的重要组织资源，也是政党和社会互动的重要方式，它和基层党组织一起，能最大限度地"把党内党外、国内国外的一切积极的因素，直接的、间接的积极因素，全部调动起来"，嵌入既有的经济、社会、文化等职业型组织之中，展现了执政党的组织能力、动员能力和治理水平。

第二，人民型政党。推动国家和社会进步的原始动力来自社会各阶层与广大人民群众。英国元帅蒙哥马利 1960 年访问中国后发表《我同毛的会谈》中说："毛泽东的基本哲学非常简单，就是人民起决定作用。"①《中华人民共和国宪法》总纲第二条：中华人民共和国的一切权力属于人民。中国共产党的根本宗旨就是全心全意为人民服务，主权在民的原则就是把人民的利益与要求置于政治的核心地位。党章明确规定："中国共产党坚持全心全意为人民服务。党除了工人阶级和最广大人民群众的利益，没有自己的特殊利益，党在任何时候都把群众利益放在第一位，同群众同甘共苦，保持最密切的联系，不允许任何党员脱离群众，凌驾于群众之上。党在自己的工作中实行群众路线，一切为了群众，一切依靠群众，从群众中来，到群众中去，把党的正确主张变为群众的自觉行动。"不忘初心，牢记使命。这是中国共产党同一切剥削阶级政党的根本区别。

因此，在中国城市社区治理过程中，基层党组织、党员都是其中的重要参与者，在培育社会组织和连接社会组织进社区，在积极推进基层群众自治、协调或调节社区治理矛盾等各方面都秉持了"一切为了人民，一切依靠人民"的基本原则并发挥了重要作用。与此同时，社会建设的制度化和法治化也被迅速

---

① 转引自中共中央文献研究室《文献与研究》《党的文献》编辑部：《中国共产党九十年评忆》，贵州人民出版社 2012 年版，第 277 页。

推进。2018年3月,中共中央印发的《深化党和国家机构改革方案》提出：为适应统筹推进“五位一体”总体布局需要,加强社会建设,创新社会管理,更好保障和改善民生,推进社会领域法律制度建设,整合全国人大内务司法委员会、财政经济委员会、教育科学文化卫生委员会的相关职责,组建全国人大社会建设委员会,作为全国人大专门委员会,并设立办公室、社会事务室、工青妇室、劳动就业和社会保障室等4个正局级办事机构。随后不久,各省市人大也纷纷下设省市级社会建设委员会。2019年,上海市各区也成立区级社会建设委员会。这都进一步增强了政党的社会服务意识,加强了国家、政党、社会三者之间的紧密联系,对政党治理过程中自上而下和自下而上的良性互动提供了重要条件。

第三,主导型政党。无论是从历史的角度还是从现实的需求出发,中国共产党在中国特色社会主义建设中的主导地位都是毋庸置疑的,是历史与现实的经验结果,中国特色社会主义最本质的特征在于中国共产党的领导,这不仅是中国特色社会主义制度的最大优势,而且也表明了,在中国特色社会主义建设事业中,中国共产党的地位、作用以及对“中国—世界”关系的意义和价值,与其他国家和地区的政党是不一样的。党的十九大报告指出:“党政军民学,东西南北中,党是领导一切的。”在这里,“坚持党对一切工作的领导”被作为新时代坚持和发展中国特色社会主义基本方略的第一条。对中国的城市社区治理来说,动员型治理型态中,基层政府和党组织的作用明显是主导者和推动者,体现在政治、经济、社会、文化等方方面面。

但是在参与型和合作型治理型态中,主导作用明显减弱,或者说从外部来看,确实是社会组织和基层自治组织在社区治理中越来越被推崇和重视,尤其是在制度建构方面,赋予了社会组织和自治组织在社区治理问题上以法律上的确认。① 此时面临着两种情形：一方面,基层政府和党组织的“退出”并未丧失对基层社会治理的影响,或者说基层社会治理所需要的政治、经济等权力或

① 随着后两种治理型态的推进,尤其是改革开放以后,中国,特别是在城市中,出现了各种各样的非政府组织,后来随着这些组织对市场经济体制逐渐完善过程中不断地进化和适应条件下,出现了“两新组织”,即新经济组织和新社会组织,新经济组织是指私营企业、外商投资企业、港澳台商投资企业、股份合作企业、民营科技企业、个体工商户、混合所有制经济组织等各类非国有集体独资的经济组织。新社会组织是指改革开放以来,各类民间性的中介组织、社会团体、基金会、民办非企业单位以及各类群众团队等民间组织。

资源依然主要在政府手里；另一方面，进入基层社会治理领域的组织严重依赖地方政府及其行政权力，当然这种现象不仅仅是社会组织本身发展不足所导致的。由此，这带来了双方的互不适应，造成了在社区治理实践中政党和政府并不能实现充分的指导，同时作为共治基础和前提的社会自治的动力和资源的可持续性也令人担忧。

当然，这并不是说，城市社区治理型态的这种进化方向是错误的，而是说，进化方向和治理型态本身的优劣没有必然的对应或直接的关联。如果我们承认，世界上并非只有西方的工业化和自由民主道路是唯一的现代化道路，资本主义也不是历史的终结的观念，那么，我们很容易就会认同，城市社区治理的现代化转型也并非只有一两种模式才能实现，甚至可以说，只要我们基层社会治理方向建立的是基于规则的、更具稳定性的良性社会秩序，那么，“中央统一领导”带来的必然是对基层社会的积极和主动提供强劲的制度保障和来自政治、经济、文化等全方位的支持，而不是相反，更不是要基层社会治理模式千篇一律，而是要多样化、科学化、合理化和现代化。历史的变革不是一刀切或者强行嫁接，而必须是符合历史逻辑，符合本土化规律。

曾经被评为“全国物业管理优秀住宅小区”，并获得了“全国和谐社区建设自主创新奖”“中国人居环境范例奖”等100多项国家级奖项的全国知名优秀社区——百步亭社区，在武汉百步亭集团的领导下，自20世纪90年代成立并发展起来后，打破“区—街—居委会”三级综合服务体系，不设街道办事处，围绕以建强基层组织、服务居民群众、完善社区治理、促进和谐稳定等目标，推动党建引领社会治理创新，建构了基于“建设、管理、服务”于一体，集企业员工、政府职能部门公务员、居民自治组织工作人员以及志愿者队伍于一身，致力于打造“既要居住安心，又要服务舒心、生活开心”的幸福家园。有学者对此高度赞扬，认为这种“企业服务社区”的地产商业模式“为我国的城市社区建设提供了新的思路”“对于提升居民生活质量、提升城市文明程度、促进改革发展、维护社会稳定、夯实党的执政基础具有全局性、方向性和示范性的意义，影响和推动了中国的社区建设”。[1] 应该说，虽然没有完全逃脱西方社区治理模式的

① 张绍泰等：《武汉市百步亭社区管理创新模式研究》，《长江论坛》2009年第6期。

影响,但这确实是城市社区治理的一种创新,至少在某种程度上,百步亭模式为城市社区治理的现代转型提供了一种思路,而且这种思路是可行的。

但百步亭模式的问题仍然在于社区居民的参与共建意识以及社区中介的作用等没有得到充分的发挥,对市场导向的社区治理模式中政府和社会力量的作用也没有给予充分的认知。从现有的百步亭治理架构看,整个社区架构中没有公务员编制,从股权、社区、组织架构到管理,都是百步亭集团这个民企在统筹管理,社区高层也均为百步亭集团的人员,实质上已经形成了民营企业办社区的模式,政府的强制“干涉”非常少。再加上“百步亭社区治理的各个主体存在不平等的问题,党组织、政府职能部门、企业三个治理主体在百步亭社区治理中发挥着重要的作用,但社区居民的参与度不高,参与渠道不足,社区公共活动的形式存在缺陷,社区内第三部门发育严重不足”,因此,“百步亭社区治理模式初步显示出多中心的态势,但距离社区治理的‘善治’目标仍有很大的距离”。① 尽管如此,笔者仍然认为百步亭模式未必适合向全社会推广,但不失为一种探索的勇气。问题在于,能人政治在社区治理中能够持续多久以及如何解决政府、市场、社会三者之间的关系问题,这才是这种模式能否可持续的关键所在。

## 第二节 要“把党带回来”②

出于对国家这个“必要的恶”的警惕,西方传统中始终都有把国家置于不被信任位置的选项。但是政党治理③的普遍化在相当大程度上降低了国家的

---

① 周远思:《武汉百步亭社区治理结构研究》,华中科技大学优秀硕士论文,2013 年。

② Kjeld Erik Brodsgaard and Zheng Yongnian ed., *Bringing the Party Back in: How China is Governed*, Singapore: Eastern Universities Press, 2004.

③ 这里牵涉到一个政治学术语,即“党治国家”。学者陈明明认为:“党治国家”的语式结构有三种,一种是主谓结构,即党对国家实施统治或治理,揭示党与国家政党统治或治理国家的事实;其次是偏正结构,即党统治下或治理下的国家,强调国家受控于政党的状态和性质;再次是并列机构,即党和国具有同等的政治价值和功能(政党具备公权机关身份,国家也充当政治动员、利益表达和综合角色),由此形成党国同构、党国一体。不过,这三种读法没有本质差异,因为无论在哪一种结构中,政党都居于轴心地位。这是近代以来现代政党伴随着革命斗争和民族解放过程的产物。参见陈明明:《党治国家的理由、形态与限度——关于中国现代国家建设的一个讨论》,《复旦政治学评论》2008 年第 1 期。

这种“尴尬”，自然而然地，掌握了国家权力的政党及其代理人也因此成为利益集团或群体角逐的重要标的。当然，近代以来，因为历史、政治、传统、文化、宗教等原因，在东西方社会，现代政党之于国家和社会治理的意义并不完全一样，而且这种不一样是实质性的，不仅仅是形式上的。对中国而言，在转向和推进现代国家的发展和壮大过程中，中国共产党不仅是领导者，同时也是建设者。不仅是政治、经济方面的领导者和建设者，也是社会、文化方面的领导者和建设者，已经成为中国这个庞大身躯持续发展不可分离的重要组成部分。如果强行依照外来经验边缘化、弱化、降低甚或消解这种影响和作用，结果只能是事与愿违。这个逻辑适用于中国特色社会主义的整体性国家建设，也在基层社会治理领域表现得非常明显，改革开放后农村的改革证明了这一点，城市的治理变迁也证实了这一点。

“把党带回来”改变了过去学术研究中无视或边缘化中国共产党的惯性研究范式，并将研究的重心转向描述和解释中国共产党及其领导的政治体制的生存、调整与适应能力以及行动策略上。国内学者也逐渐认识到中国现代国家的起点和历史任务区别于西方国家，并提出了“政党中心主义”及“党治国家”等解释路径和概念框架。① 在这些“重新把党带回来”理念指导下的研究，不仅有利于多元视角考察中国当下社会发展现状，也有利于构建学术研究的中国本土理论和范式。亦如有的学者所认为的，“改革开放以来，中国社会结构发生了深刻变化，传统的社队制及单位制逐步式微，党的基层组织出现一定程度的边缘化、无根化现象，导致基层产生‘去组织化’的碎片状态，缺乏有效的底层利益表达通道和途径，这影响到党执政的基础，也影响到基层社会的治理绩效。执政党积极回应新挑战、新问题，通过‘组织嵌入、体制吸纳、价值引领’等，构建了以党组织为核心的有机整合基层治理机制，力求实现提升治理能力、增强基层治理合法性的目标”。②

2004 年，丹麦哥本哈根商学院亚洲研究中心主任柏思德(Kjeld Erik Brodsgaard)和新加坡中国问题研究专家郑永年出版 *Bringing the Party back in-How China is Governed*(《把党带回来：中国是如何被治理的》)一书，提出

---

① 杨光斌：《中国政治学的学习——反思与知识转型》，《中国社会科学报》2011 年 8 月 30 日。
② 孙柏瑛、邓顺平：《以执政党为核心的基层社会治理机制研究》，《教学与研究》2015 年第 1 期。

了“把党带回来”这个经典的论题。该书重点着眼于改革开放以后中国社会治理的发展和逻辑,分析中国共产党如何通过接触新的社会力量和加强其组织机构来避免对其统治崩溃的预测并使自己恢复活力,并意识到,必须重新把中国共产党带回到对中国发展的认识中。实际上,国外学者研究中国社会并意识到必须“把党带回来”的过程是伴随着我国国家建设和政府治理的发展主线而发生的,即此时,战争和革命状态的国家建设正在逐步转向推行工业革命和城市化的国家建设。由此,国家治理中心开始向下移动,各种资源、政策的重心也开始下移或下沉。这个趋势是跟我国的城市化进程一致的。“基础不牢、地动山摇”,对整个国家—社会治理体系来说,把各种矛盾化解在源头和基层都是最“省力”、最“节约”的优化国家纵向治理结构的最优选择。

实际上,中国共产党自诞生之日起,就秉持着“打碎一个旧世界”“建设一个新中国”的理想而成为中国社会现代化进程中的主导力量。而在 1949 年以后的国家—社会建设过程中,在打造中国城市化道路的进程中,党仍然是现代城市治理核心和领导力量。虽然改革开放以后,为了和国际社会接轨,基层社会治理中无论是理念转换、制度设计还是实际操作中都有边缘化和弱化党的领导的意图或现象,但是这种变革方向很快就被意识到方向走偏了。这一点尤其是对研究中国的国外学者来说,这种走偏的感受是迷惑的和无奈的。但对中国来说,实事求是而言,“把党带回来”是对西方治理理论在中国社会落地生根和把控话语权的一次“反击”,是西方之治理理论进入中国与中国实际结合后的反思和“妥协”。当然,这也是因为中国的改革开放和社会转型本质上是“实用主义”。有学者强调:“邓小平的改革方案不仅涉及一场经济革命,而且在很大程度上还是一次没有得到承认的政治革命,正常改革运动对整个国家进行了一次彻底的变革,囊括从工作方法到人事部门等一系列领域,涉及从普世主义和意识形态模式到一些更接近亚洲新兴国家的发展模型的东西。”① 中国要走的是一条既要保护并扶持来自中国基层的首创精神,又要通过与毛泽东时代不同的方式,重新树立党和政府的权威,为此邓小平意识到“中国的进步必须通过一个训练有素的权力机构进行,而不是绕过它。这是一种比毛

① [英]马丁·雅克:《当中国统治世界:中国的崛起和西方世界的衰落》,张莉、刘曲译,中信出版社 2010 年版,第 125 页。

的唯意志论更切合实际的看法，但同时也是复杂得多的任务”，[①]因此“无论邓小平是否读过斯密的著作，其改革的起源同样是为解决后毛泽东时代治理问题所采取的实用主义行动”。[②] 而这种实用主义对抗衡西方治理理论对中国社会治理的负面影响应该是足够了。

这里就附带了两个问题，一个是政治腐败问题，或者准确地说是官僚制所带来的可能腐败问题对社区治理的影响。纵向来看，似乎官僚制和腐败在实践过程中有必然或者至少的关联，那句“权力导致腐败，绝对的权力导致绝对的腐败”的名言似乎成了研究古今中外各国政治发展和运行不得不面对的魔咒。而对腐败的态度则是不同地区政治、文化、历史等差异的重要表现。西式自由选举制大多通过把政治献金合法化或制度化来规避这一可能的问题，但是在此之外，却无法否认，腐败依然如影随形。亨廷顿认为，“腐化是现代化的产物，特别是政治意识扩大和政治参与扩大的产物。从长远的眼光来看，刹住腐化风需要对这种参与进行组织和协调。而政党便是现代政治中能履行这一职责的主要机构。混乱、集团之间缺乏稳定的关系、没有公认的权威模式，都是滋生繁衍腐化的温床”。[③] 应该说，从价值观而言，政党确实和腐败是对立的。正如学者福特所认为的，“党派观念和腐化行为是两条全然对立的原则。党派观念偏重于某种建立在公开昭示的公责之上的联系，而腐化则以满足私人和个人的利益为出发点，在暗地里进行，不露出任何蛛丝马迹。党派组织的弱点就是腐化的机会”。[④]

但是在资本主义的框架内，学者们把刹住腐败风寄希望于政党，其后果是无解的。就像资本无法决绝利润一样，西方政党和其官僚制度本身是相互契合的。虽然随着时间的推移，西方的官僚制为了追求更加高效、稳定和正义，逐渐发展至成熟的现代官僚体系，但是“西方现代官僚制在运行中因效率低下、脱离民众和忽视公共利益、削弱民主制度等问题日益严重而逐渐陷入困

① ［美］费正清：《伟大的中国革命（1800—1985）》，刘尊棋译，世界知识出版社 2000 年版，第 409 页。

② ［意］乔万尼·阿里吉：《亚当·斯密在北京：21 世纪的谱系》，陆爱国等译，社会科学文献出版社 2009 年版，第 371 页。

③ ［美］亨廷顿：《变化社会中的政治秩序》，王冠华等译，上海人民出版社 2008 年版，第 54 页。

④ Henry Jones Ford, *The Rise and Growth of American Politics*, New York, Micmillan 1858, pp. 322 - 323.

境，由此，官僚制也受到越来越多的批判。西方官僚制困境的根源在于国家的政治统治属性导致官僚制与民主的冲突，以及政党制度导致官僚制的运行缺乏有效的政治指导与协调。而中国政府科层体系由于坚持党的领导和‘以人民为中心’的理念，通过不断的改革和完善，实现了价值理性与工具理性的统一。中国科层制运行的实践对理解西方现代官僚制的困境具有启示意义”。[①] 换言之，与西方社会难以有效降低或根除腐败问题相比，正是坚持全心全意为人民服务，奉行人民至上原则的中国共产党才能有效遏制和打击腐败，才能真正实践亨廷顿和福特等人的理论及其逻辑。

另一个是政党和社会之间的偏重问题。政党的“回归”是回归到新中国成立初期还是改革开放以后？是推行党社分离还是党社一体化？是党组织去行政化还是再行政化？是政党与社会对立还是合作等这些问题都在学者们那里得到了不同的回答。但无论答案如何，归根结底都只有一个核心问题，就是要根据中国的条件和具体实际重新调整政党和社会之间的关系问题。很显然，在现代化的进程中，政党对社会的完全控制是行不通的，社会完全排斥政党也是行不通的，东西概莫能外。有学者“根据中国的实际，近年来各地实践探索的经验，引入‘嵌入性理论’、‘吸纳理论’和‘文化领导权理论’，对应中国共产党的组织、统战、宣传三大主要职能，构建‘组织嵌入—体制吸纳—价值引领’三位一体的整合分析框架，用以讨论当下党组织在基层社会治理中显现的功能，说明其行动的方向与方式”。[②] 这个观点显然是既照顾到了历史，也照顾到了现实，对于实现时代条件下党的领导和社会党建以及社区建设有着充分的启示性和可操作性。

或者说，这不失为一种新的对党和社会关系的有效探索或者说思路，它致力于实现的是在治理现代化进程中政党建设和社区建设的双赢。这就需要：一方面，基层政府和党组织更新治理和执政理念，逐渐调整治理结构，提升治理水平；另一方面，也要增强对社区建设的各种政策和资源支持，通过党组织发挥对社会的整合作用，推进社区治理的系统化治理水平。当然，更重要的是

---

① 姜尔林：《西方现代官僚制的困境及中国实践的启示》，《毛泽东邓小平理论研究》2018 年第 6 期。

② 孙柏瑛、邓顺平：《以执政党为核心的基层社会治理机制研究》，《教学与研究》2015 年第 1 期。

把实现党的科学和有效执政推进到城市社区未来发展的广阔战略空间，无论是设计理念上还是在制度安排上，重构推进政府、社会以及众多基层社会力量共建共享的综合权力机构和运行方式。这其中的关系是相互嵌套，非常复杂和微妙，极有可能无法避免内耗或矛盾，但是只要把这种内耗或矛盾控制在一定的度，最终在成效输出上实现了共同的目的，那么都是值得被肯定的。因为“事实上，中国社区建设过程一方面是国家基层政权的强化建设过程，另一方面也是社区自治不断成长发育的进程。……城市社区治理与基层行政的逻辑困境无非是伴随着中国现代化转型，国家与社会二元分野情境下催生出的围绕国家权力控制和社会资源分配的种种博弈与制衡。这必然是一个纵横交杂着各种因素的蹒跚前进过程，而治理的行进逻辑最终也许都要落在对社区微观层面上的不同利益群体行动策略与协调方案的现实考量上”。①

社会治理是复杂的，尤其是随着时代发展，许多变量纷纷加入，原有的经验、认知等也都在不断被刷新。因此，永远不能套搬所谓理性的普遍适用的规律，所有的制度、经验、建议都不可能绝对完美地解决当前信息社会的冲突及由此带来的舆论冲击，但这并不妨碍在事物发展过程中去探索和能够发现有利于问题解决的短期或长远的路径。这才是社会在矛盾中不断向前发展的根本。

## 第三节 统合型治理型态的日臻成熟

“所谓城市基层治理形态就是在城市基层治理中以权力体系为中心，以公共权力和各类权力围绕各类公共事务处理而形成的权力运行机制为关键，以公共权力以及各类权力实现的稳定的组织结构为基础，以整体权力运行的价值取向为灵魂而形成的整体政治与社会的公共生活的总和。”②所有的事实和

① 沈佳文：《社区自治与基层行政“无缝对接”的逻辑理路——基于国家和社会二元分析框架下的围观考量》，《长白学刊》2013 年第 4 期。

② 郑长忠：《社会转型与城市基层治理形态演进：以上海市静安区临汾路街道的实践为例》，复旦大学出版社 2018 年，前言，第 2 页。

证据都表明,“改革开放四十年来,中国城市社区治理模式逐步定型,既区别于传统的基层管理体制,也区别于西方意义的自治模式。借助强大的政党组织力量,‘厚植执政基础’与‘公共服务下沉’的功能被强势导入社区。在这个过程中,社区成为城市组织体系演进和政策输出的‘终端平台’”。[①] 这是一个在新的历史时期向党和政府统一领导下的纵向权力机制和横向平等合作机制的交叉统一治理新型态——统合型转变的过程,这种转变深受国际社会发展形势和经验的影响,也是当代中国城市基层社会发展的新趋势。这个过程使得城市社区治理不再拘囿于“国家中心论”和“社会中心论”之差异性主张,而是向着基于党领导下的政府、市场和社会和谐运转的具有中国特色的现代治理型态转变。其特征主要表现在党的领导和行政功能的重新加强并强调治理的精细化和治理的现代价值目标。实践表明,当前社区治理型态发展的趋势不仅体现了中国基层社会治理的政治传统,而且符合中国城市社区建设的现实需求。

对当下社区治理的这种状态或者类型,学者给出了诸如“复合型治理”等界定。“复合型治理”在一定程度上指出了社区治理的愈加精细化和现代化的状态,但是在笔者看来,似乎称之为“统合型治理”更加合适。“复合型治理”依然偏向于各个治理主体之间的平等合作关系,反映出了基层政府和党组织的参与者或者建设者身份,但却忽略了基层政府和党组织的领导者和组织者地位,更重要的是,在中国这样极具历史和传统的治理方式中,国家对社会的统合事实被有意无意地忽略了。因此,在现时代条件下,“统合型治理”概念应更是现实的真实写照。当然,这并不等同于否认了城市社区的自治性,而是通过基层政府和党组织的各种资源和政策支持,与社区自治力量相互配合,双向推动。此时,未必需要政府直接“出面”,只需要在相应的制度框架内,靠社区的自身运作即可完成,既实现了党对基层社会治理的领导,同时也实现了活跃基层、完善基层社会自治的目标。

如前所述,运动型、参与型和合作型的治理经验印证了西方社会独特的国家、社会、个体之间的分离乃至对立并不适用于中国的社会现实,反而是随着

---

① 吴晓林:《治权统合、服务下沉与选择性参与:改革开放四十年城市社区治理的“复合结构”》,《中国行政管理》2019 年第 7 期。

城市社区治理实践和基层政府动员自身的发展，三者之间实现了某种更高层次的黏合。在新时代条件下，城市社区治理逐步向党和政府统一领导下的纵向权力机制和横向平等合作机制的交叉统一治理新形态——统合型转变。统合型治理吸取前三种治理型态积累的优势和实践经验，要求加强党的领导的同时发扬革命精神，强调居民参与，推进社会协作，从而在延续群众路线的基础上继续推进党和国家政权与大众的互动以及国家对基层社会统合的制度和经验优势。其中的关键是加强党的领导的同时克服运动型治理条件下对居民日常生活的过度干预，改变参与型治理和合作型治理中基层政府的"被动"局面，最终实现所有治理型态的共同目标，即城市基层社会治理的现代化。由此，新的社区治理组织架构逐渐形成，包括业主委员会在内的自治组织成员组成基本都是在街道或居委会的提名和任命中产生，并直接受其管理(见图5-1)，其余自治组织①包括社会组织则从属于或附属于居委会或街道，所有资源包括权力、人力、物力、财力等的最终决定权都归属于街道及街道所属的区政府。这个架构要求基层社区民众的各种诉求或纠纷需要遵从程序民主的模式，通过相应的基层组织层层上报，从而实现基层治理的有序化和对基层的工作指导与权力制约。

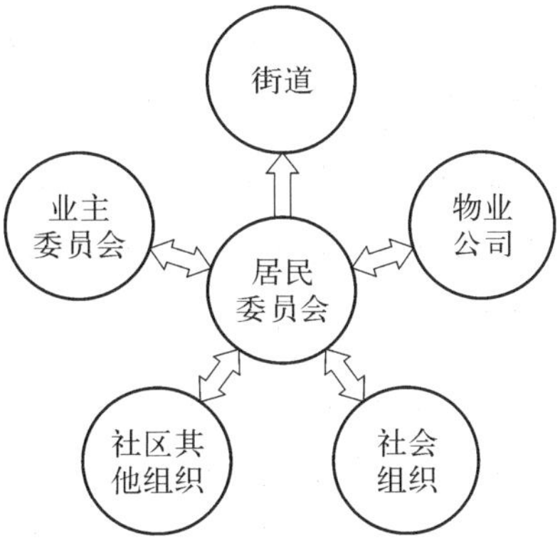


**图5-1 统合型治理型态下的基本制度架构**

统合型治理型态的主要特征表现在如下三方面：第一，党的领导和行政功能的重新加强。如果说参与型治理和合作型治理是刻意弱化党的基层组织在社区治理中发挥主导作用和相应的行政功能，从而着意减少运动型治理负面影响的话，那么在统合型治理中，党的政治、思想和组织领导则是依法行政原则上的重新"回归"。出现这种趋势的原因，一方面是受国际局势的影响。随着中国国力的迅速上升，国际新旧政治秩序处于急剧的变动和调整期，此时，必须加强党的领导，提高党组织的战斗力，从地方到中央，从基层到高层，

① 包括社区内各类文体团队、弄管会、自管小组、志愿服务团队等。

特别是基于城市基层治理的重要性,积极发挥党组织和党员的作用,从而实现党对国家和社会的有效领导,这是保持国家和社会稳定以夺取新时代中国特色社会主义伟大胜利的根本保障。另一方面则是基于前三种治理模式的实践经验探索。在集权制体系中,无论是运动型治理,还是参与型和合作型治理,党和政府的过度参与和过度撤退都是不合适的,必须在两者中间寻找到某种平衡点,从而实现既能加强党的领导和行政功能从而上下贯通党和国家的意志,又能使得基层社会治理保持平稳、健康、有序和充满活力。这不仅是对“重新把党带回来”的崭新认识和实践,也是中国特色基层社会治理的重要表征。

第二,基层政府动员从跨越科层制的“单线动员”局限而施以以项目制为核心的“多线动员”,从硬性动员转向软性动员。① 作为科层制的有益补充,项目制在国家和社会治理中的优势正越来越凸显和普遍,因其周期短、见效快的特点使得各级政府为了迅速和便捷地贯彻某种意图也都倾向于首选项目制。以南京东路街道近些年致力于推进社区治理现代化为例,从 2016 年开始街道实施了首批 29 个自治项目。2017 年,又持续推进了 26 个自治项目。同时,为了增强居民法治意识和推进全区治理法治化,街道所属黄浦区政府在全区又推行了 30 个法治化项目。这些项目把社区内外的资源都动员和统合起来,有目的地开展各种培训活动以培养社区骨干、引导搭建各种社区内部平台、推进社区周边共建等方式以增进群众自治和法治意识及能力,通过推进社区建设、社会组织培育和社会工作的现代化体制,加快资源共享、优势互补、相互促进,形成了政府、市场与社会之间互联、互动、互补的社会治理样态,即基于党领导下的政府、市场和社会和谐运转的具有中国特色的现代治理型态。项目制的推进使得基层党和政府能够直接控制、把握和监督项目进展情况,从而能够更加快速和准确贯彻党和政府意志(见图 5-2)。

可以肯定的是,项目制下所有的项目设定都是具有一定的指向性和引导

① “单线动员”是针对科层制中上级对下级只能发布单向指令而言的,和实行了项目制后可以通过发布多个项目,越过中间层级直接作用于项目负责人相比,后者显然属于“多线动员”。学者陈家建称之为“层级动员”和“多线动员”,参见陈家建:《项目制与基层政府动员——对社会管理项目化运作的社会学考察》,《中国社会科学》2013 年第 3 期。而此处的“硬性动员”和“软性动员”则是从政府动员的方式或手段而言的,前者表现为强制性、有效性、封闭性和被动性,后者则更加突出民主性、开放性和主动性。

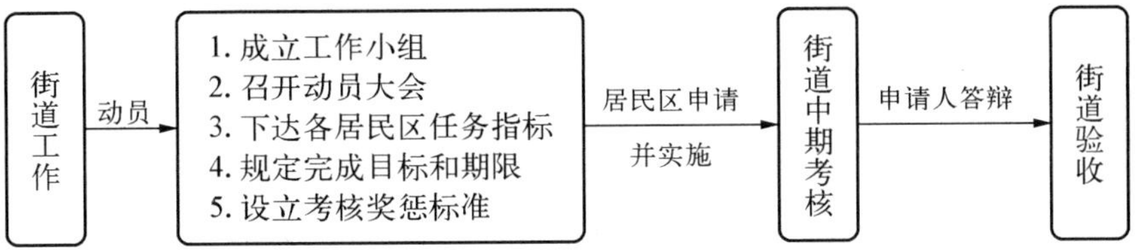


**图 5－2　街道项目制的运作过程**

性的，不仅要求要反映社会现实和社区治理需求，更重要的是通过这些项目，发挥领导者和参与者的主观能动性，加强政党、政府、社会、市场以及社区人之间的互动和沟通，以更好地促进社区治理在理论和实践基础上的创新性探索。因此，项目在实施过程中，在每一个阶段都会有相应的监督或考核以保证项目的落实和完成，并通过之后的反馈进行相应的总结和反思。也因此，在这个过程中，各项目的财政拨付，包括各职务的选任、工作方式、工作时间以及报酬等问题，都由街道及其上级部门提供支持并完成。这样做的结果未必能够完全反映社区治理和发展的所有问题，但是在预防和降低现有科层制的僵化方面，项目制至少提供了一种可行的便捷路径，两者相互配合，增强了社会和社区活力。

同时，基层政府动员方式在社区治理更加强化道德的约束作用背景下也开始更加注重人性化和民主化。或者说，在统合型治理型态中，其基本制度架构并非封闭而是开放的，而且这种统合型并非西方社会意义上的混合型治理模式，而是适合中国本土的基层社会治理模式，是综合了前三种治理型态的优势从而形成的新的治理结构并推进了城市治理现代化型态的形成。

第三，强调治理的精细化和治理的现代价值目标。社会分工精细化和服务质量精细化的现代管理观念的注入无疑有利于党领导下的城市社区治理的现代化趋势发展，社区治理精细化以“始于规则、终在文化”的目标追求致力于实现基于规范化基础之上的治理精细化和个性化，是对追求“治理之善”的明确呼应。因此，统合型治理型态的快速发展是中国城市社区治理向现代化转型的重要表现。和新中国成立初期的运动式治理方式相比，这种新型治理型态以一种有限民主、鼓励参与的方式正在推动中国基层社会治理的制度化、现代化和中国特色化，呈现和其他包括党政资源在内的各种元素相互融合共存发展的开放状态。这种趋势的形成也是社会发展有序和国家健康稳定发展等社会主义价值观指引的结果,党和基层政府正努力寻求建立健全常规化的基层社会治理制度体系,力争以“动员—参与”的方式实现国家—社会—个体之间的良性有序互动,形成基层治理现代化的样板,并最终使这种经验能够被复制和推广。或者说,统合型治理是适合当前中国国情、党情的重要模式,它把党政力量、社会力量和群众力量紧密地连接在一起,共同形成了一个基层社会治理的有机体系,在促进社会稳定、社会发展和推进人民生活有序和谐方面,发挥了相当出色的整合功能。这也是为什么它会受到国内外相关领域专家高度认可的根本原因。

至此,我们可以看出,中国城市社区治理截至目前所出现的四种治理型态是一个不断自我更新和自我完善的过程,每个阶段都有与其他三个阶段明显不同的理论支持和突出特征,同时又呈现出在继承和发展基础上的螺旋式上升特征(见图 5-3)。它充分吸取乃至实践了西方的治理经验和治理理论,并最终在不断的碰撞和调适中从相对封闭走向包容和开放,从而大力推动了适合中国本土发展的治理经验、治理型态和治理理论的现代化转型。这个过程得益于中国善于兼收并蓄、学以致用的传统政治文化精神,得益于中国 40 年来的改革开放政策和 70 余年的本土化实践,呈现的是党和国家推进善治和治理现代化的理性思维逻辑的变迁。

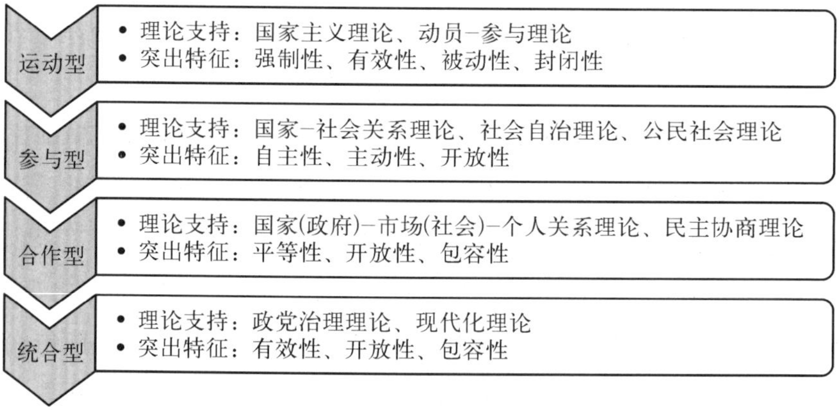


**图 5-3　中国城市社区治理四种型态的理论支持和本质特征**

由此,“城市基层社会治理发展便呈现出累积性特征,具体表现为社会转型的多维性、治理任务的叠加性与治理方式的累积性。而这种累积性特征又导致多维立体治理形态的生成，这种形态将成为新时代中国特色城市社会基层治理的现实选择”。① 现有的积累起来的城市社区治理实践是推进中国的治理理论趋于成熟的重要根基。我们需要对其历史和现实、理论与实践进行广泛而深入的比较分析和总结，尤其是要有对当代社区治理的实践探索经验和未来发展动向的敏锐性和创新性。实践表明，当代正处于完善和成熟过程中的统合型治理是对前三种治理型态的扬弃，是具有中国特色的治理理论在新时代条件下的实践展开，在推进中国城市社区治理现代化的进程中，正发挥着积极的应被肯定的作用。

首先，中国城市社区治理型态的现代转型进程是现代价值取向和治理理念的逐步展现。起源于革命年代的运动式治理曾经是党和国家在革命和建设初期进行社会治理的主要方式，具有鲜明的暴风骤雨式的革命色彩，这种治理模式依靠一波又一波的政治动员来实现，具有时间短、见效快等特征，曾经在新中国成立前后发挥过特殊的历史作用。但随着中国民主政治的不断发展，这种治理手段的弊端也越来越明显，甚至在大多数情形下，具有强制性和实效性的运动式治理手段还会带来相反的效果。此时，运动式治理就失去了其具有的主导性意义。后来的参与型治理和合作型治理则更加强调治理过程中的民主化、技术性、个人化以及在此基础之上的道德性，但显然，在资源有限、社会转型等复杂条件下，过分强调治理伦理无异于望梅止渴。

而统合型治理的出现，既吸取了运动式治理的历史经验，也是对当代党政主导体系下把党政力量嵌入群众自治进程中的政治确认，并由此纳入国家治理体系，同时也回应了社会主义稳定发展时期民主社会建设的基本要求和开放时代条件下对人的生存生活的根本关怀。它满足了城市基层社区的法治化正常秩序运转，弥补了当前群众自治内生力量严重缺乏的局限，也在精细化治理的推进中充分展现了道德的促进作用。就目前的运行效果看，在未来相当长的时间内，这种局面不仅不会有根本性的改变，还会根据中国基层社会发展的实际，和群众自治紧密结合在一起，并不断地被调整以适应当前和未来基层社会稳定发展的需要。

---

① 郑长忠：《社会转型与城市基层治理形态演进：以上海市静安区临汾路街道的实践为例》，复旦大学出版社 2018 年版，第 241 页。

其次,统合型治理的关键是基层党和政府领导能力和水平的提升。对中国城市生活而言,作为个体的大众政治参与冷漠症一直是推进参与政治的难题之一,而中国的集中统一体制和大一统治理传统,也造成大众对政府的"习惯依赖",即党的组织方式和领导方式以及在这种组织方式和领导方式下党群之间的相互适应模式长期存在。在这样的历史惯性作用下,坚持"全心全意为人民服务"的根本宗旨和"一切为了群众、一切依靠群众,从群众中来,到群众中去"的群众路线使得党和群众之间形成了"你中有我,我中有你"密不可分的血肉关系。这种关系直接导致习惯了党的组织方式、领导方式的群众自治的发展,与其说是受限于这种"动员—参与"的模式,不如说是已经适应和依赖这种模式并正从中获益,即用最低的付出——不充分的低度的参与——获得了最大的效益——生存和发展的高度安全感。由此,国家、社会、个人被高度统合在一起。同时,这种适应模式也表现出普通大众对党的政治仰望和党在基层的崇高威望在社会转型期并没有发生本质的改变。

统合型治理不是"由某一方主导而其它各方被定位在参与地位"的参与治理,也不是"在自主、平等的基础上开展合作的"①合作治理,它强调的是党和政府的实质性引导和参与,②综合了现代科层体制和民主运作机制的优势,最终构成党和政府统一领导下的纵向权力机制和横向平等合作机制的交叉统一治理体系。实践证明,这种基层治理体系在促进基层社会安定、团结和有序方面彰显了自身的巨大能量。但由此也可以看出,党和政府的治理能力和领导水平也成为该体系能否健康延续的重中之重,而其中的关键是必须要分清楚党的工作重心和政府的职能边界,不能把社区外部的党政力量引入群众自治内部兜底或代替基层自治组织、社区组织和社会组织等完成基层社会治理,否则就会造成党和政府太累或者社会治理的僵化,而这显然都不符合现代意义上的社会治理理念。

再次,统合型治理是符合现时代条件的具有中国特色的治理手段。主要体现在除了加强和提升党组织的角色和作用,还体现在群众自治和社会共治

① 张康之:《合作治理是社会治理变革的归宿》,《社会科学研究》2012 年第 3 期。

② Xiaobo Hu, "Local Government Entrepreneurship: Public Goods, Public Risks and Public Administration," *China: An International Journal*, 2016, 14: 3, pp. 67 - 87.

的统一。虽然自治的理念是国外理论和经验的总结和流入，但是在和中国实际结合的过程中，因为缺乏西方语境下的市民社会元素和社会性质的不同，中国基层社会反而呈现和其他包括党政资源在内的各种元素相互融合共存发展的开放状态。这和国外的基层自治模式有着巨大的差别。前者以人为本，承接的是历史惯性、公有制和马克思主义政党的社会治理原则，而后者以制度为本，建立在私有制、市民社会和（新）自由主义基础之上并配以宗教世俗化后承担的部分社会治理功能。

同时，统合型治理正在推动群众自治走向新的发展阶段。与统合型治理相适应的新的群众自治模式上承党和国家意志，下接社会大众意愿，一方面，没有改变中国的国家和社会关系的本质、党的治理方式及目标；另一方面，随着现时代条件的变化又不断产生出新的形式和内容，而这些形式和内容似乎更加符合现代化的要求，符合中国社会改革开放以来所追求的为民、稳定和秩序的价值目标。因此，可以认为，在当前时代条件下，新的社区治理模式的形成对中国的国家和社会治理有着重要意义，该模式理顺了社会主义条件下政党、政府、社会和群众的关系，也实践了社会主义的基本原则，即调动一切可以调动的力量，集中发挥各自优势，从而把基层社会建设做到稳步、扎实和有效，成为大力推动国家和社会治理现代化的强有力支撑。或者可以认为，我们似乎是在塑造一种新的群众自治模式，这种新模式不是对原有意义上的群众自治的缝缝补补，而是通过统合型治理和群众自治这两股力量的融会贯通，把自治和共治、德治与法治有机结合起来。或许，这也算是统合型治理型态的意外收获。

更重要的是，统合型治理型态下出现了两个重心，即以政府为重心和以社会为重心的“双重心”治理结构，这种治理结构并非互不服从或对立制衡的关系，而是在党的领导下各司其职的相互协作关系。协商协作并非统合型治理的独特需求，而是任何模式或架构能够持续恒久的必须。

## 第四节　社会转型与社区新整合

从历史经验看，毫无疑问，社会转型对城市社区治理型态的演进起着支配作用,而且这种支配作用表现出几乎全方位的影响力。社会转型概念产自西方社会学的现代化理论,描述的是社会结构具有进化意义的转换与性变,用以说明传统社会向现代社会的转换。具体到当代中国而言,社会转型就是指中国社会从传统向现代的社会变迁,它是一种整体性的社会发展过程,包含着传统因素与现代因素的此消彼长。也有学者认为,广义的中国经济转型就是包括社会主义政治、文化、法律、道德,乃至社会生活方方面面交互作用的中国的社会转型过程,这个过程不仅意味着经济结构的转换,同时也意味着其他社会结构层面(机制转轨、利益调整和观念转变等)的转换,是一种全面的结构性过渡。此时,中国出现了农业的、乡村的、封闭半封闭的传统型社会向工业的、城镇的、开放的现代型社会的转型,总体性社会向一个分化程度较高的社会转变,高度集中的计划经济体制向社会主义市场经济体制转变等社会结构转型和经济结构转轨同时并进、相互推动的典型特征。于是,刚性的、高度统一的、同质性较强的总体性社会结构逐渐呈现出分化的、异质性的特征。国家与社会逐渐分离,①集体主义经济消解,独立的个体逐渐彰显。

总体而言,当代中国社会转型的动力重要来自自发的从下而上的政府外部动力和自觉的自上而下的政府内部动力的互相迎合。孙立平认为该动力来自"国家—民间统治精英—民众"三层结构因子的互动关系的演变,这和另外一名学者的观点相似,李培林也认为:改革开放以来,中国"经济体制转轨和社会结构转型同步进行,但基本上是经济体制改革提供强大动力推动社会结构转型"。② 而在郑杭生看来,实行市场经济体制前的中国体制已经不属于传统体制的范围,"中国的社会结构确实是从一种传统型结构向现代型结构的转型,而相对于结构转型来说,中国的体制转轨并非是从一种传统体制向另一种现代体制的过渡,而是从一种缺乏效率的现代体制向另一种更有效率的现代体制转变"。③ 也就是说,这种转变更重要的是一个效率问题,而不是一个简单的"发展程度"或"发展阶段"问题。或者说市场在社会转型中起

---

① 佚名:《当代中国社会转型研究文献综述》,https://www.douban.com/group/topic/5154472/。

② 李培林:《社会治理与社会体制改革》,《国家行政学院学报》2014年第4期。

③ 郑杭生:《社会学视野下的"中国经验"》,《光明日报》2009年12月3日。

着重要作用,至于社会转型的程度、广度、向度等都和追求效率有关。这样的转型显然和改革开放初期坚持"一个中心,两个基本点"的路线是契合的。

不过,在郑杭生看来,社会结构转型和经济体制转轨两者同时并进,"一方面形成相互推动的趋势,另一方面也相互制约,造成结构冲突和体制摩擦交织在一起,增加了改革和发展的难度"。这就"不可避免地造成社会流动加快、社会分化加剧,经济体制转轨则不可阻挡地引发人际关系疏松,传统联系减弱——所有这些都从各个方面促进市场经济下陌生人世界的形成。'熟人社会'的分量渐次减少,'生人世界'的成分快速增长。于是,新的社会整合的需要,新的社会团结的要求,新的人际和谐的期待,越来越摆在社会和人们面前,这是因为社会分化不能无限加剧,人际关系也不能恶性疏松,陌生人的世界需要新的连接和整合,否则社会将成为畸形的社会"。[①] 来自 2018 年的《世界不平均》报告数据[②]显示,自 1980 年以来,包括北美、欧洲、中国、俄罗斯、印度等世界各国的贫富分化都有越演越烈之势,除了欧洲收入水平差距增长相对较缓慢以外,印度、中国、俄罗斯等地都是迅速扩大,国民收入之间差距在世界各个地区几乎都呈扩大趋势。而这还只是经济上的差距和不平等,更多的或者说更大的因此而带来的社会地位、社会观念、生活方式以及社会心理等方面的不平等则更加明显。

学者孙立平曾在 20 世纪 90 年代访问法国著名社会学家图海纳(Touraine)时提出过一个问题:法国近些年来社会结构最重要的变化是什么?图海纳回答:"从一种金字塔式的等级结构变为一场马拉松赛",意思就是"过去的法国社会,是一种金字塔式的等级结构,在这样的一种结构之中,人们的地位是高低不同的,但同时又都是在同一个结构之中。而在今天,这样的一种结构正在消失,而变成一种马拉松赛。……每跑一段,都会有人掉队,即被甩到了社会结构之外。被甩出去的人,甚至已经不再是社会结构中的底层,而是处在社会结构之外"。而且,图海纳还认为,"现在法国还在继续跑下去的只有四五百万人,其余都是掉队的了。坚持跑下去的,就是那些被吸纳进国际经济

---

① 郑杭生:《社会学视野下的"中国经验"》,《光明日报》2009 年 12 月 3 日。

② 数据来源:Facundo Alvaredo etc. *World Inequality Report 2018*,图片亦引自该报告 PART II, Figure 2. 1. 1a, World Inequality lad, p. 42。

秩序中去的就业者”。[1] 孙立平认为,20 世纪 90 年代的中国实际上也正在发生和法国同样的事情,社会断裂了,一方面,“下岗和失业者”事实上成为“社会中的被淘汰者,他们已经成为被甩到社会结构之外的一个群体,而且这个群体的规模很大”,另一方面表现在“城乡之间”“在工业化和现代化的过程中,整个社会要从一个以农村为主的社会转变为一个以城市为主的社会,这是一个基本的常识”。而因为“大量的农村劳动力和人口导致农业的小规模经营,小规模经营无法实现农业的产业化”,就这样“农民被甩在工业化和现代化的过程之外”。再加上政治、文化、历史等原因,这样断裂的社会“无疑会滋生社会仇恨”。[2] 这样,构筑新的社会共同体,加快形成新的社会认同,就成为国家,尤其是基层社会建设的重中之重。这不仅仅是对历史的回应,更多的是未来社会健康有序运行的必然趋向。

由此,可以看出,在当代中国,社会的快速转型给城市社区建设提出了一个重大课题,那就是如何在开放条件下不断推进和实现社会整合。所谓整合,就是通过某种方式或手段,使不同部分在保持各自性质特点的前提下,相互影响,相互作用,并最终使各个组成部分构成一个有机整体。整合的关键是社会各方力量围绕某个既定的目标,经过相互沟通、交流、碰撞、妥协等过程最终达成某种共识。而显然,因为历史、文化以及传统惯性等原因,社会整合对中国来说意义非凡,尤其是近现代以来从一盘散沙状态经过不断的“组织起来”并凝聚成合力取得了一个又一个革命和建设胜利成果的中国史更是让每一个身处其中的国人对社会整合的必要性和必然性高度认同。

实际上,无论古今中外,如何治理社会并完成对社会的整合,不仅是政治家的理想,也是哲学家的向往。当代社会的整合,其实是从经济领域的社会分工,已经蔓延到了整个社会领域,而在整个社会中,我们可以发现,我们在运用一种综合的而非单一的手段。这种手段在某种程度上展现了现代社会的复杂性,它在努力适应新社会的发展,但是在很多时候仍然显得力不从心,比如战

---

① 孙立平:《断裂——20 世纪 90 年代以来的中国社会》,社会科学文献出版社 2003 年版,第 1 页。

② 孙立平:《断裂——20 世纪 90 年代以来的中国社会》,社会科学文献出版社 2003 年版,第 1—5 页。

争、网络、智能技术等，都无法在现有的手段中获取现有的答案，而只能是在不断的摸索中积累经验。但毫无疑问，需要引领，需要规范和惩罚。这里就体现出了福柯在《规训与惩罚》中对人类生活习惯的养成。其实归根结底，人类的生活习惯，一直在规训与惩罚中成长。

但问题在于，谁来完成社会的整合，如何完成社会整合？

对前一个问题，在1949年之前，国家能力还不够的时候，普遍存在的是皇权不下乡和乡绅或乡贤阶层或对基层社会治理领域的实际把控，或者说国家需要这样的一个社会群体来填补国家对基层社会空间的管理空白，这个阶层也确实在历史上发挥过重要作用。但是在当代条件下，乡绅或乡贤是与现代民主法治不相融合的，因为随着各种法律和制度的成熟并覆盖到社会的全领域，乡绅或乡贤存在的土壤和条件也已经不复存在。

那么企业能否完成社会整合？显然这个也是需要犹豫的。首先，对于企业来说，营利是根本目的，这是市场经济原则，也是资本的原则。但是社会建设的首要目标不是营利，而是维持社会能够良性运行，为最广大的普通民众能够安居乐业保驾护航。期待企业的社会责任感，比如期待企业对社会做出有偿或无偿的贡献，从本质上来说，既不长远也不现实，甚至可以说是不适宜的，企业首先是遵纪守法，谋取利润，是一种经济行为。而如果让一个经济主体做本该政治主体做的事情，结果企业往往会是“左右为难”，以至于两者都做不好，像百步亭集团那样引导和组织社区建设的企业行为是难以被大规模复制的，更何况百步亭集团的企业引导社区建设模式本身也尚处于摸索阶段。毕竟企业或企业家的社会责任感不是强制性的。在市场经济背景下，社会的运行也不可能靠“资本家的良心”。马克思说：“资本家是人格化的资本，”或许可以指望某个资本家成为雷锋，但不能指望全部或大部分资本家成为雷锋。因为从事物本身而言，社会治理属于政治领域和社会领域。

因此，有学者鲜明指出，必须要从政党角度来思考当代中国国家与社会的关系，“在中国社会，国家与社会的关系不简单是两者之间关系，因为作为领导中国社会发展的核心力量，中国共产党不仅是国家政治生活的领导核心，而且是中国社会的组织核心。所以，在中国，国家与社会关系的变化必然涉及到党,该变化是在党、国家和社会三者关系的框架内展开的”。[①] 因此中国共产党是代表整体的政治组织而不是仅仅代表“部分的政党”,它有自己的独立性,但也同时处于国家之内和社会之内,即“作为整体代表的政党嵌入于国家权力结构之中,与此同时又没有脱离于社会”。[②] 正是在这个意义上,中国共产党成为中国社会整合的主导和核心力量。这是从 1949 年以前就已被证明的客观事实。

针对后一个问题,如果从国家—社会的二分法来看,国家总是倾向于奉行国家主义的,即强调国家利益为先,强调社会和民众的服从,但是市场经济却是奉行自由主义,即提倡市场机制,反对人为干涉尤其是国家干预经济。在自由主义理论看来,市场经济就是最合理的经济秩序,任何对自由经济的干预都是不可取的。卢梭(Jean-Jacques Rousseau)根据法国的经验,认为政治秩序的合法性是建立在个人意志同意的基础之上,而不是建立在自然或神意的基础上。在文明状态下,为了保证个人在自然状态下所享有的自由,必须在自由的指引下,才能完成本质即公意的社会契约的缔结。因此,社会整合应该用政治的手段来完成。

而被誉为经济学之父的英国经济学家、哲学家亚当·斯密(Adam Smith)则倾向于用经济的方式来完成社会整合,即运用市场的手段或市场机制形成社会发展的协调机制。他认为社会分工能够带来经济效率的提高,并能形成一种自发的经济秩序。斯密认为,人都是自利的,同时人类又有一种“互通有无,物物交换,互相交换”的倾向,这样分工带来的就不是相互隔离而是相互协作,在“看不见的手”的导引下,分工建立起来的显然是相互依赖的经济关系。但很显然,斯密所崇尚的自由市场不可能解决资本主义的根本矛盾和资本主义市场经济的固有弊端,因为失衡或者不平衡才是资本家在市场经济体制下的逐利过程中所追求和依赖的,只有在不停的失衡运动中,资本家才能斩取暴利。

---

① 林尚立:《社区自治中的政党:对党、国家与社会关系的微观考察——以上海社区为考察对象》,转引自刘春荣等主编:《中国城市基层治理研究读本》(论文集),复旦大学出版社 2018 年版。

② 景跃进:《将政党带进来——国家与社会关系范畴的反思与重构》,《探索与争鸣》2019 年第 9 期。

而与此问题相关，比较有趣的是，同样对社会分工十分关注的社会学学科创始人迪尔凯姆（Émile Durkheim）①则对此持另外的看法，他认为分工的功能主要不是为了优化经济，而在于它对社会秩序的整合意义。他认为，大规模的社会分工现象是在从传统向现代的转型过程中出现的，在这个过程中，一系列社会复杂机制发生变迁，社会分工扮演的则是这个过程中的社会功能，即分工的最大功能不在于它提高了生产率，而在于它的社会意义："事实上，分工所产生的道德影响，要比它的经济作用显得更重要，在两人或多人之间建立一种团结感，使现代社会行之有序，才是它的真正的功能。"迪尔凯姆认为，分工不仅改变和完善了现有的社会，而且使现代社会成为可能。他不断强调，"在任何情况下，分工都不限于经济上的收益，它的意义首先在于它构成了社会和道德秩序本身，有了分工，人们才会同舟共济而不是一意孤行，总之，只有分工才能使人们牢固地结合起来形成一种联系"。② 当然，斯密和迪尔凯姆的分歧并不影响他们都认同经济手段对社会整合的特殊性和有效性。

马克思则从唯物主义和辩证法的角度，认为整合社会绝对不是一种单一的力量，而必须最终依赖于建立在政治、经济和文化基础之上的伦理道德。或者说，依靠的是法律、制度和人们行为习惯的最终养成。学者朱贻庭编写的《伦理学大词典》给道德整合下了这样一个定义：道德整合是指通过具有伦理性的风俗习惯、道德规范、良心信念将社会整合为一个共同体，是社会整合的一种方式，是社会的内在整合。在人类历史上，道德历来就是社会整合的基本手段之一。道德整合既可能是基于某些道德规范要求的，也可能是基于特定道德体系的。现代性多元民主社会的道德整合，由于思想、信仰、良心的自由和道德价值体系的多元性可能，只能是道德规范层面上的。亚当·斯密在其著作《道德情操论》中指出，市场经济应该是一个讲道德的经济，没有诚信、同情心这些基本的道德观点，市场经济就会引发灾难。当然，马克思的道德整合和斯密的不同，马克思强调的是信仰，即建立在对西方资本主义社会的政治、

---

① 即埃米尔·涂尔干。

② ［法］埃米尔·涂尔干：《社会分工轮》，渠东译，生活·读书·新知三联书店2000年版，第20、24页。转引自杨光飞：《分工的意涵：优化经济还是整合社会——亚当斯密和迪尔凯姆对于分工的不同阐释》，《江汉论坛》2005年第3期。

经济、文化的现实批判基础上的共产主义的信仰,是自由人的联合体,是人类社会发展的自由王国,是一种终极关怀。

对中国而言,这种整合的力量来自国家和政党,因为中国的国家和政府是市场经济的主要推进者,本来相互对立的国家奉行的国家主义和市场奉行的自由主义通过社会主义的方式结合在了一起,坚持社会原则为先,反而使得两者之间出现了独有的平衡。这个和资本主义条件下的资本逻辑显然是不一样的。在此平衡作用下,政党才是社会转型和社区整合的主导力量,中国共产党通过法治、行政等综合手段,推动市场经济与社会转型两者之间相互作用、齐头并进,前者对后者的推动以及后者对前者的型塑是紧密结合在一起的。经济体制改革成为社会结构转型最直接的动因。更加需要强调的是,中国的经济体制改革是由政府发动的,它以市场为取向,不断推进资源配置的市场化,由此,市场作用日益扩大,除却关系国家和社会建设安全命脉的部门和领域,政府和市场紧密地结合在一起。这样,在中国的社会转型过程中,政府和市场都是推动力,这是中国社会转型所独有的特征,是未来城市社区发展的重要方向,也是城市社区治理能够成功转型的重要参照。

由此可见,是社会转型的需要推动城市社区奔向现代化的过程中产生了社区新整合的需要,而"党的回归"无疑是满足这种需要的重要保障,是新型治理型态的核心建设力量,这是中国历史的、政治的、社会的、文化的合力,也是基于中国的现实和未来预判的结果。

# 第六章　党领社区：中国的城市社区治理现代化

1978 年的改革开放让我们看到了这样一个既成事实，即主导并建构了当前国际学术话语和体制的国外学术界已经硕果累累，但几乎在所有的学科，中国学术界的话语权都低得可怜。有学者认为，这主要是因为中国的学术是经验主义的传统，总是摸着石头过河，所以没有理论或者理论程度不高，打开国门之后，东西方学术交流过程中，就被西方占了很大便宜。中国做得再好，话语权都在西方学者手里。这是中国文化的问题。而西方则通常长篇大论，理论很多，尤其多的是模型和假设，但经验不足。因此，对中国而言，就是亟须发展自己的理论，总结自己的经验，从而实现理论水平上的赶超。实际上，对中国的学术界来说，"巨变时代正在来临。今天，二战后的自由主义的国际秩序已经进入一个全面松动的阶段，后西方世界秩序呼之欲出。在这样的背景下，长期受西方话语框架影响的中国哲学社会科学，也面临着重构的压力和开新的重任"。[①] 或者说，这也是时代所赋予的历史重任。

著名学者张光直对此非常乐观，他认为，这里"社会科学上所谓原理原则，都是从西方文明史的发展规律里面归纳出来的"，如果不"在广大的非西方世界里的历史中考验"，特别是经过"拥有极其丰富史料的中国史"的考验，就不能说具有"世界的通用性"。由此可见，"西方社会科学的局限性和中国历史

---

① 朱云汉：《突破与超越：21 世纪的中国政治学》，《经济导刊》2019 年第 11 期。

（以及其他非西方史）在社会科学上”有着“伟大前途”。比如黄宗智的“悖论社会”（paradoxical society）概念已经将20世纪中国革命实践中所形成的独特认识方法提高到理论概念层面，以认识和解释与欧美不同的近代中国社会。[①] 这种状况对中国社区治理理论的建构无疑有着新的启发，当然，也应该是重重压力下的奋起。以党领社区为特征的统合型治理就是中国语境下这个“伟大前途”上的重要标识性成果。而且，随着实践的发展，这种治理型态，无论是其辐射半径，还是治理内容也都在悄悄发生变化。

## 第一节　党的建设与城市网络社区治理

进入21世纪以来，全球化进程开始突飞猛进，其主要特征就是信息技术的长足进步，同时，现代化的城市社区治理型态和治理领域的其他组成部分一样，也被嵌入了科技、信息和网络的要素，并成为衡量现代化程度高低的核心标尺之一。更重要的是，日渐发达和复杂的技术加持也使其开始有了新的自主意识。于是，政党在互联网社区中的角色和作用成为中国城市社区治理现代化进程中面临的新课题，党领导下的网络社区治理成效也成为检验城市社区治理优劣的又一重要标志。此时，普遍性地，各国包括政治、经济、文化等权力也同时下沉到整个社会有机体，大众话语权以及由此形成的网络舆情和微权力结构变动成为观察城市社区治理体系运行生态的重要视角。由此，网络社区的出现要求的是城市社区治理的进一步科学化、信息化和高标准化，这对现有的城市社区治理经验构成了新的挑战。

### 一、微权力、信息技术与网络舆情

二战以后，随着普通大众能够在一定程度上和政治精英平等地分享权利和自由，并通过发出自己的声音和以实际行动参与国家和社会事务的治理，大

① 转引自罗志田：《中国的近代：大国历史的转身》，商务印书馆2019年版，第231—232页。

众话语权随之兴起，特别是因为网络平民化的普及，通过网络进行个体表达已日益成为大众参与社会事务的重要内容和典型路径。微权力理论认为，权力是一个无所不在的巨大关系网，每个人都是这个巨大网络中的一员，每个人都有自己的话语权。与此同时，因为信息获取、解读和运用的差异性，网络参与主体的符号化和极端化等原因，微权力正在推动着网络不同群体分离以及群体极化趋势的形成。聚合信息的巨大好处是大众评判准确率的不断提升，这意味着，信息冲突话性传播又带来网络主体之间的冲突性依赖，而这正是当今网络参与主体所处的重要时代特征。

微权力观已经代替传统权力观念成为当代社会发展变化的典型特征。对网络社区治理来说，每个社区人都是社区治理的主体，同时，权力主体一直处于变动和不确定性中，每个人都致力于维护自己的话语权以及对话语权的排他性解释权。而随着社区治理型态的现代化和大数据手段的频繁应用，大众在网络空间剧烈分化的认同感和归属感使得权力网络产生巨大的碎片化、分裂化等极化倾向。因此，微权力一方面促进了网络参与群体极化等现象的发生和发展，并不断影响每个事件阶段的发展走向及事情的最终结果。但另一方面，也给社区治理带来了新课题，即如何应对网络信息的冲突性传播，以及如何应对突发事件引发网络舆情和对现实社区治理世界的冲击。

第一，网络信息的冲突性传播。

网络信息的冲突性传播是现代社会治理面临的典型难题。受参与个体知识构成和偏好差异、网络群体极化趋势以及“沉默的螺旋”效应和“信息茧房”效应的影响，舆情呈现出圈群式传播、非均衡传播、同质化传播和冲突性依赖特征。这无疑成为微权力理论的最佳注脚。这就要求我们必须不断加快网络治理的现代化制度体系建设、推进网络治理的理论形态和范式创新、增强国家和政府机构的公信力和执行力，并在网络技术的开拓式和智能化跟进中，从网络社会内部的结构性变化着手，推动网络治理自身的自洽和协调运作，加快推进虚拟世界和现实世界的有效沟通和合并治理。

一般而言，舆情发酵和影响事情结果的主要有三个要素：首先，网络话语。当个体或群体具有了知识和传播知识的渠道，话语就成为权力的重要武器。但是，大众话语因为个体自身的天然不同，所以又经常表现出破碎性、随机性、非理性、盲目性等特征,有学者认为,“话语体现了主体看待世界的视角和态度,反映话语主体不同的思维方式和价值观念,并对社会现实进行建构。移动互联网的迅速发展,颠覆了媒介场域的话语范式和话语秩序,形成新的‘力量场域’和‘斗争场域’”。[①] 而实际上,在这个新的场域中,大众本身的条件迥异导致大众话语不仅仅是“建构”,更多的是“解构”。被誉为“解构主义”之父的法国哲学家雅克·德里达(Jacques Derrida)指出:事物不存在一个固定的、先在的根本性特征和本质,一切都是变动的、不确定的,意义只存在于解释者的解释行为中,“因为每个读者所具有的词汇踪迹不同,在每一次阅读中的踪迹运动也会不同。所以,不同阅读者在阅读同一文本时会有不同的理解,而同一读者对同一文本的阅读也会有不同的体会……一切都是差异,都是踪迹的踪迹”。[②] 而借助信息技术和网络平台,大众话语权会发挥出超乎寻常的传播力和影响力,来自不同参与主体不同观点的激烈碰撞最终带来的是网络舆情的不断上涨。更重要的是,话语正当性的争夺在分析上述事件的过程中,因为观点不同和网络社会的屏幕化等原因又极易带来舆论和社会的撕裂,甚至于最后被看成是一系列政治事件,其结果就是超出大众话语自身所能够控制的范围。

其次,传媒要素。在传媒领域,媒介往往通过传播其特定立场,建构特殊观念和意向从而影响人们的思想和行动,型塑受众的认知和偏好,而媒体则负责信息采集、加工和传播,前者是载体、手段和渠道,后者则是传播机构或组织。21世纪初以来,中国网络和网民的发展使得传媒行业的新陈代谢前所未有地加快,无论是发展速度、发展路径还是媒体行业理念,都经过了严格和残酷的市场洗礼。其中表现最显眼的是自媒体的异军突起,但是,在愈加发达的网络技术支持下,自媒体经常为了抢占先机,往往把流量置于信息本身的质量之前,全然忘记了传媒行业自身的初心和追求是什么,仅仅为了争夺部分流量,博取抓眼球的新闻效果,经常不做认真仔细的分辨和比较。由此可以看出,网络时代媒介和媒体自身的立场、背景、素养等对事件本身的传播、发展、评判乃至最终处理结果都是异常重要的。

---

① 漆亚林、王俞丰:《移动传播场域的话语冲突与秩序重构》,《中州学刊》2019年第2期。
② 苏琪:《德里达语言哲学思想管窥》,《北方论丛》2013年第5期。

最后，政府行为。通过网络敦促和监督政府行为更加透明和是否有效兼顾公平与效率是当下大众参与的主要路径。整个社区治理主体，包括自治组织或社会组织，也被笼罩在这个被“敦促和监督”之中。因此，一方面，参与城市社区治理的所有主体都对社区治理的优劣担负着相应的责任和义务，但另一方面，占有绝对政治资源和政治权威的政府，配合现有的日渐科学、成熟的制度体系和党的全方位领导，整合社区有生力量，对于问题的最终解决确实发挥了巨大的作用。政府行为对于社区治理现代转型的推进也功不可没。

第二，网络舆情与社区治理。

上述三个要素实际上揭示了一个基本规律，即面对突发舆情，一定要有一定的政治和社会敏锐性，最好是能够在舆情尚未发酵时期就应该正确和合理解决，从而掌握话语主动权。以两年前长生生物百白破疫苗效价指标不符合规定（即假疫苗）引起网络轩然大波一事为例，面对网络热议和社区居民的激动反应，上海敏锐地意识到了此事对上海社会治理的影响以及网络舆情的可能走向，于是，上海疾控中心迅速进行核查并发布核查结果：未采购使用过长春长生生产的百白破疫苗；未采购使用过 2017 年国家食药监总局通报的武汉生物制品所生产的不合格批次百白破疫苗，并迅速发布决定：“已第一时间全面停止使用长春长生生产的各类疫苗。”①应该说这是网络舆情应对一次非常好的案例。

发生网络舆情冲突的原因实际是多方面的，除了网络信息来源不对称、网络的方便快捷等原因外，我们还可以确定起码有如下四个原因：首先，多样语言与参与个体的知识构成差异。德里达认为，“哪里有‘一种语言以上’的体验，哪里就存在着解构。世界上存在着一种以上的语言，而一种语言内部也存在着一种以上的语言。这种语言多样性正在解构所专注与关切的东西”。② 而网络的出现则把语言的多样性推向了更加复杂的境地，因为每个网络参与主体都是一种屏幕化的存在，可观其言、听其声（实际上绝大多数时候只看文

① 龚莎：《上海全面停用长春长生各类疫苗，坚决杜绝不合格疫苗在上海输入和使用》，http://sh.people.com.cn/n2/2018/0724/c134768-31853964.html。

② ［法］雅克·德里达：《书写与差异》（上下册），张宁译，生活·读书·新知三联书店 2001 年版，第 23 页。

字),却不见其人,看不到屏幕背后个体的面目表情和肢体动作,那些影响着个体言论及其目的并代表着身份背景的知识构成在多样化语言的推动下不断重组海量碎片化信息,使得语言的多样化解释就成为现代社会的典型特征。于是,差异和冲突反倒成为网络世界的普遍现象,尤其是在突发事件中,如2019年年末,新冠肺炎疫情突现,随着争论在某个时间点集中爆发,其结果就是把事件迅速推向舆论高潮。更何况,人们普遍对有关此次突发疫情本身的认知也是似懂非懂状态,包括专家也不能及时进行完整准确的解读。由此,人们生理和心理上的安全系数频频降低,对于繁杂信息的辨识显得更加无措,各种朋友圈、同学群、师门群、同事群、亲友群、微博群等的舆情就成为被传播各种消息的最广泛的渠道。其次,网络群体极化效应。对于个体而言,群体认同的重要性不言而喻。"我们期望每个人都三思而行,期望他无论作为单个人,还是与其伙伴同在时,都能受到理智及其利益的指导。但观察结果表明,事情根本不是这样。……当个人聚集到一起时,一个群体就诞生了。他们混杂、融合、聚变,获得一种共有的、窒息自我的本性",并由此屈从于集体的意志。[①] 所谓群体极化,哈佛大学教授凯斯·桑斯坦(Cass Sunstein)给了一个经典的定义,即"团体成员一开始即有某些偏向,在商议后,人们朝偏向的方向继续移动,最后形成极端的观点",他认为,"在网络和新的传播技术的领域里,志同道合的团体会彼此进行沟通讨论,到最后他们的想法和原先一样,只是形式上变得更极端了"。[②] 很显然,极端化之后的社区治理是网络空间失序的重要或者说集中体现。更重要的是,这种极化会很快延伸至现实社会,造成各种不可预料的群体性事件,尤其是在对网络社区治理的各种规章制度还不是很完备的情况下,会给社区治理带来各种包括意识形态斗争在内的不利局面。再次,"沉默的螺旋"效应。不能说群体中的每个人都一定是"乌合之众",但是群体中的从众心理是必然存在的,对绝大多数人来说,孤立是令人恐惧的,因为人们普遍地天然有需要别人认同自己的动机或需求。德国传播学家诺埃尔-诺依曼(Noelle-Neumann)曾提出一种舆论形成的假设,描述了这样一种现象:人们在表达自己想法和观点的时候,如果看到自己赞同的观点,并且受到广泛欢

---

① [法]塞奇·莫斯科维奇:《群氓的时代》,李继红译,江苏人民出版社2003年版,第17、19页。
② [美]凯斯·桑斯坦:《网络共和国》,黄维明译,上海人民出版社2003年版,第43页。

迎，就会积极参与进来，这类观点越发大胆地发表和扩散；而发觉某一观点无人或很少有人理会（有时会有群起而攻之的遭遇），即使自己赞同它，也会保持沉默。意见一方的沉默造成另一方意见的增势，如此循环往复，便形成一方的声音越来越强大，另一方越来越沉默下去的螺旋发展过程。① 而实际上，网络则又大大强化了"沉默的螺旋"效应，因为在网络信息的传播中，人们往往只愿意看到自己认可的新闻和观点，而且无需费力思考，只需寥寥数语，甚或只要动动手指快速点击和转发，就极有可能成为某种舆论的"帮凶"并促其成为"强势"意见。这也是为什么在网络信息的冲突性传播中很难有"握手言和"的结果，往往以一方的暂时"胜利"或者群体分裂而结束，但又往往会导致频繁反转。最后，网络"信息茧房"效应。随着传播体系的个人化、定制化从而导致信息封闭是桑斯坦曾经担心的，2006 年，桑斯坦指出，随着未来世界信息的个人化和定制化趋势越来越突出，当个体只关注自我选择的或能够愉悦自身的内容，而减少对其他信息的接触，久而久之，便会像蚕一样逐渐桎梏于自我编织的"茧房"之中。② 如果说桑斯坦所处时代的"信息茧房"效应尚不明显和不足为惧的话，那么随着当前大数据、云计算等信息技术的持续加码，该效应已经日渐影响到人们的日常生活，仅仅距离桑斯坦的担心十余年，网络就已经成为人们生活的不可或缺并决定着个体或群体的几乎全部生活，因为网络上每一次点击都会被录入并形成用户行为轨迹，而当既定程序对此轨迹进行总结、分析和归纳后，就会给对应用户主动提供或推荐相同或相似的信息链接，无论个人是否愿意。于是，随着人们对事件发展的高度关注，来自各方的信息都成为网络信息"个人化""定制化"的一部分被系统推送。

当然，推动网上信息冲突性传播的还有很多细微的因素，人们会不断通过各种渠道期待获取更多的真实信息，也不断为了证实或证伪某些消息，甚或谋求他人或群体认同，而去发布或传播相关消息。就目前的传播状况看，主要特征有：

一是圈群式传播。一般情况下，人们会普遍认为，"群体将比个人做的更

---

① 参见[德]诺埃尔-诺伊曼：《沉默的螺旋：舆论——我们的社会皮肤》，董璐译，北京大学出版社 2013 年版。

② [美]凯斯·桑斯坦：《信息乌托邦：众人如何生产知识》，毕竟悦译，法律出版社 2008 年版，第 7—9 页。

好,大群体将比小群体做的更好,只要满足两个条件:运用多数规则,以及每个人更倾向于正确”。[①] 但是,这两个条件,在突发事件中,因为信息不对称、参与者判断失误等主客观原因,其实是很难实现的。当前,我们正生活在一个一个的“圈”或“群”中,这些“圈”和“群”成为我们获取信息和把脉周边社会乃至世界形势的重要渠道,只要这些人群和信息足够众多和广泛。这种圈群式存在方式实际上是传统社会中人的社会化或者说是中国社会传统的圈子文化的反映,它把因为城市化所带来的现实中陌生人社会所造成的沟通和交流的没落变成了网络社会中的交互繁荣,后者甚至正在主导着组织或个人绝大部分的生产和生活模式。而且,网络空间社会发展近二十年,我们不仅已经熟悉了这种圈群式生活,而且习以为然。但是这种圈群式传播也带有强烈的指向性,增强的是话语(包括谣言)的可信度和散播速度,于是话语的辨析难度却也在无形中增强了。从某种程度上说,这种传播方式实际上体现的是文化的碰撞和隔离,或者说是一种更高意义上的社交孤独和隔膜。

二是同质化传播。这里的同质化并非是指一般意义上令人担心的媒体丧失个性只追求共性的“求同心理”,而是在当今网络社会信息传播过程中出现的一种重复交叉传播现象。同质化主要表现在两个方面:首先是传播内容的同质化,即在网络参与过程中,特定主体传播的主要内容一般都大同小异,而为了达到尽可能广泛地传播和说服人的目的,还必须要有更高的参与度和重合度,有学者专门以微信为例,认为“微信的各种信息交流互动模式使其在实现社交功能的同时,客观上也成为大众传播的平台,其传播内容的叠加和同质化大大加快了信息传播的速度和广度,私聊、朋友圈和群传播交叉重复传播,基于熟人关系形成扩散式多级传播格局,影响和冲击传统大众传播媒体的信息传播”。[②] 因此,随着网络公共平台的日趋发展和透明,网络参与者绝大多数都只传播自己认同的观点,而对不同观点则普遍漠视之。这种偏好趋同绝大多数时候和参与主体自身的身份背景有关,更和他们的人生观、世界观和价值观紧密相连。其次是传播方式的集束化。在网络社会,能引领和大力传播某一论点的绝大多数

---

① [美]凯斯·桑斯坦:《信息乌托邦:众人如何生产知识》,毕竞悦译,法律出版社 2008 年版,第 27 页。

② 靖鸣、娄翠:《叠加、同质化:微信传播的大众化及其思考》,《中国出版》2019 年第 6 期。

是有着政府背景的官属账号或者拥有大量粉丝用户的大V或公众账号，很少有个人账号能够有此威力。同时，这些账号的旗帜下往往还聚集着众多的同样或相似的呼应性言论，这在无形之中形成了一个个同质舆论聚集场，比如有的秉承批判精神，倾向于对相关新闻的理性监督和批评，有的专心于从国际关系、国家制度体系等角度进行分析，还有的属于身处边缘却关注舆情动向的自我边缘化群体等。同时每一个群体又继续下分形成新的分支从而形成次级传播束，这种因为偏好而自动形成的同质化传播体系随着队伍的不断壮大最终必将影响舆情走势，它不仅引导着舆论方向，而且大力影响着事件结果。

三是非均衡传播。这种非均衡主要表现在两方面：一方面是主要节点事件引起的关注度差异，另一方面是信息接受方的非均衡理解。因为在各个群体内部，所有的传播信息，无论是信息本身，还是接受者的理解和分析都是参差不齐的，而这实际上造成了结果的更加倾斜。很明显，如果没有外力的或者说更多因素的介入，或者至少说内部成员的"觉醒"，那么这种倾斜将会产生更多的"乌合之众"，从而对网络治理和现实社会治理产生负面影响。

四是冲突性依赖。随着网民的日益增多和网络社会的成熟，网络舆情冲突不断出现几乎已经成了网络社会的日常内容，但从另一方面说，众多网民或渠道带来的爆炸式信息聚集也在无形中提升了信息的准确度。往往是某次事件所有参与方的存在、交互和影响力扩散模式的自我更新，并在冲突中又形成某种传播合力。而这种带着民意的传播合力实际上已经深深影响着中国社会结构的变迁，对党和政府决策的影响力也越来越大。换句话说，网络社会信息对于国家和社会治理现代化正在发挥着越来越大的影响力，也正是在大量信息发生、接收和处理的过程中，虽然相互间差异、否定乃至冲突不断，但是最终能够实现对信息的尽可能完整和准确把握的重要一环却恰恰是在差异、否定和冲突之后的信息选择，包括对相关事件的分析和处理也是依赖众多信息处理后才得以实现的。由此，网络信息冲突性传播的结果又形成了冲突性依赖，也只有在这种冲突性依赖中，获取信息的正确性和有效性才能不断提升。或者说是在自上而下和自下而上的舆论应和下，所有参与者的声音都获得了进一步的主体正当性，而这个趋势将成为推动未来网络社会治理形态转型的重要表现。

网络的迅猛发展所带来的治理问题为提升城市社区治理效能提供了很多

思路,面对微权力视角下大众话语权重急剧上升及日益激烈的话语冲突,网络信息的冲突性传播必将随着网络的愈加发展成为网络社会存在和发展的一种普遍现象。但是网络社会治理是复杂的,它和现实社会一样,永远不能套搬所谓理性的普遍适用的规律,所有的制度、经验、建议都不可能绝对完美地解决网络信息的冲突性传播及其带来的舆情冲击,但这并不妨碍在事物发展过程中去探索和能够发现有利于问题解决的短期或长远的路径。

首先,加快社区治理的现代化制度体系建设。从某种程度上说,随着现代科层制的普遍确立和逐渐成熟,当然还包括项目制的后继推行,网络治理的革命性变革和社区治理的现代化需求也正在成为时代的呼唤,而且极有可能成为公共治理领域的创新趋向。全社会的每个参与者都成为这个体系的有机组成部分,都应被纳入参与、构建和维护健康有序的网络秩序的队伍中来。这样,科层制、项目制和网络制将极有可能成为未来中国社会治理的三驾马车。

其次,开放式社区治理的理论型态和范式创新。随着微权力带来的大众话语权在网络上的普及,网络治理的有效性出现了新的动向,即政府和企业已经不再是网络秩序的唯二维护者,面向全社会的网络平台已经吸引了越来越多具有高水平专业知识的大众和媒体快速占有网络话语空间,在不断冲击传统形式主义和官僚主义的过程中,逐步形成了独有的话语力量。越来越多已经成熟的具备了相当大流量的个人或团体账号,主要出于志愿者的身份,在网络社会信息流转博弈中,从信息开始传播的第一时间就推动了信息的自我"筛选"和"涤荡"过程,为稳定舆情做出了巨大努力。他们未必是权威,但是却往往基于各自的理论和专业背景,能在海量信息中愿意花费时间,抽丝剥茧,抓住事物的本质和关键进行有理有据的分析和辩驳。而这些对普通的媒体和官属账号,其发生过程和最终效果都是后者达不到的。因此,在未来社区治理理论型态和范式创新中,要实现网络治理和社区治理的良性互动,应把网络社区中的志愿服务者因素考虑在内,更新和丰富社区治理体系。

再次,基层党组织和政府机构的公信力和执行力。每次社会事件尤其是突发事件的发生和应对,都是对政党和政府公信力及执行力的一种考验。对中国社会来说,一方面是考验党的干部队伍自身的素质。以人民为中心的原则意识是否始终坚守,全心全意为人民服务的精神是否一以贯之,都是评判国家和政府公信力及执行力优劣的关键。另一方面是考验国家针对突发事件的应对机制。实际上，因为社会的复杂性和处理信息的主观性等各种变量影响，无论是治理国家还是管理公司，都很难对于突发事件有着精确的预估和完美的应对，即便事后通过复盘或计算机模拟出最佳的应对方案，但是一旦面临现实状况，还是会出现各种偏差。这是不可避免的，因为影响因素和条件局限永远在变化。但是在不断增长的对突发事件的应对经验中，却有一条最成功的定律，那就是大众对政党、制度或机构等自身公信力及执行力日积月累的信赖（包括对权威的形成和认同）。这种信赖或许不完全是理性的甚至民主的，但却是非常有效的，尤其是在突发事件的信息传播和治理中，这种长期形成的威信经常是突发事件网络信息冲突性治理的强力保障。

最后，网络技术的开拓式和智能化跟进。信息的冲突性传播和治理并非今天才出现的现象，更确切地说，无论是在现实社区还是在网络社区中，凡是遇到对某一问题的讨论，这种观点之间的冲突和碰撞都是必然的。只不过在网络社区，这种冲突和碰撞所带来的影响会因为屏幕化、传播快捷等原因显得更加容易扩散。随着中国社会多元化的进一步发展，在网络参与和治理过程中，这种冲突却往往从个体的自述变成了群体的狂欢，并在事件发生过程中总是有部分参与者运用语言的或暗示或嘲讽乃至挑衅的方式推波助澜。而归根结底，就是要尽快从根本上切断不良或不实信息的传播途径，或者运用更加翔实的有着权威来源渠道的信息与之形成对冲，并逐步消解这种舆论所带来的负面效应，无疑，这对降低或化解群体极化和“沉默的螺旋”效应是十分有益的。而最直接的和迅速的对策就是给信息强制性加入“超级链接”，或通过关键词等方式，使每条新闻信息的发布都自动推送相关正式渠道信息链接，以方便大众辨识。由此利用科技的不断发展，配合网络治理的理论形态和范式创新，从网络社会内部的结构性变化着手，推动网络治理自身的自洽和协调运作，由此维持社会和社区治理稳定有序。

## 二、党的建设与网络社区治理

坚持和加强党的全面领导是新时代党的建设总要求的重要内容，因此，把党的建设和网络社区联系起来的目的,与其说是要充分认识到党的建设在网络社区治理中的重要作用,还不如说是因为未来信息技术的大发展和网络社区治理中党的建设的特殊性,还必须充分意识到党的建设在网络社区治理中所面临的诸多挑战。而围绕这一点,学界还没有在理论上给予充分的有针对性的认知和支持。通过上述分析,我们可以很清晰地看到,除了迅速和便捷之外,网络社区本身有着独属于自己的语言符号体系、交流互动方式以及因网络社区本身的特殊性所逐渐成熟起来的有别于现实社区治理的网络社区治理架构。在这个架构中,权力主体的来源是多样化的,海量信息在不同主体之间的相互激荡反映了现实社会的即时变动,也在客观上做到了通过冲突式治理推动着系统的"自清洁"行动。尽管这种"自清洁"往往并不彻底,但是对占了人口绝大多数的网民而言,其影响力却是处于半熟人社会、陌生人社会影响下的现实社区治理所无法比拟的。甚至可以说,网络社区正在成为普通大众日常生活的新归属,也逐渐形成为政治学和社会学意义上的网络共同体,这无疑开拓了国家—社区治理的新场域。

因此,越来越多的呼吁致力于充分利用网络化、信息化模式,建设网络党建社区,创新党建工作模式。但遗憾的是,绝大多数地方这样做的出发点还是把网络当作社区治理的工具,是把现实社会中人与人的碰面变成了众多"圈""群"中敲出的一个个字符或发出的一条条短信,传统的社会交往联系被接入网络,现实社区的党建活动却在网络化的社区治理中面临着断裂。而且,工具化的网络党建所致力的方向是"内网"或极小范围内的"局域网",即局限于"块"而不是"面",这就导致社区治理反而失去了或者说是忽略乃至误解了网络本身的特性和内涵。而实际上,网络空间已经发展出一套独特的语言、符号、记忆、信息处理和运行模式,在约 9 亿网民参与的基础上,其影响力尤其是对现实世界的冲击力正迅速扩大。换句话说,我们还没有正确理解网络社区这个概念,还没有完全把握住网络共同体的内核。

在笔者看来,就社区治理而言,简单地利用网络技术推动社区治理的便捷化仅仅是治理现代化的初始阶段,当然即便是初始阶段,也要认识到,这种便捷化带来的是整个社区治理和国家治理体系的颠覆性变革。因为网络的普及所带来的最终是权力归属问题。对普通网民而言,谁能在网络上说话、能说什么话、谁有权力禁止对方说话、谁来决定谁能成为参与的主体……这一系列问题实际上都指向了网络社区治理的现状和未来发展趋势。所以，要充分认识到，网络社区不是现实社区的虚拟化，更不仅仅是现实社区的映射，更确切地说，网络社区是基于信息技术发展之后，在城市社区治理现代化转型进程中需要被全面认识的新阵地，而在这个新阵地上如何彰显党的领导作用，进一步加强党的建设也是我们面临的新课题。虽然目前部分社区在一点点推进“网络党建”，积极努力打造服务人民群众的新平台，但是在整体上还做得远远不够，而且，目前的效果并不尽如人意。

这其中首要的原因就是对网络社区的认知不够。网络社区不是把社区事务搬上网，或者从更高层面而言，网络社区已经不属于某个社区，而是被架构于整个国家治理体系之中，成为基层社会治理的重要组成部分。从某种意义上说，也可以认为是身处可以平视化的社区变成了立体化的交往领域，城市社区治理在时间和空间上的拓展无疑给传统的城市社区治理经验带来了全新的感受，新的治理型态被注入了新的变量，也必然引起后续连锁反应。其次就是党建在网络社区中“找不到人”，即在网络社区中，除了官方账号外，其他的参与主体，包括党组织和党员的身份全部都隐藏在字符背后。尤其是当舆论汹涌的时候，互联网社区的这种隐蔽性问题就显得异常突出，党组织以及党员队伍一般是“看”不到的。那么如何做党建？这就和现实社区治理经验产生了巨大的冲突，实名认证对此是无解的，实名认证有助于网络自身秩序的规范，但是对于网络上的党的建设助益并不显著。更重要的是，现有的经验似乎证明，网络社区这种“找不到人”的状况反而在增进网民与党和政府之间的关系上是有益的。这是因为：一方面，每次网络舆情的迅捷有效处理都是一次展现党和政府全心全意为人民服务的良机；另一方面，党和政府的社会公信力也在每一次对治理体系积极有效的考验后在广大群众中迅速提升。如此一来，这种“找不到人”的状况反而促进了网络社区党建的成效，因为在这个过程中，网络信息的公开迅捷有助于践行宪法所赋予人民群众的参与权、知情权和监督权，网络社区大数据能够迅速有效地传递网络社区的民情民意，有助于推动无数基层党组织和党员，尤其是政府机关，更进一步践行全心全意为人民服务的理念，有助于大力推进网络共同体良性运作，并最终达到党的建设和网络社区治理互相促进的目的。其实这是一个看似相悖但实际上非常合理的现象,也就是说,正是因为“找不到人”,反而增强了党的领导,增强了党和政府在群众中的威信,因为对大众而言,直接的监督或监管会带来一定程度的紧张。而这种治理样态恰恰是真正做到了党建的润物细无声,体现出了全心全意为人民服务的思想精髓。

目前问题比较突出的是,和传统社区治理相比,城市中的网络社区治理还不得不面临因为信息技术本身所带来的受众群体分化,以及因为这种分化所带来的不同的需求。或者说,是社区治理型态的信息化、精细化等发展倾向对党引领社区治理提出了更高的要求。表现比较明显的是因为年龄段的不同所带来的必然不同的应对方式,针对这种差异化现象,虽然当前的社区服务组织,特别是居民委员会一直在做应对的努力,但是鉴于居委会自身不断被弱化的权威和被削减的权限等原因,实际上在现有的社区条件下仍然属于对社区治理现代化的边边角角的缝缝补补,对建构成熟的信息化社区治理体系还存在一定的时间上的差距。

一是老年群体。据国家统计局发布的人口数据:截至2018年年末,我国最新的老年人口数据为:60周岁及以上人口24 949万人,占总人口的17.9%;65周岁及以上人口16 658万人,占总人口的11.9%。而按照国际上通常把60岁以上的人口占总人口比例达到10%,或65岁以上人口占总人口的比重达到7%作为国家和地区进入老龄化的标准看,中国已经进入老龄化社会,并成为全球老龄人口数量最多的国家。而上海的数据更加不容乐观,上海是我国最早进入老龄化社会的城市,也是我国老龄化程度最高的大型城市。上海市老龄工作委员会办公室、市统计局发布的相关数据显示,据统计,到2018年年底,上海户籍60岁及以上老年人口占户籍总人口的34.4%,而且至今这个比例仍在上涨。

更为值得关注的是,一些老龄人社区的出现,尤其是位于城区就医、生活、交通比较方便的区域。笔者在2016年甚至更早的2007年前后的部分社区走访中,曾特别关注过这个问题,但是结果却发现,相当多的老人是“躺在政府身上”的,他们把信息化所带来的便捷当成了依赖政府的工具,他们不是没有子女,也不愿意到养老院,为了不给工作在外的子女“添麻烦”,就紧紧依赖“更可靠”的居委会干部的义务劳动，包括打针吃药甚至送上医院，同时也不愿意忍受包括物质上的任何损失。于是居委会就不得不定期去，像子女一样，有的甚至自掏腰包每天跟打卡似的去老人家里看看，端茶、递水、晒被子、倒尿壶……包揽家务活儿。虽然这促进了社区的和谐，但是社区工作毕竟纷繁复杂，流动性大，如果因为“一时顾不上”，那后续可能就会非常令人难以接受。

客观而言，这是中国在社会转型期出现的典型现象。以上海为例，上海处于中国现代化进程中的前端，但是在骨子里上海还保留着中国传统政治的浓重痕迹。在老人们的思维里，政府是包揽一切的，那么人老了，就应该政府来养老。他们表现出的是与党和政府的一种亲近和信任，但是反过来，这也对城市社区治理的现代化提出了更高的要求。

二是青年群体。把社会成员铸造成个体是现代社会的特征。20 世纪 90 年代以来，国家通过“双向选择”式的就业、基层自治等政策或手段把个体解放得过于迅速和彻底，而与此同时，社会保障和各种机制体制的不完善，“丛林法则”的日渐严峻，都使得人们倍感孤立无援。尤其是随着城市化进程的加快，主要以青年群体为主流的社会流动大军从各方以分散到集中的态势扑向了有限的城市空间，生存和发展的压力在被斩断了亲友熟人关系的陌生人社会里显得异常沉重，包括学业、婚恋、就业等一系列人生问题都必须自己解决，无论是选择宅家还是外出就业，评价青年群体发展状况的标准也正在越来越去道德化和标准多样化。

这是走向个体化的青年一代，当前这一时期社会的分化机制是适合于流动性，但是整合机制却并不明显，碎片化、原子化成为社会现状的基本特征，面对各国“力争下游”的社会保障政策和没有充分“容纳力”的社会体制，个体被抛进了劳动力市场从而必须独自面对困难。在这个迅速“解放”的过程中，作为社会建设和职业市场的主力军，遭受到最大冲击的无疑是青年群体。因为个体化意味着生活在所有方面都依赖于市场，人们被扔进了劳动力市场，任何无法进入这些领域的人面临的将是社会上和物质上的湮没。旧的“终身的全职工作”形式被各种各样的工作时间的灵活方式所打破，但换来的是一种普遍的就业不安全感，因为信息越来越丰富，竞争越来越激烈，“丛林法则”会毫不留情地淘汰掉能力薄弱者。于是，一方面，青年的自由度和可选择机遇空前增加,但另一方面,他们也不得不承受由此所带来的各种生理和心理的挑战,被迫逐渐或完全把自己置于“孤立无援”的地步。虽然他们不断地进行自我调适,却也不断地遭受更多新的挑战。①

当下青年所面临的这种境况是偶然的吗?显然不是,这是改革开放后中国历史发展的必然,但是却不意味着成为独立个体后的青年都能够坦然地或者游刃有余地解决这些困难。2007—2009 年,青年教师廉思带领他的团队在无数次走访和调研后编写成了《蚁族——大学毕业生聚居村实录》,随着图书的火爆,“蚁族”成了“大学毕业生低收入聚居群体”的代称。② 也如该书中所说,蚁族已经成为继三大弱势群体(农民、农民工、下岗职工)之后的第四大弱势群体:受过高等教育,主要从事保险推销、电子器材销售、广告营销、餐饮服务等临时性工作,有的甚至处于失业半失业状态;平均月收入低于 2 000 元,绝大多数没有“三险”和劳动合同;平均年龄集中在 22—29 岁之间,九成属于“80后”一代;主要聚居于城乡接合部或近郊农村,形成独特的“聚居村”。他们是有如蚂蚁般的“弱小强者”,他们是鲜为人知的庞大群体。这是一个真实的“80后”,“天之骄子”的光环不再惠顾这一群体,他们比普通人有着更多令人堪忧的现状、年轻脆弱的心灵以及无法释怀的青春梦想……他们代表着我们这个社会不能忽视也不应该忽视的最敏感的群体,他们揭示了一代人的痛苦、无奈和彷徨。③ 而这种痛苦、无奈和彷徨都被青年们倾注到了网络上,并最终生活扎根在了网上,在一个个“圈”“群”或“购物车”中,活成了“蚕宝宝”。

这种状况在上海也同样存在。作为流动性强的国际化大都市,深入社区就会发现一个特殊的群体,被称为“沪漂”,但是因为社会治理的差异,和北京相比,“沪漂”并不会以流浪歌手等形式出现在上海的街头,他们更多的隐藏在写字楼里,拥挤在地铁里,和二房东或三房东讨价还价,夜晚安息在老破小社区里或群租房里。如果不是实地看到过,实在很难想象那么小的房间里怎么能住进去那么多人。近些年来,因为城市治理升级以及为了安全等原因,上海各个小区不断着力打击群租,群租现象缓解了不少。但是他们和蚁族一样,此

① 冯莉:《个体化时代城市青年的社会压力及其应对》,《中国青年研究》2014 年第 2 期。
② 柳霞:《廉思:记录“80 后”历史的“80 后”》,《光明日报》2010 年 4 月 2 日。
③ 参见廉思:《蚁族》,广西师范大学出版社 2009 年版。

处不留人，再寻留人处。哪怕他们辛苦几年后，终于在城市里安了家，如果没有父母亲戚的大力加持，养儿养老、医疗教育、职业就业、房贷车贷、日常生活……对青年群体来说，都是他们像陀螺一样每天不停旋转的缘由。社区能提供给他们什么？他们能从社区参与中获取些什么？如果这些获得不足以抵消他们的时间成本，那么除了缴纳基本的水电煤气费和物业管理费，其他的大概和社区的距离就太远了，只有工作才会让他们感到安全。尤其是如果只是租户而不是业主，那么社区里某个房间大概也只是晚上回来休息一下的地方了。社区治理和他们有什么关系呢？参与不参与社区治理又有什么关系呢？这也是楼宇心态之所以产生的重要原因。

因此，和老年群体相比，青年们对现实社区的归属感是淡化的和松散的，而实际上青年才是社区治理现代化的生力军。但同时，也因为各种各样的原因，他们出现了自我主动边缘化、与社区治理不合作等现象。这似乎表明，基层社区缺乏一种核心凝聚机制和流动表达机制。尤其是随着网络社区的兴起，青年群体的工作、生活和学习更加依赖网络，这样的现象和老年人群体倾向于现实社区治理体系的支持相结合，城市社区治理面临的被注入了信息化力量的现代转型需求似乎不能急于求成。

## 第二节　当前社区治理实践中的新探索

从某种程度上说，统合型治理型态的逐渐形成是改革开放后社会转型和社区治理转型共同作用的结果，也是中国特色社会主义道路的重要组成部分。其基本架构、制度支持、运作机理等都是历史和现实的趋成，当然也必然会随着国家和社会的发展而持续进步。可能中间仍会出现挫折甚或退步，但是其最终结果必将是向上的、乐观的。而在这个过程中，包括相关专家学者在内，都应该加强实证研究，吸取经验教训，积极探索符合中国国情的社区建设理论。

统合型治理型态的出现并没有否定前三种治理型态中的全部，而是取长补短，是四种类型中的“集大成者”。现在也仍然有学者认为，动员、参与、合作仍然是社区治理中的重要运作方式,应该进一步推进城市社区治理主体之间的相互平等协作等,说明对于过去的经验,无论是中国传统历史中的还是西方外来的,都对时代条件下的中国城市社区治理有着深远的影响。从根本上说,在城市化、市场化、全球化的大潮下,我们的城市社区治理之所以能够取得社会有序运转的成果,不是一个参与主体的功劳,而恰恰是社区治理所有参与主体顺应历史趋势共同努力的结果。

从现有的研究文献看,在不断意识到基层政府和党组织对社区治理负有重要责任和义务的基础上,我们对社区治理的各种创新型探索也在持续进行,主要包括如下几个方面。

## 一、中层理论

有学者以“社区治理绩效”为基础,希望建构社区治理的“中层理论”:“将理论建构的层次定位在中观层面,很大程度上受到了由社会学家罗伯特·K.莫顿所提出的‘中层理论’的启发,因其并不旨在寻求建构一种概括性的概念体系,同时具备统一而非割裂经验事实的独特优势。正处于社会制度转轨期的我国大中型城市,均面临着如何更好地打开创新社会管理局面的现实考验。当试验性或示范性的基层社区治理模式纷至沓来之时,地方性社区治理实践的多样性也越发冲击着缺乏本土理论支持的尴尬情况。因此,建构专属于‘转变中的城市基层治理格局’的中层理论,则显得尤具有时代紧迫性和现实意义”,由此,“对不断涌现的理论和制度框架参差不齐、区域特征鲜明的社区治理模式其内在的‘地方性知识’进行学理分析,拓展城市社区治理研究的本土化理论纵深”。① 该理论尝试综合“风险社会理论”“国家中心论”“合作伙伴关系理论”“市民社会理论”“福利治理理念”等来剖析和安顿政府、市场、社会这三者之间的关系和三者的位置,从而推动政府的服务导向、社会组织的非垄断倾向和开拓机制的树立,并和市场的可持续性及良性竞争形成意识同构。

① 陈伟、黄洪:《我国城市社区治理中层理论建构与风险管理机制探析》,《南京社会科学》2014年第12期。

## 二、智慧社区

把科技发展成果融入社区治理是提升治理能力的普遍选择。通过搜索标题中带"智慧社区"关键字的论文可以发现，早在 2014 年，或许更早，就有智慧社区的针对性研究，认为"当前，我国正处于信息化社会这个新的历史背景下，随着社会转型速度的加快和政府工作重心的逐渐下沉，社区治理形势日趋复杂，难度日趋提高，人们对公共服务和产品的需求也日趋个性化和多元化。智慧社区就是在这样一个背景下提出并在各地兴起的一个全新概念，作为一种新的社区形态，目的是为了优化基层社区治理结构，提供更好的社会公共产品和服务"。"一方面，智慧社区通过搭建一个信息资源有效整合的共享平台和智慧化的服务平台，推动了社区多系统之间的耦合，使社区资源整合优化成为了可能。另一方面，智慧社区作为一项系统工程，旨在建立智慧社区的治理结构。"[①]近些年来，智慧社区建设随着信息技术在社区治理中的进一步应用，正逐步成为信息化社区建设的重要标志，关于智慧社区的研究和实践也大量出现。但是随着智慧社区概念成为流行趋势，我国的智慧社区建设，理论上重复性研究较多，实践中也开始出现参差不齐的局面，而且因为缺乏更高层次的统筹规划，相关技术应用，比如人脸识别、云数据应用等，也因在社区治理中被过度使用、滥用等而频频受到质疑。

## 三、精细治理

有学者认为，"2011 年中国城镇人口占总人口比例超过 50%，中国进入了一个全新的城市(群)中国时代，城市发展模式也由原来的外延式扩张向内涵式质量提升转型"。[②] 城市人口规模的急剧膨胀，在给城市发展注入新鲜血液、

---

① 徐宏炜：《智慧社区建设背景下的基层社会治理研究——以江苏路街道为例》，上海交通大学优秀硕士论文，2014 年。

② 唐亚林、钱坤：《城市精细化治理的经验及其优化对策——以上海"五违四必"生态环境综合治理为例》，《上海行政学院学报》2019 年第 2 期。

进一步促进社区治理更加开放和包容的同时,也给城市建设和社区治理在整体上的转型升级提出了新的要求,社区治理的精细化成为其中的一个趋势。以上海推进"五违四必"生态环境综合治理、系统探讨城市精细化治理的顶层设计及其实施过程、具体绩效等问题为例,"上海通过权责配置精细化、资源精细化、行动策略精细化、执行过程精细化、社会支持精细化等五个方面的工作,有力地推动了城市生态环境综合治理进程。在此基础上,从法治化、标准化、智能化、常态化和参与化的视角,对进一步提升上海城市精细化治理水平提出了相应的优化对策,主要包括深化城市基层执法体制改革、推进城市综合治理标准体系建设、加强现代信息技术手段的运用、建立健全源头治理机制、建立城市治理决策执行监督全过程参与制度等"。① 实际上,这种精细化治理方向是中国城市社区治理现代转型过程中的必然,或者说是发展到一定阶段后的必然诉求。在大的框架制度、技术手段等基本完成配置的情况下,软支持力量,比如实施细节或程序、文化、环境、安全等都成为进一步的需求,就是一种已经发展但是还未发展完善状况下的自然发生现象。

## 四、参与意愿及其效应评估

应该说,居民的参与意愿成为社区治理现代化的一个问题已经存在很多年了,参与率的高低也一直是衡量民主程度高低的重要指标。一般来说,民主本身,或者说民主实现的基石或前提就是大多数人的意志(也被学者们称为"多数人对少数人的暴政")的综合,如果没有一定量的参与者,那么进入民主程序或进程的民众就会因为数量太少而使整个过程趋向于为少数人的专制。但实际上,参与意愿呈下滑趋势是世界范围内的普遍现象,对城市社区治理来说,参与意愿的强弱所带来的治理效果的影响后果也是存在的。就目前趋势看,参与意愿尤其是年轻人参与意愿的弱化一直是社区治理中不得不面对的严峻问题,因为如果随着陌生人社会以及相应生活方式的形成,不进行一定的干预,参与率过低所带来的负面影响即便一时显现不出来,但是长期来看,却

① 唐亚林、钱坤:《城市精细化治理的经验及其优化对策——以上海"五违四必"生态环境综合治理为例》,《上海行政学院学报》2019 年第 2 期。

会出现“双弱”结局，即参与意愿会进一步降低，治理效果会进一步变差。最终，极有可能，社区治理现代化演变成依靠技术垄断和少数人专断的不自觉，甚至仅仅是少数人专断或腐败的场域，随之而来的是社区治理的恶化，劣币驱逐良币，越来越多的社区人流出，原有社区在脏、乱、差，甚至犯罪的道路上直线下行。当然，这是最差的情况，而且也并非某个国家城市发展独有的问题，从整个治理生态系统演化的视角看，也并非社区治理本身的问题，但关键在人，居民参与意愿的提升对于阻止这样的可能是最有效的。

不过令人期待的是，就目前的治理经验看，这种看似触底的低参与效应正在发生新的变化，因为随着拥有大量用户的网络社区的兴起，参与和监督的阵地正在快速转移到线上，网络民意所带来的对基层行政体系运作的影响越来越大，网络甚至已经成了广大群众表达意愿的主要通道，其中所蕴藏的民众对公权力的集体和无形督导也时时显现，这和现实基层行政体系的变相互动构成了一种新的政民沟通方式。可以想象，随着城市网络社区发展的成熟，网络成为国家和社会治理现代化离不开的手段，这不仅有利于大众表达和推进对大众表达的全面把脉，而且随着网络信息越来越繁杂，未来网络“升堂”将会越来越普遍。因此，值得注意，在这个过程中，极有可能会出现一种新现象，即冲突性治理模式，这就对尽快制定和实施相关网络社会治理法律法规提出了迫切要求。

## 第三节　走中国特色的社区治理现代化道路

“一切历史都是思想的历史而且展现为理性的自我发展，所以历史过程在根本上便是一个逻辑过程。可以说，历史的转化就是逻辑的转化被置之于一个时间的标尺上。历史只不过是一种逻辑，在这里逻辑的先后关系并不是被变成为一种时间的先后关系所取代，反而是被它所丰富和加强了。”①新中国成

① ［英］柯林武德：《历史的观念》（增补版），何兆武等译，北京大学出版社 2010 年版，第 117 页。

立后中国城市社区治理型态的演进历史表明,党的领导是城市社区治理现代化的核心,这不是强加的政治安排,而是中国政治、经济、文化发展必然的历史的产物,它不仅不与自治、合作、民主等产生冲突,反而与之融合成为中国社会主义现代化治理体系的灵魂,并最终成为中国社会整体现代化治理的经典模版。同时,社区治理现代化必然要求建构适合中国本土的具有典型性和一般性的可被复制和推广的社区治理理论。而随着党组织在其中的角色和作用的重新加强及社会开放程度的持续加深,无论治理形态如何变化,从更高的意义上讲,中国的经验也必将会成为相关领域理论体系建构和发展的重要参考和借鉴。

## 一、中国话语条件下的社区民主

在讨论社区民主之前,我们需要对在不同政治环境中关于自由、民主等美好词汇有一定的界定或认识。学者甘阳和刘小枫说:"中国学人之研究西方,需要避免急功近利、浅尝辄止的心态,那种急于用简便方式把西方思想制度'移植'到中国的做法,都是注定不成功的。事实上西方的种种流行观念例如民主自由等等本身都是歧义丛生的概念。"①因为不同的情境会导致巨大的差异。以民主为例,被誉为西方民主理论奠基人之一的熊彼特就曾经明确指出:"民主政治并不意味着人民真正在统治——就'人民'和'统治'两词的任何明显意义而言——民主政治的意思只能是:人民有接受或拒绝将要来统治他们的人的机会。"②可见,熊彼特建构的是一套精英民主理论,它以竞争性选举为核心,对"民主"一词做了完全资本主义的总结和概括,并在西方学界产生了深远的影响。但是熊彼特这里的"民主"过于重视程序,更重要的是,因为认定大众只有选择谁来统治他们的权力而没有成为社会主人的权力,所以自一开始,西式民主和社会主义就是不相符的,或者说是去社会主义的。但这都不能否认"自由""民主"是美好的字眼,社会主义社会需要的是赋予这些美好字眼以

① 甘阳、刘小枫:《总序:重新阅读西方》,转引自[美]多萝西·罗斯:《美国社会科学的起源》,王楠等译,生活·读书·新知三联书店2019年版,第3页。

② 约瑟夫·熊彼特:《资本主义、社会主义与民主》,吴良健译,商务印书馆2007年版,第415页。

社会主义的解读和界定，推动其社会主义化。

那么，在社区民主中其实存在着一个悖论，如果从民主——大多数人的意志——这样一个概念出发，参与率低是不民主的，但治理的效果是不是就一定是不好的，或者没有体现出绝大多数人的意志呢？从目前的实践来看，似乎并不是绝对的。也就是说，出现了能够代表多数人的少数人参与的民主。这样，民主在社区治理中就出现了新情况，似乎应该被称为是直接民主的二次跳跃，即通过类似居委会—业委会—物业的"三位一体"等形式，运用大数据手段，在日常管理或治理中，搜集和积累社区居民较普遍之所思所想，从而简化民主程序，做到民主决策和民主治理。这无论对参与意愿过低的社区还是对降低民主治理的流程来说，都是大有裨益的。

也所以，有学者在进行调查后指出，应当允许社区居民的选择性参与，"居民的社区意识以生活需求为中心，对社会和政治参与具有'应激—选择性'。笔者开展的一项调查表明，81.97％的调查对象仅将社区视为'居住场所'或'一定规模的生活空间'，仅有18.03％的受访者将其视为'共同体'。在日常生活中，'关起门来过自己日子'的想法占据社区居民的主流。一般而言，城市居民对社区具有'五层次需求'，他们首先关注自身的居住品质，而后是安全、环境，最后才是社区交往和参与"。① 而且，实践中也发现，"在越来越多的社区，只要开发商与物业管理公司提供的产品与服务不至于太差，居民就没有挑战秩序的需求。一旦房屋质量或者物业管理太差，难以满足居民最基本的要求，居民才会寻找最高层次的'自治形式'，借用自组织的外壳维护自己的利益，从而引起既有管理秩序、政治秩序的关注"。② 不过问题也是存在的，就是如何监督整个过程、如何判断最后的民主决策确实反映了最大多数人的意愿，以及如何防止这样的运行模式最后成为少部分人谋取不正当利益的温床。

---

① 吴晓林：《治权统合、服务下沉与选择性参与：改革开放四十年城市社区治理的"复合结构"》，《中国行政管理》2019年第7期。

② 吴晓林：《治权统合、服务下沉与选择性参与：改革开放四十年城市社区治理的"复合结构"》，《中国行政管理》2019年第7期。

## 二、社区民主概念的重塑

日本的中国研究学家沟口熊三曾说:“我在七十—八十年代,反对一般常见的、以欧洲的历史展开的价值观为基准、并以它为世界史的或人类普遍原则的这种欧洲一元论的思想方法;而主张多元的世界观,这就是所有的民族各有独自的历史和文化,而且在有着长久历史的民族的历史中,必定有自己独特的同时也遵循着人类历史的发展规律的展开。”①也就是说,在沟口熊三看来,无论是对概念的阐释还是对中国经验的阐释,西方中心论都是不恰当的,应当尊重每个国家和民族独有的历史和文化,并给予独有的解释。

因此,对作为后发国家的中国来说,打破先发优势国家的学术话语或理论话语垄断,重塑自由、民主等概念是建构中国特色社会主义理论体系的重要基础。从实践中看,不仅东西方对自由的理解不尽相同,中国话语条件下的民主也和资本主义话语条件下的民主不是一回事。问题的关键是如何根据中国的实践,在资本主义民主概念的基础上,发展符合中国经验、中国特色的民主概念并对其阐释,城市社区治理的现代化型态所必须被赋予的民主概念也同样需要中国的本土化解读。

历史经验告诉我们,中国共产党和中国政府是中国特色社会主义民主建设的决定性推动力量,因此,必须在增强社会凝聚力、推进社会治理现代化进程中增强党和政府的权威。对中国的大一统政治传统而言,保持统治集团的最高权威是维护一个国家中央集权的必须。邓小平不止一次地强调:“中央要有权威。改革要成功,就必须有领导有秩序地进行,没有这一条,就是乱哄哄,各行其是。”②特别是在20世纪90年代初,他说:“前一段我提出党中央的权威必须加强。陈云同志讲,各路诸侯太多,议而不决,决而不行,各自为政。这个批评是正确的。中央的话不听,国务院的话不听,这不行。特别是有困难的时候,没有党中央、国务院这个权威,不可能解决问题。有了这个权威,困难时也

① [日]沟口熊三:《中国前近代思想的演变》,索介然等译,中华书局1997年版,“致中国读者的序”,第3页。

② 《邓小平文选》(第3卷),人民出版社1993年版,第277页。

能做大事。不能否定权威，该集中的要集中，否则至少要耽误时间。”同时，邓小平明确提出了对不维护中央权威的处理办法：“对于不听中央、国务院话的，处理要坚决，可以先打招呼，不行就调人换头头。”①

在全国纪念邓小平同志诞辰110周年学术研讨会上，刘云山指出：“围绕加强党的建设，邓小平同志提出了许多重要思想……要坚持和健全民主集中制，最重要的就是全党服从中央，维护党中央权威。”历史已经无数次证明，中央的权威对于中国革命、建设、改革和发展的无限重要性。但是这并不意味着民主的缺位。20世纪80年代以来的中国基层民主制度、人大代表制度和党内民主制度的改革进程都证明了民主在中国政治现代化进程中的比重越来越重要。毛泽东在回答黄炎培所提的历史周期律问题时说：“我们已经找到新路，我们能跳出这周期率。这条新路，就是民主。只有让人民来监督政府，政府才不敢松懈。”而民主这条新路对中国而言，不是消解或解构中央权威，反而是在新的时代条件下，与“中央要有权威”相互支持、相互依存。也只有这样，才能在限制民粹主义、打击专制主义等问题中发展中国特色的社会主义。

可以看出，中国人对民主的理解更倾向于实质民主，这种民主是真正的人民当家作主，是在代表绝大多数人根本利益的中国共产党领导下，坚持社会原则的社会主义的民主。这个解释放置在城市社区治理的空间中更是显现出了强烈的实质民主的意味，它不拘泥于传统，也不拘泥于何种方式，而是追求民主的“实惠”，追求最终的治理成效。与此同时，这样的社区民主还能够在实践中不断地自我调整、自我辨别、自我突破和自我提升，利用船小好调头的优势，在基层空间实现治理体系中的民主自洽。

显然，中国城市社区民主对实质性民主概念的新建构是超越了资本主义原则下的西式自由民主内涵的，或者说，在社会主义条件下，能够比在资本主义社会中更好地实践的真正的民主。这是对民主的一种历史的解释，“我们身边的每一处能够被言说、被体悟的事情，如果不能够获得历史解释，它都无法进入理性的思索之中”，比如，“如果我们想要消灭资本主义或战争，而且在这样做时，不仅是要摧毁它们，并且还要创造出更美好的东西来；那么我们就必

---

① 《邓小平文选》(第3卷)，人民出版社1993年版，第319页。

须从理解它们而开始；要看出我们的经济体系或国际体系所成功解决的问题都是些什么，而且这些问题的解决又是怎样和它所未能解决的其他问题相联系着的。这种对于我们准备要取而代之的体系的理解，乃是我们必须在取而代之的工作之中始终保留着的一种东西，作为制约着我们创造未来的一种有关过去的知识”。① 这就告诉我们，要坚持拿来主义，并建构和完善自己的社区民主治理型态，以及与此相适应的所有的政治、经济、社会和文化支持体系。

## 三、政党领导下的社区治理现代化

从现代化逐渐被人们认识和重视以来，在相当长一段时间里，现代化就是和西方的工业化画等号的，也和欧美现代化画等号。但是建立在西方暴力掠夺基础上的西方现代化道路漏洞百出，这条道路所建构的西方文明自始至终都充满了血腥的强权、霸权、不均衡和不平等，而在中国共产党领导下的东方文明道路，借鉴和吸收了其中的优秀部分，并成长为人类新文明。正如学者们所说，“科学的进步就在于一种理论被另一种所取代，这另一种既可以解释前一种理论所已经解释的一切，又可以解释前一种理论所应该解释、但却未能解释的各种类型或类别的事物或‘现象’”。②

坚持中国共产党领导的中国城市社区治理是社区治理现代化的典型特征。放在城市治理域下，我们可以称之为社区精英。当然，当代中国城市社区治理的主体很多，精英只是其中的一部分。但就是这一部分，催动着整个社区治理现代化的运转。实际上，对参与社区治理的所有主体来说，无论是从历史上还是在当下，无论是发达国家还是其他国家，治理永远是一套组合拳，是主观与客观、智慧与勇气、理性与非理性的结合，而这需要长期的实践累积。因此，中国城市社区治理每个型态的演化一定是基于实践而不是各种假设基础上的结果。

综合来看，在中国语境下，城市社区治理的现代化是工具理性和价值理性

① [英]柯林武德：《历史的观念》(增补版)，何兆武等译，北京大学出版社 2010 年版，第 329—330 页。

② [英]柯林武德：《历史的观念》(增补版)，何兆武等译，北京大学出版社 2010 年版，第 327 页。

的高度统一，是纵向社会治理结构和横向网格状治理结构的高度统一，是科层制、项目制和网络制的高度统一，也是治理传统和现代治理经验的高度统一，当然，也是党的领导、依法治国和人民当家作主的高度统一。历史学家陈旭麓认为，近代中国社会的变迁是一个新陈代谢的过程，“新陈代谢并不是一下子全部更新，而是局部地更新。革命和改良是推动代谢的力。也是规律的体现，但有人为的因素，如果过头和不及，会对代谢起破坏和阻滞的作用”。[①] 他认为：“中国的近代是一个动态的、新陈代谢迅速的社会；和西方从中世纪到近代是通过自我更新机制来实现社会变革也不一样，中国近代社会的新陈代谢在很大程度上是由于接踵而来的外力冲击，又通过独特的社会机制由外来变为内在、推动民族冲突和阶级对抗，表现为一个又一个变革的浪头、迂回曲折地推陈出新。”[②]“这是一个山重水复之后峰回路转的过程。在这个过程中有许多同人谋相联系的偶然性，而偶然性的背后则是新陈代谢不可抗拒的必然性。”[③] 从大历史的视角看，这个必然性的背后，不是中国社会的边边角角的变化，而是整个民族国家有机体在历史大趋势中的整体变迁，包括中国现代城市的出现、现代城市治理的探索以及笔者关注的城市社区治理的现代转型，都经历了这样一个新陈代谢、推陈出新的过程。

综上所述，我们要建立的社区治理文明必然包括以下四个方面：

第一，以政党为中心的社区治理。对近代以来的中国来说，现代政党的出现，从一开始就处于社会发展的核心地位，而且，中国从来就没有形成一个成熟的能够与市场或政府对抗的社会。这是由中国的历史文化传统所决定的，也是近代以来中国在民族国家形成过程中救亡图存的历史形势和任务所决定的。由此所展现出来的理论逻辑和事实逻辑，就是政党和国家、社会之间的相互协作和协调。尤其是在直面民众的城市社区治理中（这实际适应于整个基层社会），这种相互协作和协调是政党领导力和人民大众支持力之间关系的最直接检验，也是整个国家治理体系运行优劣或成功与否的最直接展现。以政党为中心的社区治理是中国城市社区治理型态转变的核心线索，缺少了这一

---

① 陈旭麓：《近代中国社会的新陈代谢》，生活·读书·新知三联书店 2017 年版，第 386 页。
② 陈旭麓：《近代中国社会的新陈代谢》，生活·读书·新知三联书店 2017 年版，序，第 3 页。
③ 陈旭麓：《近代中国社会的新陈代谢》，生活·读书·新知三联书店 2017 年版，第 384 页。

点,就无法理解中国城市社区治理的现代化进程。

第二,以实践为标准的治理生态。从中国社会发展的历史经验来看,中国的学术或者理论发展一直是以经验为先,并不首先注重于理论体系的建构。这并不是说解释世界不重要,而是说,在中国从农业社会发展出来的社会治理经验中,首先要面对的是如何应对因为农业发展而产生的对时令等实际问题的理解、认识和运用。但这同样不能说中国传统社会不存在理论或者不存在对理论的追求以及因此所形成的相应的理论体系。就城市社区治理来说,中国相关理论的变化,至少在改革开放以前,政治性的经验性的行动是居多的,民国时期本来就稀少的理论和经验遗留也因为不符合新生社会建设的需求而被扫入了故纸堆。改革开放后前 10 年的西方理论对中国城市社区治理的影响,相比较农村来说,其比较突出的一点,就是自治和民主观念的高调进入,但在后续的实践中不断和中国的政治、历史、文化磨合,才逐渐形成了今天的以政党为中心的统合型治理型态。所以这恰恰验证了理论和实践的逻辑关系,即理论来源于实践,实践也在不断推动着理论的进步。

第三,以人民为至上的价值追求。回顾中国城市社区治理型态的各个发展阶段,我们可以发现,无论发展到什么样态,中国的城市社区治理始终是谨慎的,也是开放的,它在不断继承、借鉴和发展中始终践行以人民为中心的价值理念,展现的是以人民为至上的价值追求。呼吁"组织起来"不仅仅是为了保卫革命的胜利果实,更多的是组织起来后真正让新生的人民政权有力量为人民服务,建立新的良性的符合新的时代和价值观的基层社会运行秩序;推动更多的组织或个人进入社区治理,是基于对基层社会自治的自信,是逐渐建立并提升中央与地方、政府和人民之间的民主实践自觉;而在市场经济发展初始,党和政府也并没有在后退的过程中"撒手不管"或一退了之,反而是为了使基层社会发挥出更大的活力,不断培育各种社会组织或民间组织,使其在社区治理过程中发挥其应有的作用……因此,建构基于中国历史文化和政治传统基础上的中国城市社区治理模式和理论,与其说这是中国历史发展的某种惯性,倒不如说是在国家治理现代化的过程中,真正践行基层社会运行过程中自我管理、自我服务、自我监督、自我教育等自治理念。在这个过程中,政党、政府和国家的力量在基层社区领域无论是退还是进,其最高目标依然是不忘初心：全心全意为人民服务。人民至上始终是其中核心价值的最终归宿。这应当是中国城市社区治理现代化的基本认知。

第四，以美好为目标的基层文明。中国人从“站起来”“富起来”到“强起来”，从追求温饱到追求生活的美好，这不仅是中国物质文明建设和精神文明建设的目标，也是中国基层文明建设的目标。基层文明建设首要的追求是良性秩序，是各个职能部门的积极分工和有效配合，更是人民大众在维护良性秩序过程中的自觉，及至于公共道德的成俗与内化。更进一步而言，不再是以经济发展为唯一的标准来判定文明的强弱优劣，不再是以唯以经济的成功赋予道德上的正当，而是以健康向上的经济、政治、文化、道德等因素为综合体的文明风貌。更重要的，基层文明秩序的建构和演化意义还在于它不仅是国家长治久安的基石，是落实党和国家政策、战略和方针最重要的落脚点，还是能够影响甚至撬动整个国家和社会治理体系良性互动和发展的强大动力。相信未来的基层文明建设一定是不断在中国现代化道路上显现的最鲜明的中国新文明意符。

# 附录　探索自治、共治与法治"三治融合"模式，提升城区社会治理效能[①]

## ——基于上海市黄浦区南京东路街道的实证分析

## 一、背景

在完善和发展中国特色社会主义制度，推进国家治理体系和治理能力现代化的过程中，基层社会治理能力的现代化显得尤为重要。因为它决定着基层社会治理的优劣，是处理好基层群众的自治权与政府的行政管理权、执政党的领导权之间关系的关键，也是实现基层社区充满活力和和谐有序的关键。因此，随着社会多元化和开放式治理趋势的增强，必须重新审视基层政府与社会的新型关系，逐步探索和建立多元化、互动式的基层社会治理模式，自下而上地推进中国基层社会治理的现代化进程。

面对当前上海加快转型发展和基层治理现代化的迫切需求，我们的目标应该致力于重新厘定和制定社区治理的新目标和行动纲领，努力提升社区治理的层次和水平，在理念、行动上加快社区治理改革和创新发展的步伐。要能积极调动一切可以调动的力量，根据实际需求不断调整治理思路和方式，把居

① 本篇报告撰稿人为冯莉和陈祥勤，荣获 2016 年度上海市民主法治建设课题研究实务研究类一等奖，并在后续的指导社区治理实践中，直接推动了上海市"三治理事会"（现改为"零距离家园理事会"）的成立和运转，目前，该理事会运转良好。特别感谢上海市黄浦区南京东路街道领导和老师的指点与支持。

民自治、社区共治与依法治理有机结合起来，尝试探索出一条具有地方特色，并能被复制和推广的基层社会治理模式，而这个模式如果能够形成，将对加快推进城市社会治理的现代化进程大有裨益。

## 二、当前南京东路街道社区治理现状

总体上看，南京东路街道（以下简称南东街道）下辖的基层社区状况和上海市整体基层社区治理状况之间有着高度的同质性或相似性。同时，作为上海最早提出和践行基层自治理念和记载城市发展历史的重要区域，南东街道的社区治理在某些方面又有着自己独有的特征。

第一，人口数量大、居住密度高，维持社区和谐稳定的难度增加。截至2015年年底，上海市常住人口总数为2 415.27万人，仅次于东京和德里。其中，户籍常住人口1 433.62万人，外来常住人口981.65万人，后者占上海人口总数已经超出了四成。南东街道作为市中心核心区域和人口居住密度最高的区域之一，面积为2.41平方千米，常住人口6.2万人，其中外来常住人口2.74万人。在这样的人口结构压力下，基层社区的治理问题就显得尤为突出，根据社会现代化发展需求进一步创新社区治理格局、提升社区治理水平也显得更为迫切。由于现有的治理方式难以吸引外来人口的主动参与，社会融入问题就显得异常突出，也给基层社区治理的规范化和制度化也带来了相当大的困难，甚至成为社区治理水平提升的一个难点。

第二，老龄化压力持续增强，适应老龄人口的服务需求增加。截至2015年年底，上海户籍60岁及以上老年人口为435.95万人，比上年增加21.97万人，增长5.3%，老年人占户籍总人口比例由此首次突破30%的关口，达到30.2%。根据上海老龄科研中心预测，上海人口老龄化在“十三五”期间还将进一步强化，到2018年，户籍60岁及以上老年人总数将突破500万，2020年将超过540万人。同时，未来一段时间，上海步入老年阶段的人群中80%以上是独生子女父母，“纯老家庭”现象会愈加明显。南东街道60岁以上老人超过3.3万人，老龄化程度同样超出三成，占30.7%，有的居委会60岁以上的老年人甚至占到了一半以上。老龄化带来的问题除了对社会发展和可持续发展有着一定的影响外,对基层社会治理而言,是老龄化过程中对社区公共服务、日常生活服务、精神和心理调适等需求的压力。

第三,社区参与积极性总体上偏低,提升社区治理可持续和更高发展的需求增加。这个问题不仅是南东街道,而是上海和全国在探索基层社会治理过程中所面临的共同难点和重点。这种状况在城市表现得尤为明显,特别是在上海这样流动性比较大的区域,居民的社区参与度并不高,对青年人来说更是如此,调查显示,有大约85%的新白领从未参与过任何投票选举,只有约15%的新白领在某种程度上参加了投票选举,显示了"弱政治参与"倾向。① 或者说,当前基层居民的社区参与,除了少部分社区干部外,实际上成为常住户籍人口,特别是老龄人口的日常活动的组成部分。在调研过程中甚至还发现,有的小区,社区骨干全部是50岁以上的老年人在自娱自乐,既没有年轻人的加入,也不愿意和周边单位或店铺共建。因此,老龄人口在弥补了社区参与主动性不足、撑起了基层社区治理构成的同时,也折射出了基层社区治理主体的后继有生力量不足的事实。

第四,不同社区和群体需求差异较大,针对群体分裂和分化现象的社会需求增加。南东街道(社区)是二元结构特征最明显、社区形态差异化特征最典型的区域,这种二元结构突出表现在:既有环人民广场、沿南京东路地区的现代和繁华,又有苏州河以南、南京路以北地区的滞后和破败,同时,不同社区以及社区内部因为居住人员的年龄构成、居住区域的新旧程度等原因所带来的群体需求反差相当明显。这种不一致所导致的直接问题就是不能用整齐划一的方式来对待所有的社区,而必须根据每个社区自身的特色和问题制定不同的方案和对策。无疑,不同群体的需求反差也造成实现社区均衡和和谐发展难度相当大。这都加大了基层社区治理的复杂化程度。需要特别指出的是,这种事实上的二元结构带来的治理上的二元特征并非今天才开始出现,而是由来已久,当前已发展到了在价值观、社会心理、生活方式等方面的群体分裂和分化。这就更需要我们谨慎对待。

第五,与社区治理现代化相匹配的大社会格局还未实现,把合作治理理念

---

① 李友梅:《社会结构中的"白领"及其社会功能——以20世纪90年代以来的上海为例》,《社会学研究》2005年第6期。

落实在基层社区的机制需求增加。最关键的问题是，整个基层社区在治理的过程中，社区治理的权力架构和思路需要及时更新，与“强政府”对应的“强社会”或“大社会”尚不成熟。虽然在推进基层治理现代化的过程中，我们在不同阶段提出了不同的目标和价值取向，但在实践中，不管是在制度的成熟化、人员的专业化，还是执行能力的现代化等方面，都折射出当前的治理模式实际上并没有摆脱传统的管理思维，也就造成基于理念基础上的现代化的配套制度无法形成，只能一直处于疲惫的探索中。以养老为例，随着政府的社会服务功能一再被强调，居民躺在政府身上的趋势越来越严重，也造成政府的负担越来越繁重，更越来越“不能放手”和“不敢放手”。尤其是老龄人口对政府的依赖，这种依赖不仅表现在日常事务上，更多的是表现在养老问题上，相当部分的子女把社区养老“托付”给了政府，美其名曰是对政府的信任，是对居委会干部的信赖，但实际上却撒手自己本应担负起来的赡养老人的责任。换言之，对当前基层社区治理的现代化探索实际上因为没有一套成熟的、定型的制度来完成预期的目标，从而造成上至政府，下至个人都不满意，政府的治理成本和治理成效不成正比，而居民的社区满意度也因为各自需求的差异化而显得参差不齐，造成矛盾多发。很明显，不打破这种对既有思想和制度的固守，就不能在基层社区治理方面取得实质性的进步。

以上问题，总结起来就是社区治理理念和制度面对开放时代条件下的现代化需求呈现出的社区治理机制行政化、社区自治浅层化、社区参与差异化、社区治理支撑薄弱化等问题。

同时应当指出，近些年来，南东街道在基层社区治理中取得了相当多的治理成果，这种成果包括：首先，在街道体制改革后的社区自治和共治的活力有所增强。随着上海市一号课题的出台和部署，各区街道及其下属的居委会和各种团体，对基层社区自治也日益重视，这使得社区的活力得到了一定程度的激发。南东街道部分社区活动骨干通过组织或成为志愿者等方式，加入各种社区活动，如编织协会、舞蹈队、读书会、亲子活动等促进了社区居民参与，加强了社区居民之间的相互理解和融合。有的社区骨干（社区领袖）还带头义务为居民提供服务，主动和周边商家协商合作，整顿小区内部及其周边的脏、乱、差现象，从而改善了居住环境，使得小区展现了新风貌。

其次，社区治理的法制化、规范化水平有所提升。依法治国是十五大报告提出的治国方略，时至今日，已经走过了近20年。在这20年坚持不懈的普法宣传，要求“有法可依、有法必依、执法必严、违法必究”的历史进程中，站在现代化最前沿的上海，无论是各项规章制度的完善、各个职能部门依法行政的水平，还是市民的法治意识，都跃上了一个新台阶。作为上海市的窗口区域，南东街道在这方面也做出了自己的成绩，他们把法律专家和律师请进了社区治理事务现场，定期为居民免费提供各种法律咨询服务，这就使得各种社区纠纷虽然还没有成熟而完备的条件全部得到解决，但在街道、居委会等的斡旋和帮助下，依照法律或规章条例，大部分都能缓解和和解。特别是在志愿者队伍、居委会、社区骨干等各种组织和积极分子的推动及带动下，南东街道的基层社区治理工作也在谨慎有序和有条不紊中不断向前推进。

最后，自治意识也有所增强。在南东街道下属的19个居委会中，尽管老房子、老龄化、老观念的“三老”问题突出，但在有限的空间和资源配置下，社区的志愿者队伍，包括党员队伍、保安巡逻队伍等的积极性都在不断地被调动起来。还有部分居民不一味地依赖党和政府的扶持，自主和独立地处理自己的事务，充分阐释了“自我管理、自我教育、自我服务、自我监督”的自治理念。这都在一定程度上表明，随着社会的开放性、原子化、专业化和知识化的提升，居民的自治意识也趋于增强。实际上，实现社会自运转或者社区自治的根本目的就在于使居民对自治形成习惯，并化各种习惯从有形到无形，把自治从自发、自觉上升为自为，并最终通融于社会有机体。只有这样，才能从内而外地保持政令上通下达、社会有序和谐和大众身心通畅。

总起来看，南东街道社区治理在取得一定成绩的同时，面对基层治理现代化的需求，有必要进一步转变思维，真正实现传统治理思路的现代化转轨，向着更好的制度支撑、人文环境和良好的社会秩序，转变社区治理理念，更新相应的治理机制。

## 三、“三治融合”的核心内涵和治理模式解析

南东街道根据辖区特征，以居民区党组织为领导核心、以社区居民自治为

基础，以社区、社会与政府多元共治为依托，以社区依法治理为保障和平台，推动形成自治、共治、法治互动融合的基层治理新格局。简言之，就是把社会组织的部分功能和社区自治对接，在法治的平台上实现整个社区共同体的自运转（见附图 1）。它尝试构建国际性大都市基层社区治理的一种新模式、新的评价体系，并从中探索新的可复制、可推广的经验和做法。

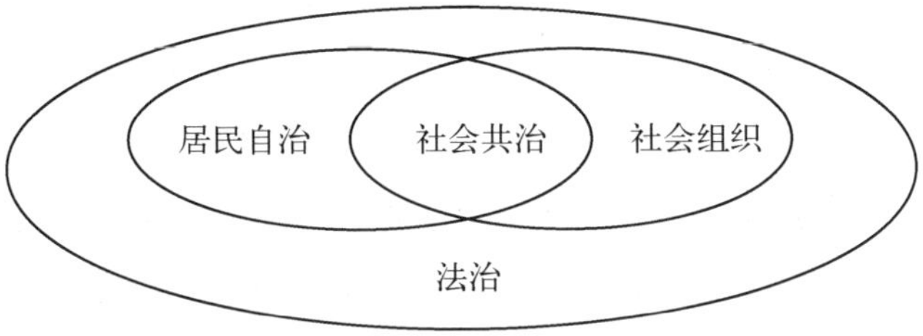


附图 1　“三治融合”模式图析

### （一）“三治融合”——自治、共治与法治在基层治理新格局中的关系配置

“郡县治，则天下安”。尤其像上海这样的特大型国际化大都市，合理构建基层社区的治理体系、治理结构和治理形态，为基层社会的自组织、自运行、自管理奠定必要的组织基础和功能基础，这对于当代中国的国家治理体系和治理能力建设，对于促进社会整体性的公平公正与和谐有序，增进社会各阶层的认同度和团结度，具有不可忽视的重要意义。

南东街道在基层实践中推行的“三治融合”模式，就是通过法治这一制度性的保障平台，推动社区自治与社会共治的互动与融合，在此基础上推动形成习惯化、规范化和法治化的基层治理体系和运行机制；这一模式的实践，对于推动基层治理体系向扁平化、多元化、韧性化和网格化的方向转变，推动基层治理效果的最大化提供了有益的尝试和可贵的探索。在自治、共治、法治的“三治融合”治理体系中，自治是基础，共识是依托，法治是保障。

首先，社区居民自治是基础。没有自治能力的社会是非常危险的，因为这等同于一切都必须依赖政府的统治。而对社会而言，基层治理体系的基础和实质是以社区为平台和组织功能载体的社会自治，保持足够的自治力是避免因政府权力变动而导致自身崩溃的根本所在。我国城市社区在“二级政府、三级管理、四级落实”的基本管理框架下,市一级建立社区管理领导机构,在区一级建立社区管理指导机构,街道一级健全社区协调组织机构,在基层社区层面组织成立居委会、业委会、社会中介组织、物业部门等自治管理机构。针对城市社区自治普遍存在的基层治理机构的行政化和机关化、社区居民流动性高和无组织化,以及社区治理资源的匮乏性和稀缺性等普遍问题,南东街道以“三个强化”实现“三个推动”:一是强化社区自治功能,制定居民区工作清单,梳理界定行政和自治的职责功能边界,推动居委会去行政化、去机关化;二是强化社区自治工作导向,针对街道二元结构,聚焦社区治理顽症,充分发挥楼管会、弄管会、路管会等自治平台的作用,推动居民区更多以自治方式展开管理和服务;三是强化社区工作能力建设,着眼构建开放、多元、互动的社区自治平台,发掘治理资源,配置治理要素,推动形成规范有序、多元协商的居民自治结构。

其次,社会参与共治是依托。激活社会组织,通过社会力量参与社区治理,是形成多元共治的基层治理新格局的重要一环。从我国城市社区的发展历程来看,随着单位社会性功能的剥离和外移,为社区的社会性功能的发育和成长预留了空间。同时,随着人口、资源和要素的市场化流动,对社区的组织和治理提出了更高的要求。要提升社区的组织、管理和服务水平,就要寻求社会多元治理主体参与社区治理,在社区的发育和成长有着社会化的资源依托,从而自治与共治互动融合的意义上重塑社区。针对二元城区结构、“三老”人口结构和差异化的社区形态结构,南东街道以居民自治为基础,以多元共治为依托,构建基层社区治理的“三个功能平台”:一是社区治理项目便捷化参与平台,通过有效引导、氛围营造、政策支持吸引社区各类主体、各类组织群体参与社会共治;二是社区社会资源的互动式嫁接平台,立足共建共享、共惠共赢,推动社区各类资源的整合利用和优化配置;三是社区社会价值的公益性创投平台,利用社会资本和社区资源,支持发展社区公益,助推社会价值投资,创造社会效益。

再次,基层依法治理是保障。随着社区管理和服务功能不断增强,社区在自治与共治联动的基础上形成规范化、法治化的治理结构,是社区建设的必然要求。但实际上,一方面,由于治理体制不顺,城市管理事务层层分解,导致社区不堪重负，自治能力退化，这就要求基层政府依法分解事权、职权、责权，让基层回归自治；另一方面，社区治理主体权责不明，条块关系不顺，功能交叉，边界模糊，利益冲突，这就要求依法界定基层治理各主体的边界、关系和权限，以法治思维化解矛盾，整合资源，引入社会力量参与共治。鉴于此，南东街道在推动基层依法治理的进程中，通过硬法与软法相结合，在自治共治联动共赢中形成规范化的工作机制和法治化的治理体系。一是健全权责统一制度，理顺条块分工关系，明确、梳理和细化社区治理各主体的权力、责任和工作清单；二是实行职能部门职责下沉准入制度，禁止职能部门随意将工作职责下放或下移；三是建立健全街道内设各机构与各中心之间的资源联动机制，促进党的资源、政府资源和社会资源的统筹融合；四是完善社会组织参与社区治理的工作规范，规范形成议题确定、协商议事、项目执行、评估评议和跟踪监督等运行机制。

### （二）多元联动——“三治融合”中的多元治理主体的互动联动与整合

南东街道推行的“三治融合”模式，其主旨就是在自治、共治、法治互动融合的基础上，有效发掘基层社区治理各参与主体的治理资源，积极推动基层政府、社区组织、开放性社会组织和基层党组织在社区层面形成的正向反馈、联合互动、多元一体的基层治理新格局，实现政府功能、社区功能和社会功能在社区层面的合理配置。

一是“三角联动”。在当前城市社区治理结构中，居委会、业委会和物业公司呈现一种“三角”关系。其中，作为社区居民自治组织的居委会要管理社区“全体居民的公共事务”；业委会则以业主为服务对象，是业主行使社区共同管理权的一种特殊形式，主要“管理与物业有关的公共事务”；物业部门是专业服务单位，在传统社区中是公房管理部门与住户之间的管理关系，在新型社区是物业管理公司与业主之间的服务关系。但实际上，由于权责不明、监督缺位和成员非专业化等原因，三者之间经常出现矛盾和纠纷。而且，因为居委会在传统意义上承接着街道办事处等政府或政府派出机构的大量任务，从而具备了行政权威，所以在这个三角关系中，一旦业委会和物业公司出现矛盾，其相应的职责重任经常会直接倒下来，压向第三边（见附图2）。而要理顺社区治理的

"三角"关系,关键是依托基层党的组织,而不是基层组织行政化和机关化,将居委会打造成具有一定权威性和主导性的社区事务管理机构,在协调业委会、物业部门等组织之间关系的同时,对社区事务进行全面监督指导;如此一来,就可以从根本上改变社区治理的"三足鼎立、各自为政"局面,同时可以加强基层党的建设,发挥社区党组织"总揽全局、协调各方"作用。对此,南东街道依托区域化党建,在打造社区党建联合体的基础上,建立一系列制度体系和运作机制,如专题协调例会制度、专项交办督办制度,以及街道和居民区两个层面的综合联席会议制度等,来统筹协调居委会、业委会和物业部门的关系,推进"三角联动"。

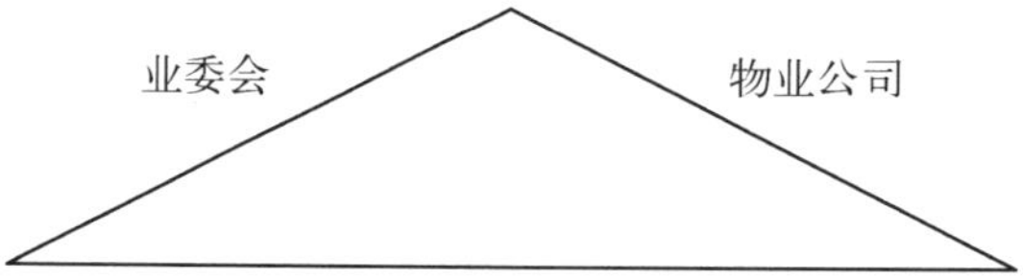


**附图 2　居委会、业委会和物业关系**

二是"三社联动"。所谓"三社联动",是以政府购买服务为牵引,以社区为平台,以社会组织为载体,以社会工作人员为骨干,通过引入专业资源和社会力量,实现服务供给社区,矛盾化解在社区的一种新型的基层治理模式、服务供给方式和社会动员机制。推进"三社联动",既可以形成"三社"的资源共享、优势互补、互惠共赢,又可以形成政府、市场与社会三方在社区层面的交汇与融合,而且还可以形成自治、共治与法治"三治"的联动与整合。对此,南东街道开拓思路,为"三社联动"搭建"四个依托"框架:一是依托资源库建设,引入"数库"和"智库"概念,建立动态需求库、创意储备库、社会资源库、项目孵化库,为"三社联动"提供资源库保障;二是依托项目制管理,把项目制管理作为社区治理的有效抓手、政府购买服务的有效载体和社会工作的有效平台,为"三社联动"提供项目制平台;三是依托专业化培训实现联动,面向社区的工作者、志愿者、人才队伍和群团骨干展开系列专业培训,建立长效机制,为"三社联动"提供专业化支撑;四是依托信息化建设,围绕社区公共服务综合信息平台,实现社区、社会组织、专业社会工作之间的信息共享,为"三社联动"提供信息化空间。

三是“三方联动”。社区是国家、市场和社会发生关系的基本界面，是构建基层治理体系的基本主导力量。合理安排这“三方”在社区层面的边界、关系和功能，既是基层治理的重中之重，又是国家治理的基础环节。不同的主体对社区资源的配置路径、对社区服务的提供方式是不同的：从国家思维出发，社区的管理和服务应当是公益性的、福利性的，因而应当由政府主导，所以曾经在一段时间，社区服务被当作社会保障体系的一部分，由政府运作；从市场思维出发，社区的管理和服务应当走市场化和产业化的道路，通过企业化的方式来运作，但这与社区的公益性和福利性相冲突。随着社会管理中心的下移，大量社会事务和社会资源下沉到社区，以什么样的思路和方式配置社区资源，提供社区服务，管理社区生活，兼顾效率与公平，是社区建设的核心环节。鉴于社区管理和服务的公益性和福利性，以及对市场与社会的开放性，因而可以形成由政府主导，由市场和社会组织运作的新格局。南东街道推行的“三治融合”基本思路，就是以基层治理为主线，以法治、自治、共治“三治融合”的方式实现政府、市场和社会在社区层面的对接、互动与整合，构建“三方”互动、互联、互补的基层治理新格局(见附图 3)。

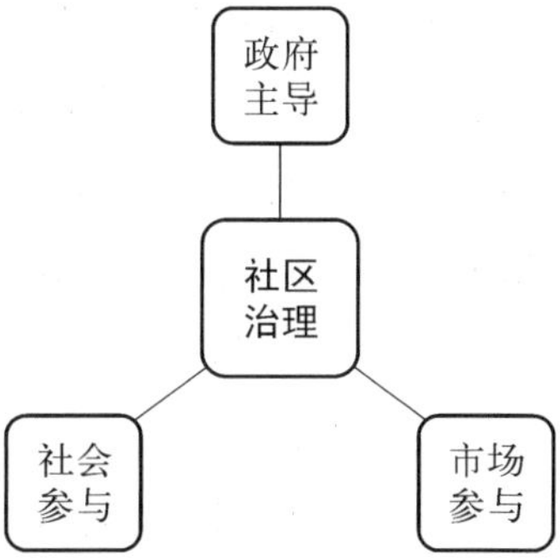


**附图 3　政府、市场和社会联动关系**

## (三) 一元领导——“三治融合”模式中基层党组织的地位与作用

在我国基层社区治理体系中，基层党组织居于领导核心地位。众所周知，由于政府的行政半径到了街镇一级就不再延伸下去，必须与基层社区的自治组织相衔接，而党的组织半径却可以通过它的基层组织延伸到社会的各个领域，因而基层党组织在社区层面一方面可以代表党和国家的利益和意志，向基层延伸，通过基层党的活动将党和国家的大政方针贯彻落实到基层；另一方面，可以通过基层党的组织体系对社会的全覆盖，来实现对社会总体利益的集约与整合，因而可以代表社会的利益或权利，表达于基层。

所以，作为社区治理的关键主体之一，基层党组织的这种“双重代表”作用使得它在基层治理体系的构建中发挥着独特的核心纽带作用。正因此,在南东街道推进的“三治融合”模式中,始终强调基层党组织的领导核心作用。在基层治理体系构建中,基层党组织可以成为将“三角”(居委会、业委会和物业部门)、“三社”(社区、社会组织和社会工作人员)和“三方”(政府、市场和社会)有效整合起来的组织纽带和功能载体。

第一,基层党组织在“三角联动”中的领导核心作用。居民区的基本治理主体主要是居委会、业委会、物业部门,其中,居委会是居民区治理的主体,同时具有部分行政协助职能和自治功能,物业部门是社区治理的市场主导方,提供物业管理等各类市场资源,业委会是居委会指导下的代表业主利益的民间性组织。居民区治理的合理结构应当是:居委会是支撑,业委会是辅助,物业部门是服务供给机构,居民自治是基础。但实际上社区的治理常常面临各主体的冲突、矛盾和纠纷,既有利益需求的冲突,也有权力边界的冲突。而社区的党组织建设,以及基层党的组织全覆盖,为这些治理主体提供了有效协调的组织载体,可以形成在社区党组织的领导下,居委会、业委会和物业部门“三位一体”的工作新格局。南东街道在推进“三治融合”的模式中,充分发挥居委会党总支引领作用,挖掘党员业主充实业委会力量,推行有条件的业委会设立党小组和联合党小组,与物业开展共建联建,以基层党组织为网格化的组织纽带和功能载体,联合居委会、业委会、物业等部门,通过居民区联席会议制度和专项例会制度等组织制度设计,推动这些基层治理主体的关系联动和功能整合。

第二,基层党组织在“三社联动”中的领导核心作用。在基层社区治理体系的构建中,社区、社会组织和社会工作人员之间的联动与整合对于发掘治理资源、整合治理要素、激活社会资本、培育社会组织,具有不可或缺的重要作用。随着经济社会深入发展和利益格局深刻调整,城市管理的社区化、社会管理的组织化、社会服务的多元化特征越来越明显。但长期以来,社区、社会组织和社会工作,按条推进多,按块统筹少;行政主导多,社会参与少;政府资源多,社会资源少。推进“三社联动”,可以促进政府职能转变,促成社会建设形成工作合力,畅通社会组织协同参与渠道。推进“三社联动”的根本思路,就是要坚持“党委领导、政府负责、社会协同、公众参与”,广泛调动社会各界力量,实现多元主体协同推进。其中,基层(社区)党的组织和建设对于推进“三社联动”，构建“三治融合”的基层治理体系具有不可或缺与不可替代领导核心与联系纽带作用。正因此，南东街道通过落实基层党建责任制，加强基层服务型党组织建设，在社区自治、社会组织培育和社会工作人才培养中发挥基层党组织的引导、联系、协调、服务，以及党员个体的先锋模范作用，以此来带动“三社”之间的联动与整合。

第三，基层党组织在“三方联动”中的领导核心作用。在我国当前城市基层的社区治理和社区建设的路径依赖和制度选择，受到国家、市场和社会这三方势力的联合支配，“国家化”（国家加强基层政权和能力建设，并向社会基层渗透）、“市场化”（在产权基础上建立平等的契约关系，并向社区提供物业服务管理）、“社会化”（居民或业主围绕社区日常生活进行自我管理和自我服务）这三股力量在社区层面相互交织，冲突融合。在国家、市场与社会的三方格局中，党居于领导核心的地位，具有“关联三方”的联系纽带作用，这是因为党通过它的既植根于国家体系又植根于社会体系的组织网络，既可以代表国家，又可以代表社会，既可以整合国家资源，又可以整合社会资源；正因为党所具有的这种双重代表身份和双重资源整合功能，使得党在基层治理体系中居于实质性的领导核心地位；正因此，我国基层社区的建设和基层治理体系的构建，以及国家、市场和社会在社区层面的联动整合，与基层党的建设和组织发展是密切相关、正向互动的。南东街道在“三治融合”模式中打造社区党建联合体，构建区域化党建平台，推动“组织联网、资源联通、教育联手、文明联创、公益联做、活动联办”，力求搭建整合各方资源、协商社区事务、履行社会责任、展示公众形象的平台，整合区域内各类党组织资源和党员力量参与社区治理，将社会治理的参与力量覆盖到整个社区。

## 四、南东街道的“三治融合”模式探索

上述分析可以看出，南东街道正在根据自己辖区的特征，以居民自治为基础，以社区、社会与政府多元共治为依托，以社区依法治理为保障，不断探索和推动“自治、共治、法治”互动融合的社区治理新格局。这种探索主要体现在如下方面：

首先,注重顶层设计,夯实“三治融合”基础。南东街道在专注社区自治的同时,也注意把社会资源和政府资源进行整合,解决导致基层社区治理不平衡、不协调、不可持续的体制机制矛盾,解决都市基层社区面对信息化、原子化、货币化等社会发展趋势中有可能出现的治理重点和难点,并提出对策和可操作的解决方案。因为只有从对社区治理牵一发而动全身的关键问题着手和抓长期导致各种基层社会矛盾的核心问题,才能纲举目张。南东街道通过资源共享并融合的方式把“自治、共治、法治”有机结合在一起,夯实自治基础的同时,在社区、社会和政府之间实现资源整合,并通过法治来规范,从而实现“三治融合”。在这个过程中,如果说自治和共治的结合使得治理组织体系由垂直科层结构转变为扁平网络结构,那么法治的加入,则是把这种扁平网络结构变得更加规范和有韧性。

顶层设计一定要有新的理念做指导,要随着社会、政治、经济的发展需求转变思维方式,从而转变行为方式。实际上,社区自治不仅缺与时俱进的理念,更缺的是理念背后科学的思维方式和行为方式。2014 年,上海致力于进一步创新社会治理、加强基层建设的“一号课题”调查结果显示,基层“无职、无权、无物、无人”是基层治理中普遍存在的难题,其原因在于部门协调的顶层设计没有搞好。而没有搞好的原因则在于各自的利益和权限所囿。从根本上说,这就是传统的科层制的思维模式或者说社会治理理念并没有随着社会的现代化需求发生根本的转变。南东街道尝试通过引进项目制等方式,在一定程度上和一定时间内缓解了基层社区治理所普遍出现的缺资金、缺管理、缺人气的“三缺”现象,缓解了因为部门利益和权限拘囿所产生的相互隔阂和协调难题,而项目制和科层制的结合,则在消解科层制对社区治理负面、僵化的影响同时,也有利于在短时间内集中有效资源,快速有效地达到“三治融合”的目标。

其次,注重社区自治,不断增强社区自治力。作为“三治融合”模式的基本内容,社区自治的充分实现,是要让居民更多地参与到社区事务和管理上来。而社区自治力的不足不仅表现为居民自治和参与意识不强,也更多地表现为制度的不充分、权限的不相称以及能够提升社区自治层级和水平的抓手或平台设施的不相配。2014 年,南东街道自治办的成立成为南东街道党工委加强社区治理的一个重要信号和标志，虽然其在学理意义上有悖于基层自治的内涵，但其致力于培育社区骨干、社会组织，加强社区、社会和政府间的协调协作，并由此引导、激发和强化居民区自治意识，以期增强社区自治的活力、动力和能力，使社区居民参与变被动参与为主动参与，消极参与为积极参与。从这个意义上说，这在基层社会治理水平初级化时期是有积极意义的。

2016 年，南东街道在 19 个居民区通过了第一批共 29 个自治项目，依照项目内容设定，每个项目资助额度 2 000—10 000 元不等。设立的项目除了旨在引导和规范居民行为的“道德评议台”、促进养老服务的“逢九回娘家”等之外，还有展现新技术手段的“厦门微信群英会”，以及鼓励和促进社会融合的“新上海人巧手妈妈编织组”“新上海人老娘舅调解室”“新上海人自管小组”等。项目入驻社区，为社区自治力的提升提供了一个很好的着力点，对促进社区自治、挖掘社区骨干、发动居民自发自觉维护社区平安找到了很好的切入口。而最近的项目中期反馈结果显示，虽然并非所有项目都取得了立竿见影的成效，但总体上，根据各居民区的普遍反映，目前项目都正在有序进行中。

再次，注重社区共治，加强政府与基层的引导和协作。“三治融合”的主体不仅在社区内，也在社区外，更在政府和基层社区之间。特别是针对单独依靠居民区无法解决的政府、社会和社区之间的协作问题，都由南东街道主导和担负起建立与社会组织协同合作，实行项目化推进、专业化运作和社会化参与的职责。而这项职责的完成，离不开南东街道在区域化党建工作新机制上的努力。2010 年，南东街道社区党建联席会成立，2011 年，街道品牌项目“零距离服务”与区域化党建工作对接，2015 年，南东街道社区党委成立，配合街道党工委，在组织联网、资源联通、教育联手、文明联创、公益联做和活动联办等方面，实现南东街道丰富资源“叫得动”和“盘得活”。由此，社区单位党组织参与社区公益性、社会性、群众性工作固化成为制度性安排。在党建引领下，“共驻南东、共享资源、共担责任、共同奉献”覆盖了社区建设和发展的各个领域。

或者说，南东街道通过推进社区建设、社会组织培育和社会工作的现代化体制，加快资源共享、优势互补、相互促进，形成了政府与社会之间互联、互动、互补的社会治理新气象。在这方面表现比较突出的是南东街道积极探索中的“社区自治工作坊”平台。工作坊功能定位为“项目制管理＋专业化培训”，出台社区自治项目推进计划和社工培训计划,加强社区自治金的统筹管理,对社区自治项目实施标准化管理,规范项目申报流程,开展项目执行效果评估,并面向社区工作者、志愿者、群团骨干开展系列培训;同时,工作坊通过定期调研、走访、座谈,建立动态需求库、创意储备库、社会资源库、项目认领库和项目孵化库,实现社区单位、社会组织和社区的服务功能对接。而这些,离不开街道的平台支持和资源整合。

最后,注重社区法治,把自治、共治纳入法治之中。随着改革开放的进一步深入,我国当前的社会矛盾和纠纷正处于多发期,各种利益诉求所引发的邻里纠纷乃至“民转刑”案件不仅不利于社区发展,也威胁到了社区的安定和谐。南东街道地处上海中心城区,大多数小区房龄老、房屋小、人口多,往往十几平方米住着两口人甚至几代同堂,公共楼道的占道、卫生,小区内的违章搭建、停车矛盾以及周边摊位卫生、噪声纠纷等时有发生。实际上,基层社区矛盾大部分是邻里纠纷,一份来自20世纪80年代的调查显示:在民事纠纷中,邻里纠纷占46%—52%。[①] 统计公报显示:2012年黄浦区全年受理案件47 624件,2013年是61 153件,2014年是70 647件,2015年则飙升到了128 851件,其中民事和经济纠纷比例居高不下,成为妨碍居民安居乐业、街道里弄安定团结的一个因素。在这方面,南东街道探索设立街道、居民区两级公共法律服务实体平台,一级服务平台即社区公共法律服务中心,由司法所统筹,在提供法律服务、法治宣传、人民调解基本服务的同时,对接法院、检察院、公安、物业的下沉资源纳入平台;二级服务平台即居民区层面设立居委法律服务点,推动优质法律服务资源下沉,整合司法所工作人员、居委调解委员会、居民区结对律师、法律服务志愿者资源,组建基层一线服务力量。街道也定期邀请法律界人士进小区进行法律宣传、法制教育和接受居民法律咨询,提高居民对法制和法治的认同和服从。仅2016年以来,街道组织“法律夜门诊”“律师进社区”等特色法律服务项目累计走访居民区达258次,接受群众咨询582人次,出具法律意见书5份,开展法治讲座和法治宣传活动11场,协助调处社区矛盾纠纷56件,引导群众依法表达诉求68人/次,累计服务超过204小时。

---

① 张贤钰:《谈当前城市邻里纠纷的发生及处理》,《法学》1986年第2期。

可以看出，南东街道推行法治进社区，是因为意识到社区自治和共治在言之有物的同时，还必须要行之有方。“三治融合”自身即是以居民自治为基础，以社区、社会与政府多元共治为依托，以社区依法治理为保障，实现政府资源和社会资源在社区的合理配置，推动了“自治、共治、法治”互动融合。具体做法包括通过构建“3＋1”模式，即“梳理一张清单，晒职权；设计一组流程，提效能；形成一套制度，强监督；依托一项信息化手段，实现法治落地”，先后形成《街道依法行政工作规范》《社区事务受理服务中心办事流程》，成为基层政府权力的运作路线图和居民办事的指导手册，这对构建职能边界清晰、权限分工合理、责任落实到位的基层治理格局起到了极大的推动作用。这样，从依法治国、依法治市到依法治区，法治在机制上完成了社区层面的渗入、接纳与汇通。

目前来看，南东街道在探索“三治融合”模式的进程中也收获了相应的成效：

第一，顺应社会治理的开放性，推动治理主体多元化，建立“党委领导、政府负责、社会协同、公众参与”格局。到目前为止，这个模式虽然还在探索当中，但是已经得到了包括街道在内居民的认同和支持。因为没有党委的领导和政府的支持，政府和社会资源对社区的服务功能将不能得到充分的发挥，造成基层政府和社区之间沟通不畅，上情下达和下情上达都难以有效实现。而为了构建一个和谐稳定的社区环境，封闭的社区管理就必须敞开大门，和周边单位、商家实行共建，并在街道的引领下把社会组织纳入社区治理中来。当然，所有这些目标都必须通过相应的机制依法运行和获得保障。从实践中看，比较受居民欢迎的是养生讲座、养老服务和社区义务理发、老年人旅游等活动。很明显，无论是在人力、物力、财力，还是在资源上，这些都必须在政府、社会和社区的共同协作中完成。

第二，引进项目制管理方式，推进科层制和项目制的结合。项目制是近年来影响政府行为的核心要素，在基层行政资源紧张的情况下，上级部门为了推进自己的工作目标，越来越多地通过项目制来调动下级，包括人力、物力、组织等多种社会资源。“相比于传统的科层体制，项目制让上级部门拥有集中的资金管理权、特殊的人事安排权以及高效的动员程序”，由此，“政府内部动员有

'层级动员'转向'多线动员',行政资源的分配也演变成项目中心模式”。[①]虽然在国家层面上,项目制对科层制造成了相当程度的冲击,但是因为在南东街道的项目制并未打破科层制的基本运作和层级限制,反而在推动基层政府和社区治理现代化过程中增加了灵活度,在动员社区居民和社会组织方面成为科层制的有力补充,使得项目制和科层制在社区治理层面实现了有机融合。

第三,激发居民自治的主动性,推动治理目标的内生化。从本质上说,“三治融合”的目标是把当前协作不畅的政府、社会、社区和个人之间的不和谐节奏调整一致,使得居民自觉、社区有序、组织规范、政府高效,而前者是后三者的前提和基础。南东街道的第一批居民自治项目,均为居民主动和自觉提出并申报,目前都在运作过程中,虽然迄今还没有完全看出成效,但在走访中发现,这些项目的设立,都在一定范围内解决了部分资金短缺等问题,获得了包括居委会、社区骨干、社区积极分子、志愿者等在内社区居民的认可。这同时也证明了,在项目招标和运作过程中,社区居民参与的积极主动性得到了展示和提升的机会。长此以往,当自治从有意识变成无意识,基层社区治理现代化进程的核心问题就得到了实质性的解决。

第四,充分挖掘基层党组织和党员队伍资源,凸显党组织和党员的显性作用。走访中发现,无论是居委会成员、社区积极分子、社区领袖(骨干),还是志愿者队伍,都有一个共同的规律,那就是党员的形象都比较积极和活跃。客观来看,这实际上是一种不得已而为之,当熟人社会变成半熟人社会甚或陌生人社会,对基层政府以及街道下属的居委会等组织来说,属于党组织一分子的党员是社区治理过程中相对比较容易相互认同,是可以“抓得住”的“可靠”力量来源。而实际治理过程中也发现,因为工作时间、地域来源、文化差异以及租赁的关系,社区中的非常住户口对所在社区的认同度参差不齐,这就使得社区的常住户党员,特别是退休党员,往往“自觉”成为社区活动骨干和积极分子,从而凸显了党员的先进模范作用。

那么,“三治融合”模式的探索应该怎样来评判,是不是可行,是否值得推

---

① 陈家建:《项目制与基层政府动员》,《中国社会科学》2013 年第 2 期。

广，南东街道也正在尝试建立“三治融合”模式的运行指标评价体系。从群众的参与度、满意度，社区组织的参与度、有效性，社会组织的参与度、可持续性，党组织的参与度、协调组织能力，基层政权的参与度、引导力以及整个模式运转的诸如技术支持等的现代化程度等多方面进行综合评析。

南东街道在基层治理中推行的“三治融合”模式，就是在推进自治、共治、法治互动融合的基础上，实现“三角（居委会、业委会和物业部门）联动”“三社（社区、社会组织和社会工作人员）联动”和“三方（政府、市场和社会）联动”。为了更为直观简明地把握“三治融合”模式的形式和内容，我们尝试构建“三治融合”治理模式的指标评价体系（见附表1）。在由诸多指标组成的基层社区“三治融合”治理模式中，我们选取的指标是分层次的，依次划分为一级指标、二级指标和三级指标。其中一级指标是最基本的指标，这里主要列出社区的自我管理、自我服务和自我组织建设能力；社区资源整合利用与社会组织参与社区共治能力；社区的规范化和法治化的自治共治能力三个一级指标；每个一级指标下再细列若干二级指标，分别作为测量和评价基层社区自治、共治和法治的量化指标。

**附表1　“三治融合”模式指标评价体系**

| 一级指标（权重） | 二级指标（权重） | 三级指标 | | | |
|---|---|---|---|---|---|
| | | 具体指标 | 指标说明 | 量化操作得分说明 | 权重 |
| 社区的自我管理、自我服务和自我组织建设能力（0.35） | 居委会作为群众性自治组织的落实情况（0.35） | 居委会的社区自治管理权落实情况 | 很好（10分）—很差（0分），最后取平均分 | 得分：平均分*10 | 0.35 |
| | | 居委会承担政府下派行政事务情况 | 近1年来政府及其派出机关下派行政事务总计 | 得分：100减去其被测量的比重 | 0.30 |
| | | 反映居民意愿，维护居民权益情况 | 很好（10分）—很差（0分），最后取平均分 | 得分：平均分*10 | 0.35 |
| | 业委会作为民间性自治组织的落实情况（0.25） | 业委会反映和维护业主权益的能力 | 很好（10分）—很差（0分），最后取平均分 | 得分：平均分*10 | 0.35 |

续 表

| 一级指标（权重） | 二级指标（权重） | 三级指标 | | | |
|---|---|---|---|---|---|
| | | 具体指标 | 指标说明 | 量化操作得分说明 | 权重 |
| 社区的自我管理、自我服务和自我组织建设能力(0.35) | 业委会作为民间性自治组织的落实情况(0.25) | 业委会对物业公司选聘权的落实情况 | 很好(10分)—很差(0分)，最后取平均分 | 得分：平均分*10 | 0.35 |
| | | 业主的自律情况 | 很好(10分)—很差(0分)，最后取平均分 | 得分：平均分*10 | 0.30 |
| | 社区的组织网络结构的发育程度(0.20) | 邻里网络的组织和交往情况 | 邻里交往和聊天的频次和深度 | 得分：其在被测量总量中的比重 | 0.30 |
| | | 社区“草根”社群网络发育程度 | 各类兴趣团队数量和活动频次 | 得分：其在被测量总量中的比重 | 0.30 |
| | | 社区的正式组织网络发育情况 | 社区自治组织的种类、职能和沟通协调情况 | 得分：其在被测量总量中的比重 | 0.35 |
| | 居民参与社区公共管理服务事务情况(0.20) | 居民参与公共事务和社区活动的方式 | 非常主动(10分)—非常被动(0分) | 得分：平均分*10 | 0.35 |
| | | 自主参与社区公共事务的比例 | 参与人数占社区总人口的比例 | 得分：百分比*100 | 0.35 |
| | | 自主参与社区公共事务的范围与深度 | 决策管理(10)、选举(8)、监督(6)、治安(4)、趣味活动(2)、无参与(0) | 得分：平均分*10 | 0.30 |
| 社区资源整合利用与社会组织参与社区共治能力(0.35) | 社区服务设施建设利用情况(0.20) | 人均资金投入 | 近5年来社区服务设施建设的人均资金投入 | 得分：其在被测量总量中的比重 | 0.50 |
| | | 设施的利用率 | 已利用设施占全部设施的比重 | 得分：其在被测量总量中的比重 | 0.50 |
| | 企事业单位文体场所向社区的开放情况(0.20) | 开放次数 | 近1年来月平均开放次数累计 | 得分：其在被测量总量中的比重 | 0.40 |
| | | 开放比例 | 开放场所占活动场所比例 | 得分：百分比*100 | 0.60 |

续　表

| 一级指标（权重） | 二级指标（权重） | 三级指标 | | | |
|---|---|---|---|---|---|
| | | 具体指标 | 指标说明 | 量化操作得分说明 | 权重 |
| 社区资源整合利用与社会组织参与社区共治能力（0.35） | 社区人才资源的开发利用情况（0.20） | 开发利用率 | 开发利用的人才占社区人才比重 | 得分：百分比＊100 | 0.60 |
| | | 居民对利用情况的评价 | 很好（10分）－很差（0分），最后取平均分 | 得分：平均分＊10 | 0.40 |
| | 企事业单位和社会组织参与社区共治情况（0.20） | 单位和组织参与共治共建共享比例 | 参与单位占社区单位的比例 | 得分：其在被测量总量中的比重 | 0.35 |
| | | 共驻共建共治共享活动频次比例 | 每季度开展活动的次数累计 | 得分：其在被测量总量中的比重 | 0.35 |
| | | 社区居民对共治共建共享的评价 | 很好（10分）－很差（0分），最后取平均分 | 得分：平均分＊10 | 0.30 |
| | 社区组织和社区工作人员队伍和机构发育情况（0.20） | 社区自治组织的发育情况 | 居民或业主的自治组织的种类或分化程度 | 得分：其在被测量总体中的比重 | 0.40 |
| | | 社区工作人员队伍的常规化程度 | 队伍的规模、稳定性、常规化和培训机制 | 得分：其在被测量总体中的比重 | 0.40 |
| | | 社会工作的落实情况 | 近1年来提供的服务项目、种类和覆盖率 | 得分：其在被测量总体中的比重 | 0.20 |
| 社区的规范化和法治化的自治共治能力（0.30） | 基层街道社区依法行政的落实情况（0.25） | 基层街道社区的具体职责法定化程度 | 法定化职责占总职责的比例 | 得分：其在被测量总量中的比重 | 0.50 |
| | | 基层街道社区的法制工作专职化程度 | 街道社区是否有常设的法制部门和常设编制 | 得分：平均分＊10 | 0.50 |
| | 社区法制宣传和普法工作进展情况（0.20） | 居民对所普及法律知识的了解程度 | 基本了解的居民数占据居民总数的比例 | 得分：其在被测量总量中的比重 | 0.50 |

续 表

| 一级指标(权重) | 二级指标(权重) | 三级指标 | | | |
|---|---|---|---|---|---|
| | | 具体指标 | 指标说明 | 量化操作得分说明 | 权重 |
| 社区的规范化和法治化的自治共治能力(0.30) | 社区法制宣传和普法工作进展情况(0.20) | 居民对普法和法制宣传工作的评价 | 非常有效(10分)—基本无效(0分),最后取平均分 | 得分:平均分*10 | 0.50 |
| | 社区法律服务和法律援助进展情况(0.20) | 社区开展法律咨询服务活动的频次 | 近2年平均每季度开展法律咨询服务的次数 | 得分:其在被测量总量中的比重 | 0.50 |
| | | 社区是否有法律援助的专职化配备 | 如常设单位或常设的联系或对口支援单位 | 得分:平均分*10 | 0.50 |
| | 社区自治规范的发育情况和约束力(0.20) | 自治章程、公民公约的健全程度 | 已制定章程公约占应制定数的比例 | 得分:其在被测量总量中的比重 | 0.30 |
| | | 居民对章程公约的约束力评价 | 满分为10分,最后得分为各评价分数的平均分 | 得分:平均分*10 | 0.30 |
| | | 居民对社会习俗等非正式规范的评价 | 满分为10分,最后得分为各评价分数的平均分 | 得分:平均分*10 | 0.40 |
| | 社区自我调解的开展情况和有效性(0.20) | 调解纠纷的次数 | 近1年来平均每季度调解纠纷的次数 | 得分:其在被测量总量中的比重 | 0.40 |
| | | 调解的成功率 | 调解成功数占总调解数的比例 | 得分:其在被测量总量中的比重 | 0.30 |
| | | 居民对社区调解效果的评价 | 满分为10分,最后得分为各评价分数的平均分 | 得分:平均分*10 | 0.30 |

需要说明的是,如果所得分比较均衡,且已经达到了7分以上,可以认定该社区的“三治融合”模式践行指标合格。当然,这里所提出的关于“三治融合”模式的指标评价体系表作为一种探索性的评价依据,也需要在今后进一步的研究和实践中加以修正和完善。

一是社区的自我管理、自我服务和自我组织建设能力。这一指标下设四项二级指标:居委会作为群众性自治组织的落实情况、业委会作为民间性自治组织的落实情况、社区组织网络结构的发育程度、居民参与社区公共管理服务事务程度，以此来衡量基层社区的自治能力和自治水平。

二是社区资源整合利用与社会组织参与社区共治能力。这一指标下设五项二级指标：社区服务设施建设利用情况、企事业单位文体场所向社区的开放情况、社区人才资源的开发利用情况、企事业单位和社会组织参与社区共治情况、社区组织和社区工作人员队伍和机构发育情况，以此来解析社会参与社区共治的水平和层次。

三是社区规范化和法治化的自治共治能力。这一指标下设五项二级指标：基层街道社区依法行政的落实情况、社区法制宣传和普法工作进展情况、社区法律服务和法律援助进展情况、社区自治规范的发育情况和约束力、社区自我调解的开展情况和有效性，以此来度量社区治理的规范化和法治化水平。

为了达到量化的评价和测量标准，我们还在每一项二级指标之下进一步列出三级指标，以此构成三级指标评价体系表。为了便于量化操作，我们对每一项三级指标给出相应的指标说明和量化操作得分说明，同时，一级指标、二级指标、三级指标的得分权重是根据调查研究和认真讨论做出来的。

## 五、完善社区“三治融合”模式的建议

第一，打破权责失衡局面，向基层赋权，提升社区自治和共治能力。当前“三治融合”模式的一个巨大难题就是基层政府和社区在协调各利益群体的过程中没有相应的权限，造成社区治理许多重大事务无法完成或者即便绕圈走也难以解决。实际上，在城市基层自治理念被践行之前，社区居委会是全能的，几乎包揽了基层社区运作的绝大部分功能，甚至居民结婚审批、家庭纠纷调解等都属于居委会的职责范围。但随着基层治理改革的不断深化，居委会的职权大部分被分解和消解，目前只剩下社区日常事务管理部分。但问题在于，没有了相应权力的居委会就失去了自身的权威光环，无论居民还是周边商户，居委会的角色都处于日渐被边缘化的尴尬境地。一方面是基层政府各项社区工作事务依然由居委会直接承担，另一方面，居委会又没有相应的权力来制约或协调社区主体的行为，造成社区自治和共治只能被划分成各自单独的

条块,而没有核心力量来凝聚完成。

以社区租赁双方的管理为例,显然,对于流动性比较强的南东街道而言,房屋租赁行为非常普遍,但是困难在于因为租赁行为所带来的邻里关系纠纷、小区治安纠纷等,居委会却经常找不到人,因为房屋租户经常换人,房东更是不在当地居住,甚至联系不到。虽然在部分居委,租赁双方都进行了登记,但往往居住人身份复杂,不与周边邻居交往,也导致了居委会对租户不了解,甚至只能通过周边邻居才知道是不是又换了人。但对这些现象,居委会却没有权力去要求租赁双方强制性登记。而如果能制定相应的规章制度,赋予居委会强制对租户登记,联合派出所、银行、税务等单位对出租方和承租方一起加以相应的强制性约束,问题就会迎刃而解。当然,居委会权责失衡并非是南东街道社区的独有现象,不能为减权而减权,要科学赋权,只有这样,“政府强、社区和社会强”的格局才会实现。

第二,完善各项治理规章和规范,增进社会融合,提升社区管理和服务水平。南东街道居民区的一个重大特征就是流动人口多、外来人口多、居住时间长。以牛庄居委为例,外来人口几乎占了小区所辖人口的一半以上,而且因为地理位置所带来的商业收益等原因,流动人口在此地租房状况非常普遍,居住在此三五年的很常见,有的还长达 10 年以上。但是在调研中却发现,数量这么庞大的“流动”人口却鲜少参与本地社区治理工作,最多也仅仅是参加工会,更不用说参与一些团体特别是居委会的工作事务。不可避免地,这部分人对社区的认同度就非常低,又加上文化、心理等因素,虽然在这里居住了很多年,也难以融入上海本地人的生活,只能各自画圈,分别治之。同样,这也造成包括居委会、志愿者等组织或团体的人在内对“外地人”的认同度非常低。而对外来人口而言,既然难以融入,那么居住地安全、卫生等要求就没有义务来遵守,这是很容易形成的个体和群体心理。长此以往,相看两厌,思维一旦固定下来就难以改变。

当然,本地人和外地人的相互隔阂同样也不仅仅是南东街道独有的现象,上海、北京等大城市,这种情况都是普遍的。因此,必须在增强各职能部门之间协调能力的同时,制定相应的规章制度,让流动人口、周边商家切实体会到自己的责任意识。比如,从居住在本地伊始,居委会或社区骨干就必须上门发放本地区治安守则，要求住户和周边的商家在遵守国家和法律法规的同时，也必须遵守本地区的管理规范和行为规范，要自己管理自己，并向居委会报备，要对在本地区居住1年、3年、5年、10年以上的分别负有相应的职责。当然，这些具体的强制性规定还必须在增强居委会权威的同时，与水、电、煤、银行、派出所等部门实现相互协调。由此强化自治，也强化社区认同。要给居委会相应的权力去管理和制约周围的商家、流动人口，而不是一直不相信或者边缘化这些所谓的外来人口。在管理制度上也体现出不边缘化外地人，认同外地人的做法和规章制度。

第三，强化社会生活共同体概念，组织引导多元参与，在“三治融合”基础上推动“三社联动”。党的十七大报告提出，要“把城乡社区建设成为管理有序、服务完善、文明祥和的社会生活共同体”。著名社会学家斐迪南·滕尼斯认为，共同体是一种持久的和真正的共同生活。社会共同体，就是指“由若干社会个人、群体和组织在社会互动的基础上，依据一定的方式和社会规范结合而成的一个生活上相互关联的大集体，其成员之间具有共同的价值认同和生活方式，共同的利益和需求，以及强烈的认同意识。社会生活共同体具有经济性、社会化、心理支持与影响、社会控制和社会参与等多种功能。对于生活于其中的成员个体来说，依靠共同体获得身份、地位和权力，也依靠共同体帮助其满足各种依靠自身无法满足的需要，如应付重大的灾害、疾病等带来的困难，通过参加共同体的各种活动来满足其精神需要，如获得社会认同和归属感等”。① 而这正是社会治理现代化所追求和达至的目标。

没有“认同”，便没有责任和动力，没有“共同”，便难以协调和融合。很明显，南东街道正在探索的“三治融合”模式也正是基于社会生活共同体的理念追求，致力于引导多方力量参与社区治理，把自治、共治和法治充分结合起来。在此特别建议，应逐渐推出小型法庭的入社区活动，这无论是对居民的法治意识的提高，高效化解基层矛盾，还是对社会生活共同体概念的强化都将大有裨益。当然，南东街道在推进“三治融合”的过程中也带动了“三社联动”，使得社会、社区、社工在社会生活共同体建设中，发挥各自的优势，各负其责，各司其

---

① 韩洪涛：《走向实践的社会共同体及其构建路径》，《求索》2010年第8期。

职,最终充分推动实现基层社会的良性运转。

第四,构建社区工作服务平台,推进信息化建设,实现社区工作队伍的职业化、专业化。社区工作队伍在大量吸收退休党员和积极分子的同时,还必须进一步挖掘新生力量,而这股新生力量将是信息时代职业化和专业化社工的主体。随着当代社会科学技术的迅猛发展,社区工作者队伍的职业化、专业化也成为基层社区治理现代化的强化内容。特别是在上海这样的国际化大都市,位于市中心地域的南东街道在这方面必然会更加重视。因为无数事实证明,信息技术在社会建设和发展以及社会运动中的推动作用越来越突出。

因此,社区工作队伍的管理应包括三方面的内容:一是要在市级、区级和街道层面有共通的管理体系或平台;二是加强社区工作者工作方式的技术化水平,充分利用信息技术优势,例如微信功能的普及化等;三是制定相应的规章制度,在多元力量进社区的竞争性环境中,加快社区工作者队伍的职业化、专业化。而上述种种做法也都必须在不断的实践摸索中加以完善。

# 参考文献

## 中文文献：


1. ［美］埃里克·沃格林：《城邦的世界：秩序与历史》，译林出版社 2019 年版。
2. ［法］埃米尔·涂尔干：《社会分工轮》，生活·读书·新知三联书店 2000 年版。
3. ［美］奥尔森：《国家的兴衰：经济增长、滞胀和社会僵化》，上海人民出版社 2007 年版。
4. 边芹：《被颠覆的文明：我们怎么会落到这一步》，东方出版社 2016 年版。
5. ［美］伯利、米恩斯：《现代公司与私有财产》，商务印书馆 2005 年版。
6. ［美］博克斯：《公民治理：引领 21 世纪的美国社区》，中国人民大学出版社 2005 年版。
7. 曹龙虎：《国家治理中的“路径依赖”与“范式转换”：运动式治理再认识》，《学海》2014 年第 3 期。
8. 陈家建：《项目制与基层政府动员——对社会管理项目化运作的社会学考察》，《中国社会科学》2013 年第 3 期。
9. 陈薇：《城市社区权力秩序：基于社会空间视角的研究》，中国社会科学出版社 2015 年版。
10. 陈伟、黄洪：《我国城市社区治理中层理论建构与风险管理机制探析》，《南京社会科学》2014 年第 12 期。

11. 陈旭麓:《近代中国社会的新陈代谢》,生活·读书·新知三联书店 2017 年版。
12. 《陈云文选》(第 3 卷),人民出版社 1995 年版。
13. 陈忠海:《中国古代的国家治理》,《中国发展观察》2017 第 23 期。
14. 《邓小平文选》(第 3 卷),人民出版社 1993 年版。
15. 丁光旭:《近代中国地方自治研究》,广州出版社 1993 年版。
16. 董鉴泓:《中国城市建设史》(第 3 版),中国建筑工业出版社 2004 年版。
17. [美] 多萝西·罗斯:《美国社会科学的起源》,生活·读书·新知三联书店 2019 年版。
18. [德] 斐迪南·滕尼斯:《共同体与社会》,商务印书馆 1999 年版。
19. 费孝通:《费孝通文集》,天津人民出版社 1985 年版。
20. [美] 费正清:《伟大的中国革命(1800—1985)》,世界知识出版社 2000 年版。
21. 冯莉:《当代中国社会的个体化趋势及其政治意义》,《社会科学》2014 年第 12 期。
22. 冯莉:《个体化条件下当代青年"个体的结合"现象分析》,《中国青年研究》2017 年第 10 期。
23. 冯莉:《夹生自治:上海杨浦城市社区"三位一体"模式实证研究》,《广东社会科学》2011 年第 2 期。
24. 冯莉:《新中国基层选举六十年:变迁、特征与意义》,《毛泽东邓小平理论研究》2009 年第 9 期。
25. 冯莉、肖巍:《资本、战争与全球治理:从〈共产党宣言〉到〈帝国主义论〉及其他》,《复旦学报》2018 年第 6 期。
26. 甘阳:《中国道路:三十年与六十年》,《读书》2007 年第 6 期。
27. 高鉴国:《西方国家社区中心的功能定位与运营模式——现代性视角的考察》,《社会科学》2019 年第 6 期。
28. 高路:《民国的城市自治思想运动》,《江汉大学学报(社会科学版)》2017 年第 5 期。
29. [英] 格里·斯托克:《新地方主义、参与及网络化社区治理》,《国家行政学院学报》2006 年第 3 期。

30. [英] 格里·斯托克:《作为理论的治理:五个论点》,《国际社会科学杂志(中文版)》1999 年第 1 期。

31. [日] 沟口熊三:《中国前近代思想的演变》,中华书局 1997 年版。

32. 故宫博物馆明清档案部编:《清末筹备立宪档案资料》(下册),中华书局 1979 年版。

33. 顾朝林等:《中国城市地理》,商务印书馆 1999 年版。

34. 顾朝林等:《中国城市化:割据—过程—机理》,科学出版社 2008 年版。

35. 郭圣莉:《阶级净化机制:国家政权的城市基层社会组织构建——以解放初期上海居委会的整顿与制度建设为例》,《甘肃社会科学》2007 年第 4 期。

36. 韩洪涛:《走向实践的社会共同体及其构建路径》,《求索》2010 年第 8 期。

37. [挪威] 贺美德、鲁纳:《"自我"中国》,译林出版社 2011 年版。

38. [法] 亨利·列斐伏尔:《空间与政治》,上海人民出版社 2008 年版。

39. 胡俊修:《流动摊贩与中国近代城市社会》,中国社会科学出版社 2019 年版。

40. 胡俊修、李静:《近代中国城市民变的比较审视——以 1908 年汉口摊户风潮与 1946 年上海摊贩风潮为中心》,《武汉大学学报(人文科学版)》2013 年第 5 期。

41. 胡俊修、田春丽:《城市治理视域下的一九四六年上海摊贩风潮探析》,《中共党史研究》2012 年第 11 期。

42. 胡俊修、姚伟钧:《二十世纪初的游动摊贩与中国城市社会生活——以武汉、上海为中心的考察》,《学术月刊》2008 年第 11 期。

43. 黄健荣:《公共管理学》,社会科学文献出版社 2008 年版。

44. 黄杰:《西方城市社区的历史文化特点》,《河海大学学报》2003 年第 9 期。

45. 黄卫平:《中国基层民主发展 40 年》,《社会科学研究》2018 年第 6 期。

46. 姜尔林:《西方现代官僚制的困境及中国实践的启示》,《毛泽东邓小平理论研究》2018 年第 6 期。

47. 姜加林:《世界视角下的中国道路》,《求是》2013 年第 6 期。

48. 姜义华:《中华文明的经脉》,商务印书馆 2019 年版。
49. 金观涛:《历史的巨镜》,法律出版社 2015 年版。
50. 金观涛、刘青峰:《兴盛与危机:论中国社会超稳定结构》,法律出版社 2011 年版。
51. 景跃进:《将政党带进来——国家与社会关系范畴的反思与重构》,《探索与争鸣》2019 年第 9 期。
52. [美] 卡尔·A. 魏特夫:《东方专制主义》,中国社会科学出版社 1989 年版。
53. [美] 凯斯·桑斯坦:《网络共和国》,上海人民出版社 2003 年版。
54. [美] 凯斯·桑斯坦:《信息乌托邦:众人如何生产知识》,法律出版社 2008 年版。
55. [英] 柯林武德:《历史的观念》(增补版),北京大学出版社 2010 年版。
56. 朗毅怀:《从国家主义到民本主义:中国政治的体制与价值观》,中国发展出版社 2014 年版。
57. 李东泉、蓝志勇:《中国城市化进程中社区发展的思考》,《公共管理学报》2012 年第 1 期。
58. [美] 李侃如:《治理中国——从革命到改革》,中国社会科学出版社 2010 年版。
59. 李里峰:《运动式治理:一项关于土改的政治学分析》,《福建论坛(人文社会科学版)》2010 年第 4 期。
60. 李学举:《我国基层群众自治制度地位的重大提升》,《求是》2008 年第 2 期。
61. 李友梅:《社会结构中的"白领"及其社会功能——以 20 世纪 90 年代以来的上海为例》,《社会学研究》2005 年第 6 期。
62. 李振:《货币文明及其批判——马克思货币文明思想研究》,人民出版社 2009 年版。
63. [美] 理查德·博克斯:《公民治理:引领 21 世纪的美国社区》,中国人民大学出版社 2005 年版。
64. 廉思:《蚁族》,广西师范大学出版社 2009 年版。

65. 梁启超:《公民自治篇按语》,《新民丛报》第 5 号。
66. 梁启超:《新民说》,《新民丛报》第 9 号。
67. 林尚立:《中国共产党执政方略》,上海社会科学院出版社 2002 年版。
68. 刘建军:《社区中国:通过社区巩固国家治理之基》,《上海大学学报(社会科学版)》2016 年第 6 期。
69. 刘石吉主编:《中国文化新论:经济篇——民生的开拓》,联经出版事业公司 1992 年版。
70. [美] 刘易斯·芒福德:《城市发展史——起源、演变和前景》,中国建筑工业出版社 2004 年版。
71. 陆丹林:《市政全书》(第一编),道路月刊社 1931 年版。
72. 路克利:《哈佛大学中共研究的缘起与影响》,《当代世界社会主义问题》2017 年第 1 期。
73. [美] 罗伯特. E. 帕克等:《城市社会学》,华夏出版社 1987 年版。
74. [美] 罗尔斯:《正义论》,中国社会科学出版社 1988 年版。
75. 罗志田:《中国的近代:大国历史的转身》,商务印书馆 2019 年版。
76. [美] 罗兹·墨菲:《上海——现代中国的钥匙》,上海人民出版社 1986 年版。
77. [英] 马丁·雅克:《当中国统治世界:中国的崛起和西方世界的衰落》,中信出版社 2010 年版。
78.《马克思恩格斯选集》(第 1 卷),人民出版社 2012 年版。
79. [德] 马克斯·韦伯:《经济与社会》(下卷),商务印书馆 1997 年版。
80. [德] 马克斯·韦伯:《儒教与道教》,江苏人民出版社 1995 年版。
81. 马叙伦:《救中国必自地方自治始》,《癸卯政艺丛书政学文编》(卷 3)。
82.《毛泽东文集》(第 5 卷),人民出版社 1996 年版。
83.《毛泽东文集》(第 6 卷),人民出版社 1999 年版。
84.《毛泽东选集》(第 2 卷),人民出版社 1991 年版。
85. 茅海建:《天朝的崩溃:鸦片战争再研究》,生活·读书·新知三联书店 2014 年版。
86. [英] 尼尔·弗格森:《文明》,中信出版社 2012 年版。

87. [德] 诺尔-诺伊曼:《沉默的螺旋:舆论——我们的社会皮肤》,北京大学出版社 2013 年版。
88. [美] 欧文·休斯:《公共管理导论》,中国人民大学出版社 2001 年版。
89. 潘小娟:《中国社会基层重构》,中国法制出版社 2004 年版。
90.《彭真文选》,人民出版社 1991 年版。
91. 漆亚林、王俞丰:《移动传播场域的话语冲突与秩序重构》,《中州学刊》2019 年第 2 期。
92. 钱穆:《中国历代政治得失》,九州出版社 2012 年版。
93. 潜说友:《咸淳临安志》(卷七十三),台北成文出版社有限公司 1970 年版。
94. [意] 乔万尼·阿里吉:《亚当·斯密在北京:21 世纪的谱系》,社会科学文献出版社 2009 年版。
95. [美] 乔治·弗雷德里克森:《公共行政的精神》,中国人民大学出版社 2004 年版。
96. 冉绵惠、李慧宇:《民国时期保甲制度研究》,四川大学出版社 2005 年版。
97. 任剑涛:《除旧布新:中国政治发展侧记》,中央编译出版社 2014 年版。
98. [美] 塞缪尔·亨廷顿:《变化社会中的政治秩序》,上海世纪出版集团 2018 年版。
99. [法] 塞奇·莫斯科维奇《群氓的时代》,江苏人民出版社 2003 年版。
100. [美] 沈大伟:《美国的中国政治研究演变:成就与挑战》,《当代中国史研究》2013 年第 4 期。
101. 沈玉麟编:《外国城市建设史》,中国建筑工业出版社 1989 年版。
102. 施展:《枢纽:3000 年的中国》,广西师范大学出版社 2018 年版。
103. 时广东:《红色区域内乡村社会变迁的思考——以川陕边苏区为例》,《社会科学研究》2002 年第 6 期。
104. [美] 斯塔夫里阿诺斯:《全球通史——1500 年以前的世界》,上海社会科学院出版社 1999 年版。
105. 宋伟轩等:《近代南京城市社会空间结构——基于 1936 年南京城市人口调查数据的分析》,《地理学报》2011 年第 6 期。
106. 孙柏瑛、邓顺平:《以执政党为核心的基层社会治理机制研究》,《教学与研究》2015 年第 1 期。
107. 孙立平：《断裂——20 世纪 90 年代以来的中国社会》，社会科学文献出版社 2003 年版。
108. 孙小逸：《城市社区治理：上海的经验》，上海人民出版社 2017 年版。
109. 《孙中山全集》（第 3 卷），中华书局 1981 年版。
110. 《孙中山全集》（第 5 卷），中华书局 1985 年版。
111. 《孙中山全集》（第 6 卷），中华书局 1985 年版。
112. 《孙中山全集》（第 9 卷），中华书局 1986 年版。
113. 唐朗诗等：《新中国第一居委会 30 条：组织能力与社区善治》，格致出版社、上海人民出版社 2019 年版。
114. 唐亚林、钱坤：《城市精细化治理的经验及其优化对策——以上海“五违四必”生态环境综合治理为例》，《上海行政学院学报》2019 年第 2 期。
115. 唐奕：《基层治理之路：来自基层实践者的中国梦》，中央编译出版社 2016 年版。
116. 汪海玲：《社会组织如何助力服务型政府构建》，《人民论坛》2017 年第 7 期。
117. 汪幼枫、孙闵欣：《“三位一体”的城市社区自治管理——对上海三个典型社区的调查报告》，《唯实》2012 年第 10 期。
118. 王长江：《政党现代化》，江苏人民出版社 2004 年版。
119. 王敬尧：《参与式治理：中国社区建设实证研究》，中国社会科学出版社 2006 年版。
120. 王奇生：《党员、党权与党争：1924—1949 年中国国民党的组织形态》，华文出版社 2010 年版。
121. 王绍光：《政党政治的跨国历史比较》，《文化纵横》2018 年第 8 期。
122. 王允武等：《“自治”理论及其中国实践》，《西南民族学院学报（哲学社会科学版）》2009 年第 7 期。
123. 王兆成主编：《乡土中国的变迁：美国学者在山东邹平的社会研究》，山东人民出版社 2008 年版。
124. 文扬：《让“文明平等互鉴”超越“文明的冲突”——由亚洲文明对话大会

说起》,《人民论坛》2019 年第 15 期。
125. 吴桂龙:《晚清地方自治思想的输入及思潮的形成》,《史林》2000 年第 4 期。
126. 吴素雄、吴艳:《欧美国家社区治理的结构、功能及合法性基础》,《山东大学学报》2017 年第 2 期。
127. 吴晓林:《治权统合、服务下沉与选择性参与:改革开放四十年城市社区治理的“复合结构”》,《中国行政管理》2019 年第 7 期。
128. 吴晓明:《当代中国的精神建设及其思想资源》,《中国社会科学》2012 年第 5 期。
129. 夏增民:《先秦秦汉政治价值观研究》,人民出版社 2019 年版。
130. 谢守红、谢双喜:《国外城市社区管理模式的比较与借鉴》,《社会科学家》2004 年第 1 期。
131. 行龙:《近代中国城市化特征》,《清史研究》1999 年第 4 期。
132. 熊月之主编:《上海通史》(第 11 卷),上海人民出版社 1999 年版。
133. 徐顽强、王文彬:《建国七十年来我国城市治理变迁、经验与未来走向》,《西南民族大学学报(人文社会科学版)》2019 年第 8 期。
134. 徐永祥:《社区发展论》,华东理工大学出版社 2000 年版。
135. 徐勇:《现代化进程的节点与政治转型》,《探索与争鸣》2013 年第 3 期。
136. 徐勇:《政党下乡——现代国家对乡土的整合》,《学术月刊》2007 年第 8 期。
137. 徐勇、陈伟东:《中国城市社区自治》,武汉出版社 2002 年版。
138. 许苏民:《“内发原生”模式:中国近代史的开端实为明万历九年》,《河北学刊》2003 年第 2 期。
139. [法] 雅克·德里达:《书写与差异》(上下册),生活·读书·新知三联书店 2001 年版。
140. [古希腊] 亚里士多德:《政治学》,商务印书馆 1965 年版。
141. 杨光斌:《发现真实的“社会”——反思西方治理理论的本体论假设》,《中国社会科学评价》2019 年第 3 期。
142. 杨瑞军:《略论宋代厢坊制度》,《山西师大学报(社会科学版)》2006 年第

11 期。
143. 杨玉圣:《八十年代的中国美国学——回顾与思考》,《美国研究》1990 年第 4 期。
144. 叶敏:《从政治运动到运动式治理——改革前后的动员政治及其理论解读》,《华中科技大学学报(社会科学版)》2013 年第 2 期。
145. 俞海山:《从参与治理到合作治理: 我国环境治理模式的转型》,《江汉论坛》2017 年第 4 期。
146. 愈可平:《治理与善治》,社会科学文献出版社 2000 年版。
147. [美] 约瑟夫·熊彼特:《资本主义、社会主义与民主》,商务印书馆 2007 年版。
148. [美] 詹姆斯·N·罗西瑙:《没有政府的治理》,江西人民出版社 2001 年版。
149. [美] 詹姆斯·汤普森:《行动中的组织——行政理论的社会科学基础》,上海人民出版社 2007 年版。
150. 张济顺:《国家治理的最初社会空间——二十世纪五十年代前期的上海居民委员会》,《中共党史研究》2015 年第 10 期。
151. 张济顺:《远去的都市: 1950 年代的上海》,社会科学文献出版社 2015 年版。
152. 张建富:《阶层分化、富人治村与基层治理的重构》,《长白学刊》2014 年第 5 期。
153. 张康之:《合作治理是社会治理变革的归宿》,《社会科学研究》2012 年第 3 期。
154. 张全明:《论中国古代城市形成的三个阶段》,《华中师范大学学报(人文社会科学版)》1998 年第 1 期。
155. 张绍泰等:《武汉市百步亭社区管理创新模式研究》,《长江论坛》2009 年第 6 期。
156. 张忠民:《近代上海城市发展与城市综合竞争力》,上海社会科学院出版社 2005 年版。
157. 章伯锋、庄建平主编,中国社会科学院近代史研究所、中国史学会编:《中国近代史资料丛刊之十三》,《抗日战争》第3卷政治(上),四川大学出版社1997年版。
158. 章征科:《中国传统社会整合模式及其影响探析》,《中原文化研究》2019年第2期。
159. 赵思空:《对新中国前三十年日常生活政治化的思考》,《马克思主义研究》2010年第10期。
160. 赵汀阳:《坏世界研究:作为第一哲学的政治哲学》,中国人民大学出版社2009年版。
161. 郑长忠:《社会转型与城市基层治理形态演进:以上海市静安区临汾路街道的实践为例》,复旦大学出版社2018年版。
162. 郑杭生主编:《社会学概论新编》,中国人民大学出版社1987年版。
163. 中共一大会址纪念馆编:《中国共产党创建史研究文集(1990—2002年)》,上海人民出版社2003年版。
164. 周汉华:《自治理论及其在苏联东欧各国的实践与发展》,《俄罗斯东欧中亚研究》1988年第2期。
165. 周庆智:《基层社会自治与社会治理现代转型》,《政治学研究》2016年第4期。
166. 周庆智:《乡村治理转型:问题及其他》,《江西师范大学学报(哲学社会科学版)》2015年第6期。
167. 周绍荣:《租界对中国城市近代国家和地区的化的影响》,《江汉论坛》1995年第11期。
168. 周兴旺等:《中国古代史(上)》,中国大百科全书出版社1996年版。
169. 周雪光:《运动型治理机制:中国国家治理的制度逻辑再思考》,《开放时代》2012年第9期。
170. 朱月琴、马红梅:《厕所卫生与都市建设管理——以民国南京为例(1927—1937)》,《民国研究》2017年第1期。
171. 朱云汉:《突破与超越:21世纪的中国政治学》,《经济导刊》2019年第11期。
172. 祝建兵、向良云:《社会组织行政化及其治理》,《长白学刊》2011年第

3 期。

**外文文献:**

Alexei Shevchenko. Bringing the Party back in: The CCP and the Trajectory of Market Transition in China[J]. *Communist and Post Communist Studies*, 2004, 37(2).

Andrew Nathan. Authoritarian Resilience [J]. *Journal of Democracy*, 2003, 14(1).

Bob Jessop. The Dynamics of Partnership and Governance Failure, in G. Stoker (ed.) *New Politics of British Local Governance* [M]. Basingstoke: Palgrave Macmillan, 2000.

Bruce Dickson. *Red Capitalists in China: the Party, Private Entrepreneurs, and Prospect for Political Chang* [M]. Cambridge: Cambridge University Press, 2003.

Christopher Hood. A Public Management for All Seasons? Afterword: Bringing Back Agents, in *Public Administration: 25 Years of Analysis and Debate*, R. A. W. Rhodes, Oxford: Wiley-Blackwell, 2011.

Francis Fukuyama. America in Decay. The Sources of Political Dysfunction, *Foreign Affairs*, September/ October. 2014, Vol. 93(5).

Henry Jones Ford. *The Rise and Growth of American Politics*[M]. New York, Micmillan 1858.

Jensen MC, Meckling W. Theory of the Firm. Managerial Behavior, Agency Costs and Ownership Structure[J]. *Journal of Financial Economics*, October, 1976, V. 3, No. 4.

Kjeld Erik Brodsgaard and Zheng Yongnian ed. , *Bringing the Party Back in: How China is Governed* [M]. Singapore: Eastern Universities Press, 2004.

Larry Diamond. The Shape of Global Democracy[J]. *The Brown Journal of World Affairs*, 2008, 15(2).

Mark Malloch Brown. Democratic Governance: Toward a Framework for Sustainable Peace[J]. *Global Governance*, Vol. 9, No. 2, 2003.

Maurice Duverger. *Political Parties: Their Organization and Activities in the Modern State*[M]. London, Methuen & Co. LTD; New York: John Wiley & Sons, INC. 1954.

Patrick Dunleavy, Helen Margetts, Simon Bastow, and Jane Tinkler. *Digital Era Governance: IT Corporations, the State, and E-Government*[M]. Oxford University Press, 2006.

Ravich S F, Ravich S F. *Marketization and Democracy: East Asian Experiences*[M]. London: Cambridge University Press, 2000.

Richard McGregor. *The Party: The Secret World of China's Communist Rulers*[M]. HarperCollins Publishers, 2010.

Ronald Inglehart and Christian Welzel. *Modernization, Cultural Change and Democracy*[M]. New York: Cambridge University Press, 2005.

Teresa Wright. *Accepting Authoritarianism: State Society Relations in China Reform Era*[M]. Stanford: Stanford University Press, 2010.

Zheng Yongnian. *The Chinese Communist Party as Organizational Emperor. Culture, Reproduction and Transformation* [M]. New York: Routedge, 2010.

# 后 记

如果从2007年我在上海市杨浦区委挂职开始算起，我对社区治理的关注和研究已经有了十几年光景。十几年转瞬即逝，回头看，我们的社区治理已经发生了迅捷而深刻的变化。无论是实践的探索还是理论的创新，都无一不表明，我国的城市社区建设取得了长足的进展，而这些进展都是在中国社会主义现代化建设的整体进程中取得并与之相得益彰的，两者缺一不可。

城市治理是一个古老的话题，随着社会的发展，也是一个永远存在新问题并不断解决旧问题的过程，仿佛是一个个小型的社会，需要方方面面长期的精细照拂。在时间和空间上，都存在或大或小的差异。对国家和政府来说，社区治理要能维持社会的和谐稳定；对普通大众来说，社区治理要能切实解决实际问题。所以，非常重要的是，我们在分析城市社区治理的时候，应该从什么角度和用什么方法来分析和把握，或者是从什么样的高度来把握城市治理的脉搏。比如从政治学角度和从社会学角度来看社区治理就是不一样的，前者更强调国家、政府和政党的角色及作用，而后者则更倾向于社会组织、个人、作为共同体的社区等，但两者的结合，无论是被称为社会政治学还是政治社会学（政治社会学似乎更加合适），无论是对国家治理还是社会治理，都是有道理的或者说符合事物运作逻辑并因此是有益的。

我曾经在某地实地考察时被问到一个两难的问题。我说问题我已经看到，是什么什么什么，而作为书记的对方问我：问题我也知道，我常年在这里，或许我知道的比你更清楚，但我只需要你告诉我一点：我应该怎么做。也就是在一瞬间,我突然间真真切切地感受到了政治社会学研究的尴尬,在理论和实践之间,我们的理论实际上仍然正远远落后于实践,不能跟上实践的步伐,更谈不上指导实践。尤其是当个体化、自由主义等一系列思潮起来的时候,人们的行为规范就在自觉和不自觉中向单一的自我和纯粹的利益靠近,并经常性地把这些放在人生的第一位,或者第一准则去遵循,却全然不会顾及别人会怎样、自己这样的行为会对别人带来什么影响。我们的社会尤其是个体已经非常自我,这种趋势带来的是社区治理的多样化和繁复化,最后极有可能在长期的努力后,还很难使人满意。

因此,一个比较大的问题是,案例其实已经不算少,更关键是要怎么做,怎么解决问题。马克思说:哲学家们只是解释世界,但问题的关键是如何改变世界!有学者认为,中国的社区研究主要有国家—社会关系、社区权力和抗争政治三个视角,不过在我看来,唯一缺失的无疑是中国共产党的视角,所以要对城市社区治理的故事从历史的、政治的和社会的角度进行政治社会学的分析,必须把握政党的视角,通过一个有着 5 000 年文明史的国度的执政党的执政理念和思维逻辑,从总体的角度去审视许多看起来像是分散的单个的实际问题而实际上事关中国现代化和东方文明发展进程的历史伟业。而最终的方法和路径还是要分析人本身,人所处的历史时代和历史环境决定了城市社区治理的高度和宽度。

我是在诸多任务的夹缝中完成这本书的,其中也有感觉压力太大,无论多少茶叶/咖啡都不能提神而惆怅的时候。如果说我出版《中国选举:理念与制度》(学林出版社 2009 年)一书是基于博士论文的底气,完成《全球治理视阈下的资本和资本主义》(上海人民出版社 2018 年)一书是靠打了鸡血的热情,那么现在这本书则是我断断续续辗转多年实证和史证研究基础上的理论思索。或有错误甚至谬误,但至少对我本人而言,是我十几年城市社区治理观察和思考的回应或总结。

感谢上海社会科学院的诸多学者对这本书的顺利出版所给予的力所能及的帮助和鼓励,特别是方松华老师,在出版方面提供了莫大的支持。感谢上海社会科学院出版社的董汉玲老师,这本书其实在是个半成品的时候就和董老师取得了联系,又因为这学期课业较多,董老师给予了充分的同情和通融。而作为上海社会科学院的一名研究人员，选择上海社会科学院出版社是我一直的念想，这次终于实现，备感荣幸。以此敬勉！

冯 莉 于上海居所

**图书在版编目(CIP)数据**

中国城市社区治理型态的现代转型 ：1949—2019 / 冯莉著 .— 上海 ：上海社会科学院出版社，2021
ISBN 978-7-5520-3236-9

Ⅰ.①中… Ⅱ.①冯… Ⅲ.①城市—社区管理—研究—中国—1949—2019 Ⅳ.①D669.3

中国版本图书馆 CIP 数据核字(2021)第 186613 号

**中国城市社区治理型态的现代转型(1949—2019)**

---

著　　者：冯　莉
出 品 人：佘　凌
责任编辑：董汉玲
封面设计：周清华
出版发行：上海社会科学院出版社
上海顺昌路 622 号　邮编 200025
电话总机 021-63315947　销售热线 021-53063735
http://www.sassp.cn　E-mail:sassp@sassp.cn
排　　版：南京展望文化发展有限公司
印　　刷：上海龙腾印务有限公司
开　　本：720 毫米×1000 毫米　1/16
印　　张：14.75
插　　页：2
字　　数：227 千
版　　次：2021 年 10 月第 1 版　2021 年 10 月第 1 次印刷

---

ISBN 978-7-5520-3236-9/D·630　定价：75.00 元

---